SCHÜLERINNEN UND SCHÜLER DES ABITURJAHRGANGS 1961 DER
BERTHA-VON-SUTTNER-SCHULE IN BERLIN-REINICKENDORF

Immer auf der Hut

Ost-Schüler in Westberlin - Als die Mauer dazwischen kam

Verlag Schleichers Buchhandlung

Die Dritte Auflage wurde um Beiträge von Christa Schlierenkamp und Detlef Rohde ergänzt. Die den beiden ersten Auflagen beigefügte DVD mit dem Dokumentarfilm „Hauptsache rüber - Durch den Kanal in den Westen" kann weiterhin über die Deutsche Welle bezogen werden, liegt aber der vorliegenden Auflage nicht mehr bei. Vgl. hierzu den Beitrag von Karin Albert in diesem Band.

Impressum
Herausgeber: Jürgen Schleicher

Dritte erweiterte Auflage
Berlin 2012
Verlag Schleichers Buchhandlung Dahlem-Dorf
www.Schleichersbuch.de
info@schleichersbuch.de

ISBN 978-3-9809089-4-8

Inhalt

Nach seiner berühmten Ansprache vor dem Schöneberger Rathaus („Ich bin ein Berliner") hält der Präsident der Vereinigten Staaten, John F. Kennedy, am 26. Juni 1963 an der Freien Universität Berlin (FU) eine visionäre Rede, in der er für eine neue Ostpolitik der Bundesregierung und für die Wiedervereinigung Deutschlands innerhalb eines geeinten Europas plädiert.

Anschließend wurde ihm die Ehrenbürgerwürde der FU verliehen.

Uta Wobit

Treibholz im Strom der Geschichte

Die Tür geht auf und gleich ertönt
Das Wort, woran wir schon gewöhnt: „Keep quiet".
Kaum tritt er in das Zimmer ein
So hört man: „Zahnbehandlungsschein,
Entschuldigungszettel, Klassenbuch, ...
Klassengeschäfte nun genug.
Habt ihr die ‚Homeworks' alle hier?" „Yes, Sir."
Wer es gewagt, sie zu vergessen,
„To me after the lesson". Wer nicht zu lernen ist gewillt
Und seine Pflicht nicht hat erfüllt,
Der wird mit Wort und Blick gekillt.

Zitat aus einem Beitrag einiger Schüler anlässlich eines
Klassenfestes in der 11. Klasse

Der erste Tag in der neuen Schule. Der Direktor stellt meine Schwester Frauke und mich zu Beginn der Englischstunde dem Klassenlehrer und der leicht überfüllten Klasse vor. Kurzes Begrüßungslächeln der Mitschüler und schon geht der rasante Unterricht in der Klasse weiter. „Sit down, please" – eine an uns beide gerichtete Aufforderung wird von uns mit einem hilflosen Blick quittiert. Was will der Lehrer von uns? Mitschüler zeigen uns, wohin wir uns setzen sollen. Was geht hier vor? Nun ja, es ist Englischunterricht, doch dass man eine Sprache auch spricht, ist der erste Schock an diesem Tag. Das Erlernen der russischen Sprache seit der 5. Klasse in der SBZ (sowjetischen Besatzungszone) hatte sich auf die Grammatik der Sprache und das Überset-zen von Texten beschränkt.

Seit einem halben Jahr hat diese so genannte Ostklasse nun konzent-rierten Englischunterricht. Mit acht Stunden in der Woche soll in den verblei-benden viereinhalb Jahren bis zum Abitur das Niveau der West-Klassen er-reicht werden, die zu diesem Zeitpunkt bereits seit viereinhalb Jahren im Eng-lischen unterrichtet werden. Meine Schwester und ich schauen uns etwas verzweifelt an und staunend auf unsere neuen Mitschüler, die recht lebendig und konzentriert schon dem Unterrichtsgeschehen folgen, während wir kein einziges Wort verstehen.

In den folgenden Unterrichtsstunden teste ich meinen Wissensstand in anderen Fächern und vergleiche ihn mit den neuen Unterrichtsinhalten. Mathematik – das kommt mir schon alles bekannt vor, Russisch – das Niveau des ausgehändigten Lehrbuchs soll für die 9. Klasse sein? Lächerlich. Deutsch – das ist und wird auch später eine Herausforderung, der ich mich nicht gewachsen fühle. Die Grammatik sitzt, aber die Interpretation von literarischen Texten sowie eigene Gedanken und Überlegungen zu denen - von uns zu erschließenden - des Verfassers stellen eine Hürde dar, an der ich manchmal in den kommenden Schuljahren zu scheitern glaube. In Deutsch eine 5, in Mathematik eine 1 – eine Spreizung, die auch meinen Deutschlehrer das eine oder andere Mal in Fassungslosigkeit versetzt.

Frauke fällt durch große Zurückhaltung auf. Sie ist an der Ossietzky-Oberschule in Berlin-Pankow bereits in der 10. Klasse gewesen, kann nun aber in ihrem Jahrgang nicht von der Einrichtung einer Ostklasse profitieren, die Russisch bis zum Abitur und Englisch-Intensivunterricht als 2. Fremdsprache anbietet. Mit der schulischen Zurückstufung in die 9. Klasse hat der Wohnungswechsel von Pankow nach Moabit für ihr Leben nicht allein nur einen politischen, sondern auch einen sehr persönlichen Bruch bekommen. Sie muss in der Klasse ihrer kleinen Schwester weiter lernen, was sie als eine Herabsetzung empfindet und sie tief verwundet. Zudem fühlt sie sich stärker als ich entwurzelt, die ehemalige Klassengemeinschaft und die Erlebnisse im Chor der „Freien Deutschen Jugend" (FDJ) hatten ihr Heimat und Anerkennung gebracht.

Umzug

Ein paar Tage vor diesem 1. Schultag – es ist Mitte April 1957 – radeln meine Schwester und ich mit unseren fast neuen Fahrrädern über die sowjetisch-französische Sektorengrenze an der Wollankstraße. Etwas komisch ist uns beiden schon: Werden die Grenzsoldaten uns anhalten, unsere Fahrräder beschlagnahmen? Was sagen wir, welche Erklärung sollen wir abgeben? Wir fahren spazieren, wir wollen unseren Onkel in Moabit besuchen? Die Wahrheit ist ja ganz anders: Wir schmuggeln unsere Fahrräder in den Westen. Da es uns nicht erlaubt war unsere Fahrräder offiziell mit den Möbeln im Umzugsauto mitzunehmen, versuchen wir nun die einfache Version einer kleinen Radtour.

Der Umzugswagen wird bereits kontrolliert, die Grenzer sind damit beschäftigt, die seitenlangen Auflistungen aller Gegenstände mit dem Bestand im Lastwagen zu überprüfen, nach nicht angemeldeten Dingen zu suchen, während Frauke und ich mit schlotternden Knien einfach über die Grenze radeln und erleichtert die neue Wohnung erreichen. Auch unsere Mutter und unser neuer Stiefvater sind glücklich über den gelungenen Umzug. Die Räder verschwinden aber leider im Keller, Fahrradfahren im Westteil der Stadt ist den Eltern wegen des starken Autoverkehrs zu gefährlich, als dass sie uns das erlauben würden. Später mussten wir sie schweren Herzens verkaufen.

War das die neue Freiheit im Westen???

Doch länger darüber nachzudenken lassen die Ereignisse uns keine Zeit. Wir brauchen umgehend einen sogenannten behelfsmäßigen Westberliner Personalausweis. In zweieinhalb Wochen soll eine Klassenfahrt starten zur Förderung der englischen Kommunikation und zur Festigung der Klassengemeinschaft. Alle Schülerinnen und Schüler haben ja eine durch die Teilung des Landes bedingte Lebensgeschichte, an der sie mehr oder weniger zu knabbern haben. „Schloss Grabau" in der weiteren Umgebung von Hamburg ist das Ziel.

Um 7.00 Uhr ist Treffpunkt auf dem Stuttgarter Platz, wo der Linienbus von Severin & Co abfährt. Über die Avus und die Autobahn geht es über Helmstedt und Lüneburg zunächst bis Hamburg, wo wir gegen 16.00 Uhr eintreffen. Zwei Kontrollstellen müssen wir passieren, doch da wir alle „ordentliche", d. h. bereits mit Westpapieren ausgerüstete Bürger der Westsektoren sind, ist die Kontrolle durch die Volkspolizei der DDR zwar unproblematisch, allerdings recht zeitaufwendig und irgendwie ein wenig unheimlich. Unsere Klassenkameraden, die noch Bürger der SBZ sind oder als Republikflüchtlinge aus der SBZ nicht durch die SBZ fahren können, ohne von den Grenzsoldaten verhaftet zu werden, kommen um 23.45 Uhr recht aufgekratzt mit einem Flugzeug aus Berlin an und allesamt fahren wir weiter zum Schloss.

Drei Wochen lang büffeln wir nun alle zwei Tage vormittags Englisch, unterbrochen manchmal nur durch das Einstudieren von Liedern: "Good night ladies", "Old Folks at home" und "Oh my darling Clementine". Während ich versuche mich dieser Herausforderung so gut wie es geht zu stellen, leidet

Frauke, die doch immer so gerne gesungen hat, unter einer Verweigerungshaltung gegenüber der englischen Sprache. Sie hatte neben Russisch noch Französisch gelernt und vermisst nun den melodischen Klang dieser Sprache und kann oder will sich nicht dem breiten „Geknautsche" des Englischen/Amerikanischen öffnen.

An anderen Tagen unternehmen wir viele Ausflüge per pedes oder mit dem Bus in die nähere und weitere Umgebung Hamburgs. Erste Annäherungsversuche der Geschlechter tragen durchaus zur Förderung der Klassengemeinschaft bei, die in den nächsten Jahren immer stärker werden wird.

Staatsoper Unter den Linden

Es ist ein warmer Spätsommertag im Jahr 1957. Frauke und ich begleiten unsere Mutter wie manches Mal auf dem Weg zu ihrer Arbeit. Den Weg von Moabit kann man gut und gerne als einen längeren Spaziergang betrachten, wenn man durch große Teile des Tiergartens, das Brandenburger Tor und „Die Linden" entlang bis zur Staatsoper schlendert. Heute fahren wir aber nicht gleich wieder mit der S-Bahn zurück, sondern können der Aufführung von Mozarts Oper „Die Entführung aus dem Serail" beiwohnen. Wir sehen diese Aufführung nicht zum ersten Mal, aber die Oper ist für uns ein Teil der Kontinuität in unserem unruhigen Leben geworden.

Vor fast genau 12 Jahren hatte unsere Mutter nach einer unvorstellbar grausamen Flucht aus Breslau, die fast acht Monate gedauert und uns dem Tode mehrfach hatte ins Auge schauen lassen, Anfang August 1945 im Chor der Staatsoper ein Engagement bekommen, als auf Befehl des sowjetischen Militärkommandanten, Generaloberst Bersarin, bereits am 15. Mai 1945 (eine Woche nach der Kapitulation) alle Kunstinstitute unverzüglich in Gang zu bringen waren und die Staatsoper am 8. September mit der Premiere von „Orpheus und Eurydike" den Spielbetrieb wieder aufgenommen hatte. Darüber hinaus hatten wir auch umgehend eine verlassene möblierte Wohnung in Pankow bekommen, in der wir Entwurzelten nun in den folgenden Jahren versucht hatten uns wieder eine Heimat zu schaffen.

Wir erinnern uns, wie wir in Decken eingemummelt - noch im Vorschulalter - auf Omas Schoß am 22. Dezember 1945 im ungeheizten Admiralspalast der Premiere der Oper „Hänsel und Gretel" von Humperdinck beiwohnten, aber nicht ohne vorher von unserer Mutter aufgeklärt worden zu sein, dass die Hexe nicht wirklich im Ofen verbrennt. Da die Staatsoper Unter den Linden durch Kriegsschäden unbespielbar war und erst im Jahre 1955 wiedereröffnet wurde, hatte die sowjetische Zentralkommandantur der Staatsoper den nur wenig zerstörten Admiralspalast als Spielstätte zugewiesen. Es war schaurig schön, Mutter als Knusperkind auf der Bühne zu sehen. Aber die größte Attraktion war dann doch nach der Vorstellung das Pfefferkuchenherz, das unsere Mutter vom Pfefferkuchenhaus abgerissen und für uns mitgenommen hatte. Noch heute ist diese Oper für mich die schönste von allen, jetzt aber vor allem durch die Musik auskomponierter Gefühle, die für mich ihresgleichen sucht.

In den nächsten Jahren erlebten wir Kinder in Pankow, das vom Krieg relativ verschont geblieben war, eine recht zufriedene Kindheit – Trieseln, Hopse, Ballrosen, Rollschuhfahren, Völkerball und Länderklau. Wir sangen im Schulchor *„Auferstanden aus Ruinen und der Zukunft zugewandt", „Bau auf, bau auf, bau auf, bau auf, freie deutsche Jugend, bau auf. Für eine bessere Zukunft, richten wir die Heimat auf."* Die Zukunft sollte uns gehören, die Erwachsenen hatten Ruinen hinterlassen, wir hingegen erlebten fast euphorische Freuden.

Bereits in den letzten beiden Jahren der Grundschule (7. + 8. Klasse) hatte Frauke an Wochenendfahrten in die nähere Umgebung Berlins teilgenommen. Besonders das Singen am Lagerfeuer sowohl deutscher als auch russischer Lieder gemeinsam mit den Jugendlichen einer sowjetischen Schulklasse im Rahmen der praktizierten deutsch-sowjetischen Freundschaft und die im Unterricht vermittelten Werte der Deutschen Demokratischen Republik (Kampf dem Imperialismus, Sieg des Sozialismus, Verbrüderung mit der Sowjetunion) im Gegensatz zu dem im Westen erstarkenden Kapitalismus (Geld regiert die Welt) hatten ihr die Sicherheit gegeben, auf dem richtigen Weg zu sein.

Auch die kurzzeitige Erregung über die Ereignisse des 17. Juni 1953 mit vorübergehender Sperrung der Grenzen zu Westberlin hatte unser Kinderleben nicht getrübt. Der Westen war für mich immer einen Ausflug wert und bedeutete Sahnebonbons, Spielplätze mit Klettergerüsten und Zoobesuche mit Im-Kreis-Fahren auf Kinderfahrrädern.

Nur Mutter wurde immer besorgter. Irgendwie erinnerte sie die Bildung von Kinder- und Jugendgruppen („Junge Pioniere" und „Freie Deutsche Jugend") an Hitlers BDM-Gruppen. Auch arbeiteten an der Staatsoper viele so

11

genannte Grenzgänger, die zwar im Westen wohnten, aber im Osten arbeiteten, ja sie war sogar in ihrer Sechser-Garderobe die Einzige, die noch im Osten lebte. Die Beeinflussung durch die Westler blieb natürlich nicht aus. „Denk an Deine Kinder!" war die ständige Aufforderung sich mit der politischen Entwicklung im Ostsektor auseinander zu setzen. Schließlich heiratete meine Mutter (sie war Kriegerwitwe) 1957 einen guten Bekannten, der nach dem Tod seiner Schwester nun ungern allein lebte und um den sich meine Mutter im letzten Jahr öfter gekümmert hatte.

Und so zogen wir mit Sack und Pack in den Westen, was zu jener Zeit gerade noch erlaubt war, und erlebten nach der Flucht aus Breslau jetzt zum zweiten Male eine Entwurzelung, ein abruptes Ende unserer Kindheit: Trennung von langjährigen Freundinnen und der vertrauten Umgebung sowie nun auch eine politische Umorientierung – die bisherigen Werte waren verpönt, die bisherige Verteufelung des „Westens" musste in einen Gewinn an Freiheit und Lebensqualität umgepolt werden und das brauchte erst einmal Zeit. Da alle Schülerinnen und Schüler unserer Klasse ähnlich erlebte Entwurzelungen verarbeiten und sich neu orientieren mussten, fühlten wir uns in ihrem Kreis besser verstanden als von den Jugendlichen, die im Westen nur gelernt hatten die Entwicklung in der DDR zu verurteilen und die uns häufig als Bürger 2. Klasse betrachteten. So wuchs zwischen unseren Klassenkameraden ein Gemeinschaftsgefühl, das bis zum heutigen Tag bei Begegnungen eine fast intime Vertrautheit hervorruft.

Der schöne Arbeitsplatz meiner Mutter aber war und blieb im Laufe der Jahre und vieler Opernbesuche ein Teil unserer Heimat und ging uns auch durch den Sektorenwechsel nicht verloren. Wir besuchten öfter Opernaufführungen und bei uns formten sich Wünsche: Frauke wollte auch Chorsängerin werden und ich wollte im Orchester spielen. Mutter bekam über die Lohnausgleichskassen den allergrößten Teil ihres in DM-Ost verdienten Geldes in DM-West umgetauscht und es folgten ein paar Jahre eines – für uns bisher nicht erlebten - kleinen Wohlstands, auch mit Urlaubsreisen ins nahe Ausland.

Samstag, 12. August 1961

Gerade aus Jugoslawien zurückgekehrt, telefoniere ich mit Hans-Georg, um ein baldiges Treffen zu verabreden. Wir verabreden uns für Samstag, den 12. August 1961, um 15.00 Uhr an der Normaluhr am Bahnhof Zoo. Einen

Tag vorher rief er mich an, wir könnten uns erst um 18.00 Uhr treffen, seine Mutter aus Frankfurt/Oder käme ihn kurzfristig besuchen.

Er ist sehr ernst, als wir uns dann wiedersehen, und bei einem Bier und einem Schaschlick erzählt er mir: Die Grenzen werden dicht gemacht. Seine Mutter wollte ihn schnell noch einmal besuchen, weil niemand weiß, wie es weitergehen wird. Niemand spräche darüber, aber viele ahnten nichts Gutes. Hans-Georg war mein Klassenkamerad und lebte seit etwa vier Jahren zusammen mit Jürgen, beide Republikflüchtlinge aus Frankfurt/Oder, in einem Jugendheim in Grunewald. Völlig irritiert können wir unser Wiedersehen nach meinem vierwöchigen Urlaub nicht so richtig genießen und gehen bald mit innerer Unruhe auseinander. Was passiert denn jetzt wieder? Im Radio gibt es keine diesbezüglichen Meldungen. Ich empfinde die Situation als sehr beklemmend.

Und am nächsten Tag dann die Gewissheit: Die Grenzen sind geschlossen. In der folgenden Woche laufen die Telefondrähte zwischen den Schülern unserer Klasse heiß: Welcher Schüler war am 13. August ferienbedingt in Westdeutschland oder Westberlin und ist somit jetzt sicher auf der westlichen Seite, welcher Schüler sucht Schlupflöcher in der noch nicht dichten Grenze, welcher hat sich noch nicht gemeldet, welcher braucht noch unsere Hilfe, um einen Fluchtweg zu erfahren, und welcher Schüler möchte aus familiären Gründen im Osten bleiben?

Und was wird aus dem schönen Arbeitsplatz meiner Mutter, was mit unserer letzten Verbindung zur Kindheit, können wir nie wieder dorthin? Gibt es keine Beständigkeit auf dieser Welt? Unsere Mutter ist tief erschüttert, gleichzeitig aber froh, ihre beiden Kinder jetzt auf der westlichen Seite der Mauer zu wissen.

Dennoch dauert es einige Jahre, bis sie diesen erneuten Schicksalsschlag verarbeitet hat. Mit 49 Jahren findet sie keine Aufnahme mehr in den Chor der Deutschen Oper in Westberlin, singt nur noch hin und wieder im Extrachor der Deutschen Oper. Ein festes Engagement bleibt nun Frauke nach ihrer Hochschulgesangsausbildung vier Jahre später vorbehalten.

Montag, 21. August 1961

Die Sommerferien sind zu Ende und mit flauen Gefühlen machen wir uns auf den Weg zur Schule. Was wird heute in der Schule stattfinden – Unterricht? Wohl kaum. Welche Schüler werden wir begrüßen können, welche Geschichten erfahren? Doch überraschenderweise erfahre ich nicht viel – alles ist geheim, noch immer sind Schüler und Lehrer aktiv, um unsere Klassenkameraden z. B. durch die Kanalisation herüber zu holen. Große Freude herrscht in den nächsten Tagen, wenn wieder ein Gesicht auftaucht. Doch wie ist es demjenigen gelungen, die Grenze zu überwinden? Schweigen. Und was ist mit Roland, er soll verhaftet worden sein?

An normalen Unterricht ist sowieso nicht mehr zu denken. Vor den Sommerferien hatte für uns das schriftliche Abitur stattgefunden, nun sollen wir uns auf die mündlichen Prüfungen am 12. September vorbereiten. Da ich einen Teil der Sommerferien dafür genutzt habe, um Referate auszuarbeiten, kann ich nunmehr gelassen den Prüfungen entgegensehen. Anders sieht es für die Schüler aus, die praktisch nur mit normaler Kleidung, aber ohne jegliche Schulnotizen und -unterlagen jetzt dastehen und sich vorrangig um die Organisation ihres Lebens ohne Elternhaus kümmern müssen. Wir gehen alle davon aus, dass die Prüfungen ihnen nicht den Hals brechen werden. Nach dem Vorliegen der Ergebnisse der schriftlichen Prüfungen vom Juli war dann klar: Es fällt keiner durch die mündlichen Prüfungen.

------- *28 Jahre später* -------

Samstag, 11. November 1989

Der Spuk ist vorbei! Ich stehe am Fenster und schaue auf die Straße Alt-Moabit. Die Tränen verschleiern mir den Blick auf den nicht enden wollenden Strom von Menschen, die über den ehemaligen Grenzübergang Invalidenstraße in den Westen strömen. Unter ihnen sind bestimmt Richters, die ich mit meinen beiden Kindern während der Mauerzeiten öfter besucht hatte. Klaus, mein damaliger Klassenkamerad, war aus familiären Gründen im Osten geblieben. Aus anfänglichen Besuchen mit weiteren Klassenkameraden waren mit der Zeit persönliche Treffen geworden. Die Passierscheinregelung erlaubte uns sogar eine Übernachtung an Silvester.

Und heute erwarte ich nun jederzeit den längst fälligen Gegenbesuch. Ich wage mich nicht vom Fenster, nicht aus dem Haus. Als ich dann schließlich doch zum Wochenendeinkauf aufbreche, muss mein 14-jähriger Sohn zu Hause bleiben und Wache halten, was er ungern tut. Ihm kommt das Geschehen absurd vor. „Was wollen die alle hier?" Auch mein 19-jähriger Sohn ist skeptisch gegenüber der unüberschaubaren Situation. Er hat vor Kurzem sein Abitur bestanden – als die Mauer gebaut worden war, war ich mittendrin in den Prüfungen. Sein bisheriges Leben ist von keinem „historischen" Geschehen beeinflusst worden, die Mauer war für ihn Realität, die DDR uninteressant, ein Teil des Geschichtsunterrichts, mehr nicht. Die zu entdeckende Welt lag westlich der Bundesrepublik.

Als ich vom Einkaufen zurückkehre, öffnet mir Klaus die Tür. Wir fallen uns in die Arme, haben Schwierigkeiten, die Situation zu begreifen. Wir schwimmen im Meer der Zeitlosigkeit – wo ist der Beginn, wo sind die 28 Jahre der Mauerzeit, was kommt jetzt? Nach einem gemeinsamen Frühstück begleite ich ihn und seine Frau zur Sparkasse, um für beide die 100 DM „Begrüßungsgeld" abzuholen, die den „Ostlern" die Möglichkeit gaben sich kleinere, lang ersehnte Konsumwünsche zu erfüllen bzw. kleinere Ausgaben zu tätigen.

Wie der Tag weiterging, ist mir heute nicht mehr in Erinnerung, alles war ja irgendwie unwirklich und doch kein Traum, vielleicht hat Klaus bessere Erinnerungen.

Wiedersehen mit der Heimat

Nicht sofort, aber allmählich wächst der Wunsch sich den Stätten der Kindheit zu nähern. Die erste Inaugenscheinnahme unseres damaligen Wohnumfeldes ist verwirrend: Nach etwa 35 Jahren begegnet mir meine Vergangenheit, kaum etwas hat sich verändert und dennoch ist es eine fremde Welt. Die Veränderung hat in mir stattgefunden, fast emotionslos betrachte ich meine ehemalige Heimat, aus der ich gerissen wurde. Natürlich besuche ich auch eine Opernaufführung in der Staatsoper Unter den Linden: auch hier Betrachtung mit Erinnerung und gleichzeitiger Distanz, auch hier der Eindruck von Konservierung eingefrorenen Lebens, als wäre hier die Zeit damals angehalten worden. Der Glanz aus Kindertagen weicht Ernüchterung, die Begegnung mit meiner Vergangenheit beendet abrupt eine lang gelebte Sehnsucht nach Heimat und eine Trauer über deren Verlust.

Geboren in der Nazizeit, lebenslänglich gezeichnet von den traumatischen Kriegserlebnissen am Ende der Nazidiktatur auf der monatelangen Flucht aus Breslau nach Berlin, aufgewachsen in einer Zeit des Hoffnung gebenden Versuchs, einen sozialistisch geprägten Staat aufzubauen (Frieden,

Freundschaft, Völkerverständigung), erlebte ich eine ideologische Umorientierung im Sinne einer freiheitlichen Demokratie nach abermaliger Flucht aus dem „Sozialismus" und seiner sich abzeichnenden Entwicklung hin zu einer neuen Staatsdiktatur sowie später deren Scheitern. Geblieben ist eine Orientierungslosigkeit: Ideologien, Meinungen jeglicher politischer Couleur und Religionen werden kritisch hinterfragt, auf ihren Wahrheitsgehalt hin überprüft und meist in ihrer Widersprüchlichkeit verworfen. Nirgends zu Hause, schwimme ich wie Treibholz und erreiche kein Ufer.

Dienstag, 8. September 2009

Im Garten von Evemaries rückübertragenem Elternhaus in Birkenwerder treffe ich sechs ehemalige Klassenkameraden. In zwei Monaten wird es große Feierlichkeiten zum Fall der Mauer vor 20 Jahren geben, in zwei Jahren werden wir des Baus der Mauer vor dann 50 Jahren gedenken. Unsere „Ostklasse" hat wie nur wenige andere Klassen so entscheidende, ihr Leben prägende Erfahrungen mit der Sektorengrenze und dem Bau der Mauer machen müssen. Sie stehen in keinem Geschichtsbuch, aber noch haben wir sie in unseren Seelen und Köpfen. Es wird höchste Zeit sie aufzuschreiben, denn schon unsere Kinder können unsere starken Emotionen, die uns bei Erinnerungen an die Zeit des Mauerbaus und -falls bewegen, eigentlich nicht verstehen.

Wir sind die Generation, die den Aufstieg und Fall der DDR durchlebt hat und mehr oder weniger heftig davon betroffen gewesen ist. Wir wollen versuchen unsere Geschichten zu sammeln und sie der interessierten Öffentlichkeit zugänglich machen.

Mittwoch, 1. Dezember 2010

Es ist geschafft, unsere Erlebnisse sind im Laptop festgehalten, das Buch kann gedruckt werden. Ich habe Lebensgeschichten erfahren, die auch für mich neu und erschütternd sind. Nie haben wir darüber gesprochen, uns ausgetauscht, vieles verdrängt und versucht den Kopf über Wasser zu halten.

Ich möchte mich hiermit recht herzlich bei allen Klassenkameraden bedanken, die den Mut und die Kraft aufgebracht haben sich zu erinnern, und kann nun auch diejenigen sehr gut verstehen, die sich nicht erinnern wollten, weil sie Ähnliches erleben mussten und ihre Narben bei Berührungen immer noch brennen.

Regina Thulesius

Die Mauer –
nicht nur ein Stolperstein in meinem Leben

Trotz der Flucht aus Masuren sowie der Vertreibung aus Schlesien, trotz des Verlustes fast aller Dinge hatten meine Mutter und wir drei Geschwister den Krieg überlebt. Sogar mein Vater kehrte aus russischer Gefangenschaft zurück. Wir hatten das riesige Glück, uns als Familie im Trümmerfeld Berlins wiederzufinden. 1947 feierten wir nach Jahren der Trennung das Weihnachtsfest zusammen in einem zwar vom Einsturz bedrohten Haus, dafür aber mit Klavier- und Geigenmusik auf gemieteten Instrumenten und den Köstlichkeiten eines Care-Pakets. Was für ein großartiges Geschenk!

Natürlich war die Nachkriegszeit für uns wie für alle anderen Menschen auch voller Entbehrungen, Mängel und Verzichte, aber in meiner Erinnerung ist sie erlebnis- und ereignisreich, lebten wir doch das erste Mal als Familie, die mittlerweile aus sechs Personen bestand, ungetrennt zusammen.

Die Beschwerlichkeiten dieser Zeit haben vor allem meine Eltern tragen müssen. Unter primitivsten Bedingungen galt es, für eine sechsköpfige Familie eine neue Existenz aufzubauen, und ich bewundere noch heute die Lebenskraft meiner Eltern, denen es gelang, uns Kindern mit kleinsten Mitteln Freude zu bereiten. Allen vier Kindern wurde der Besuch eines Gymnasiums ermöglicht sowie Gelegenheit gegeben, das Spielen eines Instruments zu erlernen.

Das Glücksgefühl, überlebt zu haben, bekam dann aber mit der Währungsreform einen kräftigen Dämpfer, denn man hatte meinem Vater vom Konsistorium als vertriebenem Russlandheimkehrer eine verwaiste Pfarrstelle im russischen Sektor zugewiesen, eine folgenreiche Entscheidung, die sich für uns sehr bald als eine tückische Falle erwies.

In dem nun angestrebten „Arbeiter- und Bauernstaat" der DDR galten wir als zu bekämpfende privilegierte Klasse der Akademiker. Von größerer Tragweite war aber die Tatsache, dass wir Christen waren. Wir waren "Klassenfeinde" und allein deshalb verdächtig, weil nicht der Sozialismus unser Gott war und wir uns nicht den „Jungen Pionieren" oder der FDJ anschlossen.

Für meinen Vater war die Amtsführung unter diesen erschwerten Bedingungen besonders schmerzlich und belastend, hatte er doch bereits im "Dritten Reich" als ehemaliger Bonhoeffer-Seminarist unter besonderer Observation gestanden. Und nun hieß es abermals ein widerständiges Leben zu führen, verbunden mit Misstrauen und Ängsten einerseits sowie Bespitzelungen und Benachteiligungen andererseits. Letzteres betraf vor allem die Ausbildung von uns Kindern.

Meinem ältesten Bruder Christoph wurde der Oberschulbesuch verweigert, er musste den so genannten zweiten Bildungsweg gehen von der Lehre über die Fachschule zur Universität bis zum Diplom-Ingenieur. Das war aber auch nur deshalb möglich, weil er nach der Lehre die Ausbildung in Westberlin fortsetzen konnte.

Meine eigene Schulzeit an der Ostberliner Einheitsschule bis Klasse 8 verlief dagegen relativ problemlos. Zwar wurden immer besondere Anforderungen an mich "als Pfarrerstochter" gestellt, aber in den ersten DDR-Jahren unterrichteten noch wirklich gut ausgebildete Lehrerinnen und Lehrer an der Schule, die keineswegs alle in der Sozialistischen Einheitspartei (SED) waren. Gleichzeitig waren auch viele Kommunisten der ersten Stunde voller Hoffnung, nach dem Hitlerreich einen neuen Anfang starten zu können. Viele von ihnen haben dann allerdings dem kommunistischen System den Rücken gekehrt, als sie merkten, wie primitiv und menschenverachtend es war. Immer wieder verschwanden leider sehr gute Lehrkräfte enttäuscht in den Westen.

Als 1955 für mich der Wechsel in die Oberschule bevorstand, erhielt ich trotz insgesamt sehr guter Leistung und einer ausdrücklichen Belobigung dafür die Absage wegen "politischer Unzuverlässigkeit".

Ich denke, dass diese Beurteilung meiner Person von dem damaligen Schulleiter mit Bedacht und mir wohlgesonnen gewählt war. Schließlich zeichneten sich deutliche Konflikte ab. Ich würde auf keinen Fall zu den erwünschten Personen gehören. Außerdem richtete Westberlin bereits für abgelehnte oder geflüchtete Schüler so genannte Aufbauklassen ein. Es war ihm klar, dass ich einen Wechsel dorthin anstrebte, was auch problemlos gelang.

So wurde ich vom Schulamt in Berlin-Witzleben an die Bertha-von-Suttner-Schule eingewiesen. Von da an pendelte ich wie viele andere täglich zwischen Ost- und Westberlin, was keineswegs immer ohne Anspannung geschah, aber wir lebten mit großer Selbstverständlichkeit in der geteilten Stadt Berlin, zwar eher im Hinterzimmer, dennoch war die Tür zum Salon offen, und wenn wir gewitzt genug waren, konnten wir am Leben in Freiheit zumindest in bestimmten Bereichen teilhaben.

Alle so genannten Ostklassen waren ein bunt zusammengewürfelter Haufen aus den verschiedensten Ecken von Berlin, dem Zonenrandgebiet und dem Landesinneren der DDR, Mädchen und Jungen mit sehr unterschiedlichen Biografien und Lernerfahrungen, z. T. mit erheblichen Altersunterschieden. Aus dieser Mischung eine Klassengemeinschaft zu formen, war mit Sicherheit für das damalige Lehrpersonal eine enorme Herausforderung, zumal wir einen anderen Schülertyp verkörperten. Einerseits waren wir froh über die Möglichkeit, frei die Meinung äußern zu können, aber das mussten wir erst lernen. Andererseits hatten wir ein anderes Lernen und andere Inhalte verinnerlicht. Nicht immer nahmen wir widerstandslos entgegen, dass das, was und wie wir gelernt hatten, falsch sein sollte. Für beide Seiten war Behutsamkeit angesagt. Erschwerend kam hinzu, dass alle in der 8. und 9. Klasse als Pubertierende ohnehin starke Verunsicherungen durchlebten, schließlich waren viele von uns gute Schülerinnen und Schüler gewesen. Wir mussten neue Rangordnungen erarbeiten.

Aber gerade diese Auseinandersetzung mit einem neuen System und das Erleben von Lehrerpersönlichkeiten - die die Herausforderung angenommen haben, indem sie unsere individuellen und zum Teil recht struppigen Charaktere respektierten, nicht nur einfach ihr Fach lehrten, sondern uns als junge Menschen wahrnahmen und begleiteten - sind die stützende Mauer, der Schutzwall in meinem Leben geworden, in dem ich keineswegs vor Brüchen bewahrt geblieben bin.

Ich denke gerne an meine Schulzeit an der Bertha-von-Suttner-Schule, die musische Begabungen ebenso förderte wie den Gemeinsinn und in der ein lebendiges Schulleben neben der Wissensvermittlung einen hohen Stellenwert hatte. Untrennbar aber verbindet mich mit ihr das Erlebnis des 13. Augusts 1961, dem Tag des Mauerbaus, der um Haaresbreite meinen Schulabschluss, das Abitur, verhindert hätte.

Der 13. August 1961 war der Tag, an dem ich mich mit meinem Klassenkameraden Jürgen verabredet hatte, um das mündliche Abitur insbesondere in Deutsch und Geschichte vorzubereiten. Die schriftlichen Prüfungen hatten wir vor den Sommerferien erledigt und nun war nur noch die letzte Hürde zu nehmen, danach stand die Welt für uns offen. Ich hatte bereits die Zusage für einen Studienplatz in Germanistik an der Freien Universität und träumte vom Studentenleben.

Aber dann kam alles ganz anders.

Sehr früh am Morgen klingelte das Telefon und meine Klassenkameradin Karin H. teilte mir mit sehr bewegter Stimme mit, dass die Grenzen geschlossen seien. Ich war allein zu Hause, meine Eltern machten mit meinem 12-jährigen Bruder, übrigens auch ein Schüler der Bertha-von-Suttner-Schule, in der Märkischen Schweiz Urlaub, die anderen beiden Brüder hielten sich zufällig in Hamburg auf. Wir konnten keinerlei Kontakt untereinander aufnehmen.

Das Chaos, der Schock in meinem Gefühlszustand, war unbeschreiblich. Natürlich hatten wir Pendelschüler häufig den Gedanken einer Grenzschließung in Betracht gezogen und die Angst davor begleitete uns durchaus. Dennoch hielten wir es auch für unwahrscheinlich. Vor allem glaubten die meisten, dass wir die Anzeichen einer möglichen Grenzschließung rechtzeitig wahrnehmen könnten, um "mit der letzten S-Bahn zu türmen".

Zunächst beruhigte ich mich mit den Erfahrungen vom 17. Juni 1953, auch da wurden die Grenzen geschlossen, aber eben nur vorübergehend. Wir waren schließlich eine "Vier-Mächte-Stadt", einen derartigen Vertragsbruch würden Franzosen, Amerikaner und Engländer nie zulassen, so hoffte ich.

Im Laufe des Tages nahmen wir, die zu Hause gebliebenen Ostschüler, vorsichtig Kontakt untereinander auf, vorrangig mit dem Ziel, die Flucht zu planen, es musste Wege geben, koste es, was es wolle. Allerdings stellten wir nach unseren Besichtigungen der abgesperrten Grenzen sehr ernüchtert fest, wie gründlich im Hinterhalt von der DDR-Regierung, Armee und Volkspolizei dieser Tag vorbereitet worden war, um ein für alle Mal die Flüchtlingsströme in den Westen zu unterbinden und einen "Schutzwall" zu errichten. Schlupflöcher konnten wir nicht entdecken, nur Unmengen von bewaffneten Uniformierten, die untergehakt in langen Reihen den Weg in die Freiheit versperrten, unterstützt von gewaltigen Mengen Stacheldraht, nicht zu vergessen die

Friedensparolen auf riesigen Plakaten. Nein, diesmal war es ernst, das war nicht einfach nur eine Warnung, hier ging es ums Entweder-Oder.

Dass ich dennoch den Weg in die Freiheit gefunden habe, verdanke ich Lehrerinnen und Lehrern meiner Bertha-von-Suttner-Schule. Ungeachtet der Risiken für die eigene Person planten und begleiteten sie meine Flucht am 16. August. Zu diesem Zeitpunkt durften Westberliner noch unter Kontrolle des Personalausweises die Grenze passieren. Dieser Umstand musste genutzt werden. So wurde mein Klassenkamerad Peter S. mit dem Personalausweis meiner Mitschülerin Ursula J. zu mir geschickt. Dieser Westausweis ermöglichte mir, die Grenze zu passieren, vorausgesetzt ich traute mir dieses Wagnis zu. Peter erreichte mich zum Glück zu Hause, wo ich hoffnungs- und trostlos allein herumhockte.

Er übermittelte mir das Fluchtangebot: Gegen 17.00 Uhr müsste ich am Zeitungskiosk am S-Bahnhof Friedrichstraße sein. Dort würden mich Frau Dr. Wellmer, Herr Dr. Rintelen und Herr Münzel erwarten. Unauffällig ist Blickkontakt aufzunehmen. Nach dem Kauf der Fahrkarte werden sie mich in die Mitte nehmen und durch die Kontrollen bis in die S-Bahn begleiten. Wir kennen uns nicht und führen keinerlei Gespräche. Sie werden versuchen durch Fragen oder kleine Aktivitäten die Aufmerksamkeit auf sich zu lenken, damit die Polizisten sich nicht so genau den Personalausweis ansehen. Er enthielt ja nicht nur fremde Daten, auch das Bild war nicht meins, Körpergröße und Augenfarbe stimmten natürlich auch nicht überein. Es gab allerdings eine auffällige Gemeinsamkeit, das war ein raspelkurzer Haarschnitt, der neueste Schrei für mutige Mädchen, ein richtiger "eyecatcher". Auf diese Übereinstimmung zwischen Ausweisfoto und mir als Original konnte man durchaus setzen.

Ohne zu zögern nahm ich dieses Angebot an, lernte die Ausweisdaten auswendig, zog mich chic an, damit ich westlich gekleidet aussah, und nahm einen Maisstrohkorb, ebenfalls eine Westproduktion, die mir mein Bruder geschenkt hatte, sowie einen Lippenstift. Das Westgeld für die Fahrkarte, die ich übrigens noch heute besitze, obwohl ich keine Sammlerin bin, musste mir Peter geben. Ich durfte wirklich nichts mitnehmen, keine Zahnbürste, kein Foto meiner Familie und schon gar nicht meinen eigenen Personalausweis zum späteren Beweis meiner wahren Identität.

Ohne mich auch nur von irgendjemandem verabschieden zu können, verließ ich mein Zuhause, schloss die Tür ab und machte mich auf den Weg zu dem Kiosk. Dort warteten tatsächlich die drei, und das mit Peter besprochene Vorhaben spulte wie ein Film ab, den ich innerlich völlig leblos als Hauptdarsteller und Beobachter zugleich erlebte. Ich habe mehrmals den Ausweis zeigen müssen, bis ich endlich nach anderen dramatischen Momenten und 20 Minuten Wartezeit auf dem Bahnsteig mit der S-Bahn Richtung Westen fahren konnte. Erst hier wagten wir uns in die Arme zu fallen. Natürlich freute ich mich unbändig über die geglückte Flucht. Aber während ich darüber schreibe, spüre ich gleichzeitig die innere Leere und auch die Zukunftsangst, die mich damals anfiel, das Verlassenheits- und Schuldgefühl, die Sorge um meine Eltern und meinen jüngsten Bruder.

Bis zum Abitur habe ich dann bei Frau Jacobs, meiner Englischlehrerin, in Grunewald wohnen dürfen, einfach so. Wie gesagt, besaß ich nichts, keine Unterwäsche, keinerlei Kleidung, keine Schulbücher, ich war in allem abhängig. Das war kein schönes Gefühl. In beispielloser Aktion haben dann Lehrerinnen und Lehrer der Bertha-von-Suttner-Schule z. B. Geld gesammelt, um denen, die wie ich ihr Zuhause verloren hatten, über die schwierigste Anfangszeit zu helfen. Frau Dr. Wellmer hat ihren Kleiderschrank geöffnet und mir nach Anprobe wunderschöne Garderobenteile bester Qualität von „Horn am Kurfürstendamm" geschenkt. Ich habe sie viele Jahre liebevoll gehegt und getragen, bis sie mir buchstäblich vom Leib gefallen sind.

Die Abiturtage erlebten wir als Klasse eher in einem Trance-Zustand. Richtige Freude kam auch dann nicht auf, als wir die Zeugnisse erhielten, denn etliche Klassenkameraden hatten noch nicht den Weg in den Westen finden können und es stand völlig offen, ob dies jemals geschehen würde. Die Abiturfeier war eher bedrückend, irgendwie standen alle unter Schock. Den traditionellen Abschiedschorgesang: "Nun zu guter Letzt geben wir dir jetzt auf die Wanderung das Geleite…", den ich oft genug selber mitgesungen hatte, seinen Text begriff ich vielleicht zum ersten Male richtig. Die Abschiedsrede hielt Herr Münzel mit der gleichen Leidenschaft, mit der er auch unterrichtete, das weiß ich genau. Sie war ungemein packend und eine Botschaft, mit der er uns in unserer besonderen Lebenssituation ansprach und ermutigte. Unvergessen sind mir seine letzten Worte, er war sicher, dass das gemeinsame Erleben der vergangenen Tage uns "zeitlebens zu Treue ohne Sentimentalität" verbinde. Was mich betrifft, kann ich das von ganzem Herzen bestätigen.

Oft erfahre ich in Gesprächen mit sehr verschiedenen Menschen, dass die Erinnerung an ihre Schulzeit geprägt ist von vielen Enttäuschungen und Verletzungen, ganz abgesehen davon, dass der Unterricht offensichtlich von miserabler Qualität war. Was habe ich dagegen für ein Glück gehabt! Natürlich gab es auch an der Bertha-von-Suttner-Schule Lehrpersonen, die menschlich und fachlich kein großer Wurf waren. Aber meine positiven Erfahrungen überwiegen. Neben hoher fachlicher Kompetenz hat auch eine leidenschaftliche Vermittlungskunst Begeisterungsfähigkeit fürs Lernen nicht nur in mir geweckt. Aber die für mein Leben entscheidende Erfahrung war die, dass sich Menschen unter größten Risiken für mich und meine Zukunft verantwortlich fühlten und eingesetzt haben, ohne jemals eine Gegenleistung zu erwarten. Dabei möchte ich nicht unerwähnt lassen, dass die betreffenden Lehrerinnen und Lehrer noch nicht einmal das vierzigste Lebensjahr erreicht hatten. Ja, wie heißt es doch, es müssen nicht Engel mit Flügeln sein. Sie waren es, an die mein Vater wahrscheinlich dachte, als er mir den Konfirmationsspruch gab: "Er hat seinen Engeln befohlen über dir, dass sie dich behüten auf allen deinen Wegen."

Anfangs eher ungewollt, vor allem aus praktischen Erwägungen, bin ich dann auch Lehrerin geworden. In der Begegnung mit den Kindern entwickelte sich ein großes Interesse und auch Freude an diesem Beruf. Als Schulleiterin einer großen Grundschule mit Kindern aus mehr als 20 Nationen in äußerst schwierigem Wohngebiet musste ich mich neben diversen Lernstörungen sehr intensiv mit dem Lernumfeld meiner Schülerinnen und Schüler beschäftigen, dem es an Fürsorge und Verlässlichkeit fehlte. Dass ich die Kraft und den Willen hatte, die zum Teil emotional sehr belastende Arbeit bis zur Pensionierung mit leidenschaftlichem Einsatz unbeschädigt zu leisten, hat in meinen Augen ganz wesentlich seinen Ursprung in dem Erleben der eigenen, eher ungewöhnlich positiven Schulerfahrung. Es ist für mich gleichsam mein Dankeschön, mein Treuegeschenk an die Lehrpersonen, die den Mut hatten mir Vorbild zu sein.

Leider hat der 13. August mit dem Mauerbau mein zurückliegendes Leben auch mit viel Trauer und schmerzlichem Verlust begleitet. Seit diesem Tag war unsere Familie für immer zerstört. Meine Eltern und mein jüngster Bruder saßen in Ostberlin fest. Ich habe sie erst nach fast fünf Jahren wiedergesehen. Wir drei "Westler" waren in Deutschland verstreut. Allein von dieser Trennungszeit ließe sich eine Extrageschichte erzählen. Wir haben nie wieder ein gemeinsames Treffen oder gar Fest feiern können. Keine Verlobung, keine Hochzeit oder Taufe, nicht einmal die Beerdigung meiner Mutter oder der Suizid meines Bruders führte uns wieder zusammen. Nur zu gerne hätte ich während meiner ersten Schwangerschaft hier und da einen Rat meiner Mutter abgefragt und erst recht ihren Trost gebraucht, als ich mit 24 Jahren erfuhr, einen geistig behinderten Sohn zu haben. Wie schmerzlich war es für meine Eltern, plötzlich nicht mehr vier Kinder zu haben, trotz aller Entlastung, die damit verbunden war. Mein jüngster Bruder von 12 Jahren musste nicht nur zurück in die Ostschule, er hatte auch keine Geschwister mehr.

Als dann endlich wieder eingeschränkt Besuche möglich wurden, waren sie mit riesigen Schwierigkeiten verbunden. So dauerte die Zugreise von Hagen nach Berlin damals 11 Stunden und das mit kleinen Kindern! Schwer waren vor allem für mich die Demütigungen meiner Eltern zu ertragen, wenn sie zurückbleiben mussten im „Tränenpalast" oder beim Einkauf im Intershop nur vor der Türe auf mich warten durften. Ich hatte immer ein schlechtes Gewissen und schämte mich, dass ich wieder zurückfuhr in den Westen.

Umso dankbarer und glücklicher habe ich den Fall der Mauer erlebt. Auf diese Weise konnte ich meinem alten Vater wenigstens in den letzten 10 Jahren näher sein. Obendrein erhielt er nun eine richtige Pension, statt der vorherigen Rente von 528,- DDR-Mark.

Meine Familie war 1989 nur noch als Fragment vorhanden. Wir haben uns alle in verschiedenen Welten einrichten müssen, in denen jeder überleben wollte. Grundsätzlich ist das der Lauf der Dinge für viele Menschen. Schmerzlich aber daran ist, dass wir zu selten Gelegenheiten hatten, uns wieder zusammen zu finden in unbelasteten Situationen, um Freude und Leid zu teilen und wieder zu entdecken, was uns verbindet.

Jürgen Schleicher

Grenzerfahrungen

Oder-Neiße-Friedensgrenze

Schmutziggrau zieht das Oderwasser unter der Stadtbrücke hindurch der Ostsee entgegen. Die Brücke überspannt den Fluss, der jetzt auch die Grenze zwischen der Volksrepublik Polen und der DDR markiert. In meinen Schulbüchern und in den ostdeutschen Zeitungen wird sie „Oder-Neiße-Friedensgrenze" genannt, „die die beiden Völker nicht trennt, sondern einigt."

Sie teilt meine Geburtsstadt Frankfurt/Oder. An beiden Ufern und auf dem Fluss patrouillieren bewaffnete Grenzsoldaten. Man sagt, kürzlich sei wieder jemand erschossen worden, der von Osten aus die Grenze schwimmend überwinden wollte. Vielleicht ein Balte oder Ukrainer? Ein Stück weiter oderaufwärts steht seit der 700-Jahr-Feier von Frankfurt/Oder ein Türmchen mit der Friedensglocke.

Als Kleinkind, noch im Kinderwagen, erzählen meine Eltern, wurde ich von meiner Kinderfrau über die Brücke in den östlichen Teil meiner Stadt geschoben, der jetzt Słubice heißt. Dort gab es wunderbare Spazierwege.

Es ist Ende Juni 1957. Ich bin 14 Jahre alt und habe das erste Jahr auf der Karl-Liebknecht-Oberschule ganz ordentlich überstanden, bin in die 10. Klasse versetzt worden. Noch immer rätsele ich, weshalb mein Freund Wolfram und ich überhaupt die Zulassung zur Oberschule erlangt haben. Wolfram ist Pfarrerssohn, mein Vater ist selbstständiger Handwerker. Wir beide sind die einzigen Schüler in der Klasse, die nicht Mitglied im kommunistischen Jugendverband FDJ sind und auch nie „Junge Pioniere" waren. Was wir natürlich für uns behalten: Nach dem Abitur wollen wir sofort in den Westen „abhauen", dort noch ein Jahr zur Schule gehen, das West-Abitur bestehen und dann studieren. Was bedeutet DDR? Der Doofe Rest. Das sind die, die hier bleiben wollen.

„Ich glaube an die Unantastbarkeit und die Würde jedes einzelnen Menschen." Erster Satz auf der Freiheitsglocke im Schöneberger Rathaus in Westberlin. Jeden Sonntag Punkt zwölf Uhr mittags tönen die Glockenschläge und der von Schillertheater-Schauspielern rezitierte Text bei uns in Frankfurt/ Oder aus dem Radio.

Wir hören RIAS Berlin. Immer. Das ist zwar verboten, kann aber - anders als im „Tal der Ahnungslosen" in der Gegend um Dresden - in Frankfurt nicht verhindert werden, auch wenn Störsender der DDR-Staatsmacht verzweifelt versuchen, uns das Hören zu vergällen. Nachrichten und Kommentare hören wir mindestens dreimal täglich.

Aber natürlich auch „Es geschah in Berlin. In Zusammenarbeit mit der Kriminalpolizei", die Krimi-Serie, und „Mach mit!", die Quiz-Sendung von Ivo Veit. Hier werden wertvolle Preise gewonnen: ein Pfund Carisch-Kaffee oder ein Paar Nylonstrümpfe, gestiftet von der Firma Miederwaren im Bahnhof Zoo.

Fred Ignor präsentiert die „Schlager der Woche ", wo Rudi Schuricke die rote Sonne bei Capri im Meer versinken lässt. Onkel Tobias vom RIAS ist sonntags da: Kinderfunk. Aber nie verpassen wir „Günter Neumann und die Insulaner". Walter Gross als depperter SED-Funktionär ist unvergessen. Vor allem die Erkennungsmelodie hat es uns angetan. „Der Insulaner verliert die Ruhe nich. Der Insulaner liebt keen Jetue nich. Der Insulaner hofft unbeirrt, dass seine Insel wieder`n schönes Festland wird. Ach, wär das schön!"

Das hoffen wir auch. Deshalb dreimal täglich die Nachrichten.

Nach dem Schock von 1953, der Niederschlagung des Volksaufstandes in der DDR, kommt im Jahr 1956 bei uns wieder Hoffnung auf. Im Frühjahr streiken Arbeiter in Polen. Das Gomulka-Regime wird installiert und die Polen erhalten ein bisschen Freiheit, wenigstens die Künstler.

Im Herbst versuchen die Ungarn, sich vom Joch der immer noch totalitären Sowjetherrschaft zu befreien. Wir hängen am Radio, hören die verzweifelten Hilferufe von Imre Nagy, dem Ministerpräsidenten, und Pal Maleter, dem Verteidigungsminister der Ungarischen Republik. Was macht der Westen? Kommen die Amerikaner - anders als am 17.Juni 1953 in der DDR - diesmal zur Hilfe? Sie kommen nicht. Großbritannien ist in ein Kriegsabenteuer um den von Ägypten verstaatlichten Suezkanal verstrickt. Die Sowjetsoldaten walzen den Ungarn-Aufstand brutal nieder. Imre Nagy und Pal Maleter werden hingerichtet, ihre Leichen am Rande von Budapest verscharrt.

„Ich verspreche, jedem Angriff auf die Freiheit und der Tyrannei Widerstand zu leisten, wo immer sie auftreten mögen." 2. Satz auf der Freiheitsglocke.

Kommt man heute, im Jahr 2011, nach Budapest, kann man die Einschüsse der Sowjetpanzer-Kanonen im Rathaus sehen. Edelstahlkugeln sind jetzt in die Fassade eingesetzt. Von der Sonne angestrahlt sind sie Erinnerung und Mahnung. In der Innenstadt entdeckt man ganz zufällig einen kleinen Teich, überspannt von einer Brücke. Auf der Brücke steht ein netter, kleiner älterer Herr mit Hut, der einen Schmetterling auf seiner Hand betrachtet. Es ist Imre Nagy, allerdings nur seine lebensechte Bronze-Figur.

Im Sommer 1957 sind die Ungarn-Ereignisse noch frisch in meiner Erinnerung. Die Baubaracke der VEB-Bauunion Frankfurt/Oder steht unmittelbar am Oderufer, links neben der Brücke. Oben langweilen sich die Grenzer. Ganz selten fährt ein Auto auf den Schlagbaum zu. Wenn einmal eins auftaucht, ist es eine „Bonzenschleuder", ein Fahrzeug der Staatsmacht.

Die Mittagspause ist vorüber. Wir Bauarbeiter treten auf den staubigen Vorplatz. Ich stehe jetzt mit dem Rücken zur Oder und kann rechts ein großes Backsteingebäude sehen. Es hat kleine Fenster, die vergittert sind. Von meinen Eltern weiß ich, dass die DDR-Staatsmacht dort ihre politischen Gefangenen einsperrt. Es finden auch Hinrichtungen statt. Dort stehe eine Guillotine, heißt es. Schon die Nazis haben sie benutzt.

„Ich glaube an die Unantastbarkeit und an die Würde jedes einzelnen Menschen...."

Blicke ich geradeaus nach Westen, kann ich am Rande des Lennéparks die fensterlosen Außenmauern eines größeren Gebäudes erkennen. Das war einmal Frankfurts Universität, die VIADRINA, nach Königsberg die zweitälteste Universität Preußens. Sie wurde noch vor der Berliner Universität gegründet, allerdings schon 1811 wieder geschlossen. Für drei Universitäten hatte Preußen nicht genug Geld. Die Berliner Neugründung erhielt Vorrang. Das Zentralgebäude wurde im 2. Weltkrieg zerstört, die Reste wurden später abgerissen. Fast die gesamte Innenstadt von Frankfurt/Oder wurde in den letzten Kriegstagen Opfer der Flammen. Die deutsche Wohnbevölkerung war evakuiert worden. Die anrückenden Sowjetsoldaten sollen die leere Stadt geplündert und dann angezündet haben, so wollen es die Frankfurter wissen.

Aber jetzt soll Frankfurts Mitte neu entstehen. „Das Nationale Aufbau-werk" verspricht viele neue Wohnungen und eine Geschäftsstraße, die Ma-gistrale. Dazu müssen allerdings noch die Trümmer des letzten Krieges besei-tigt werden. Dafür sucht die VEB Bauunion Hilfsarbeiter und vergibt auch Fe-rienjobs an 14-jährige Oberschüler. Wöchentlich erhalte ich einen Lohnzettel und die Tüte mit dem verdienten Geld. „Auferstanden aus Ruinen und der Zukunft zugewandt. Lass uns dir zum Guten dienen, Deutschland, einig Va-terland." Das kann ich sehr gut vertreten. Allerdings wurde auf Anordnung der Staatsmacht ab 1970 der Text der DDR-Nationalhymne bei offiziellen An-lässen nicht mehr gesungen. Die Melodie musste textlos erklingen. Ich habe Melodie und Text auch heute noch im Gedächtnis.

Die Ruinen der Häuser waren in den Jahren nach dem Krieg gesprengt und Holz, Eisen und Schutt entfernt worden. Übrig blieben kleinere Mauerres-te und Berge von Ziegelsteinen, die in den Straßen-Rechtecken wie Kohlemie-ten etwa drei Meter hoch aufgeschichtet waren. Ein trostloser, ein mahnen-der Anblick an der „Friedensgrenze". Auch die Trümmer des Herrenausstat-ter-Geschäfts, das meine Eltern bis 1945 geführt hatten, sind darunter.

Die Aufgabe der Schüler-Hilfsarbeiter ist es, diese Steinreste auf ein Förderband zu werfen, die dann in einer kräftigen Maschine – dem Brecher – zu Ziegelsplitt zermahlen werden. Aus Splitt, Zement, Kies und Wasser ent-steht Beton. Die Bauarbeiter füllen den Beton in Holzverschalungen, etwa 1,50 m x 1,50 m groß, die einfach auf dem Straßenasphalt stehen. Aus die-sen Betonfertigteilen werden die neuen Häuser errichtet. Sie stehen heute noch.

Nach dem Ende der DDR gaben sich Architekten und Stadtraum-Designer viel Mühe, ihre triste Einfachheit zu kaschieren.

Das Zentrum des alten Frankfurt habe ich selbst unzerstört nie gese-hen, ich kenne es aber aus den Amateurfilmen meines Vaters. Eine preußi-sche Mittelstadt, etwas verwinkelt, lebendig, mit stuckverzierten zwei- oder dreistöckigen Bürgerhäusern.

Zwar haben wie durch ein Wunder die Hauptpost und das Rathaus den Krieg überstanden und wurden bald wieder restauriert. Auch die Nikolaikirche konnte wieder aufgebaut werden. Sie wird jetzt als Konzerthaus genutzt. Aber von der Marienkirche, einem der bedeutendsten Bauwerke norddeut-scher Backsteingotik, stehen nur noch die Außenmauern. Dächer und Turmkappe sind verbrannt. Auf der Ruine wachsen schon aus zugeflogenen Samen Birken in die Höhe.

Hier wird nie wieder ein Gottesdienst stattfinden können, so ist meine Meinung, wenn ich von der staubigen Arbeit am Förderband aufsehe und die Ruine der Marienkirche ins Blickfeld kommt.

Es sollte mein letzter Sommer in Frankfurt werden. Davon weiß ich aber im Juni noch nichts. Ich freue mich über mein erstes lohnabhängig verdientes Geld. Es füllt die Reisekasse auf. Hundert Mark Ost ergeben fünfundzwanzig Westmark, wenn man im Westen tauscht. Das ist zwar von der DDR-Staatsmacht streng verboten, aber fast alle Westreisenden schmuggeln Ostgeld.

Die Interzonen-Reise

Für die zweite Ferienhälfte hat mein Vater für uns einen Interzonen-Reisepass beantragt. Wir dürfen unsere Verwandten in Westdeutschland besuchen. Unsere Familie ist recht groß. Da gibt es eine ganze Reihe Anlaufstationen. Die Hin- und Rückfahrt können wir in Frankfurt/Oder in Ostmark bezahlen. Unsere Fahrräder nehmen wir mit. Nachtquartiere bieten Bahnhofsmissionen und vor allem die Jugendherbergen. Wanderer aus dem Osten bekommen vom Jugendherbergswerk Gutscheinhefte im Werte von 60 D-Mark geschenkt, die sie für Übernachtung und Verpflegung in den Jugendherbergen einlösen können. Das hilft uns enorm weiter.

Auf unsere Räder sind wir sehr stolz. Bordeauxrot das eine, kornblumenblau das andere. Alte Tourenrahmen aus der Vorkriegszeit, aber mit Sportfelgen, Schutzblechen und Gepäckträgern aus Aluminium, dazu Weißwandreifen und verchromte Vorbaulenker. Das alles gibt es in der DDR nicht zu kaufen. Mein Vater hat es nach und nach aus Westberlin besorgt. Gangschaltung haben wir nicht. Wir verstehen uns - wenn nicht als Radrennfahrer - wenigstens als Touren-Radsportler.

Zurück in Frankfurt/Oder berichte ich meinen Mitschülern und jedem, der es hören will, begeistert von der West-Reise. Im nächsten Jahr will ich unbedingt wieder in den Westen fahren.

Erst ist es ein Gerücht, dann wird es amtlich: Die Staatsmacht beschränkt Familienreisen ins kapitalistische Ausland künftig auf dringende Familienangelegenheiten, also Todesfälle, vielleicht auch Hochzeiten. Ich bin ein weiteres Mal empört über die staatliche Willkür, spreche auch offen darüber.

Dies trägt meinem Vater die Einbestellung zum Direktor der Oberschule und mir eine ernste Verwarnung ein. Ich habe so eine Ahnung, wer mich verpfiffen haben könnte. Ein Schüler aus einer anderen Klasse, der mich auf dem Schulweg ausgehorcht hat. Den Begriff IM (Informeller Mitarbeiter) habe ich erst später kennengelernt.

Der Schulverweis

In der ersten Novemberhälfte fällt der Englischunterricht aus. Lehrer N., von den Schülern aller Jahrgangsstufen wegen seines Unterrichtsstils und seiner verständnisvollen Menschlichkeit hoch verehrt, fehlt in der Schule.

Lehrer N. ist außerschulisch in der evangelischen Kirche aktiv. Über meinen Freund und Mitschüler Wolfram erfahre ich den Grund für das Fehlen von Englischlehrer N.: Die Staatsmacht will ihn entlassen. Er hat sich – außerhalb der Schule – in einer Diskussion zwischen SED-Funktionären und Kirchenvertretern für das Recht auf Konfirmation und gegen die Diskriminierung konfirmierter Jugendlicher eingesetzt. Religionsfreiheit ist in der DDR-Verfassung verbrieft.

„Ich verspreche, jedem Angriff auf die Freiheit .... "

Wieder fällt eine Englischstunde aus. Ich spreche meinen Mitschüler Hans-Georg an und unterrichte ihn über die Gründe. Sollen wir dagegen nicht etwas tun? Hans-Georg ist auch dieser Meinung. Wir informieren die Klassengemeinschaft und schlagen vor, den Schulrat zu einer klärenden Aussprache in die Klasse zu bitten und dabei für die Rückkehr unseres geliebten Englischlehrers zu werben. Diesen Vorschlag stellen wir der Klasse zur Abstimmung und erhalten überwiegend Zuspruch. In der großen Pause gewinnen wir auch noch Jürgen V. aus der Parallelklasse für unser Vorhaben. Er verspricht, es in seiner Klasse zur Abstimmung zu stellen.

Noch vor Ende des Schultages werden Hans-Georg und ich ins Direktorzimmer bestellt. Ein Gespräch unter sechs Augen. Der Stellvertretende Direktor Sche. versucht uns zu beruhigen. Uns würde nichts passieren, wir sollten nur mal sagen, wie wir auf diese Idee gekommen seien. Das Gespräch verläuft im Sande. Der Schulrat würde nicht erscheinen.

Er erscheint aber doch. Und nicht allein. Ein, zwei Tage nach unserem ersten Besuch im Direktorzimmer werden Hans-Georg und ich aus dem Unterricht heraus erneut dorthin zitiert. Hans-Georg und ich stehen. Vor uns sitzen sechs oder acht Herren: der Direktor Schm., der seine Parteischulung unseretwegen unterbrochen hat, sein Stellvertreter Sche., der Schulrat, Geschichtslehrer X., Lehrer M., der nicht auf unserer Oberschule ist, den ich aber als Grundschullehrer kennengelernt habe. Er hatte im Ruhrgebiet als Kommunist Schwierigkeiten bekommen und sich in die DDR abgesetzt. Also, Parteibonzen sind gut vertreten.

Beim Hereingehen raunt uns die Sekretärin noch etwas zu: „Gebt acht, was ihr sagt, sonst bekommt ihr Ärger." Den haben wir wohl jetzt angesichts des Aufgebots an Staatsmacht.

Wir versuchen, unser Anliegen zu rechtfertigen: Hervorragender Englischlehrer, alle Schüler lernen gern und viel bei ihm. Nie hat er politische Kritik am Sozialismus geäußert. Die Texte über ausgebeutete und deshalb streikende Arbeiter in England in unserem Lehrbuch haben wir korrekt behandelt. Religionsfreiheit ist durch die DDR-Verfassung garantiert und außerdem Privatangelegenheit.

Frage eines Staatsmächtigen der DDR an uns 14- bzw. 15-jährige Schüler: „Wer hat denn den Sputnik an den Himmel gesetzt? War das der liebe Gott oder die Weisheit der sowjetischen Ingenieure?" - Auch wir bewundern die Weisheit der sowjetischen Ingenieure.

„Wo steht ihr denn politisch? Rechts oder links?" Was antwortet man denn in einer solchen Situation? Links stehe ich sicher nicht. Ich bin ja nicht mal in der FDJ. Das weiß auch der Direktor. Rechts will ich auch nicht stehen. „Mein Vater gehört dem Mittelstand an. Ich stehe also in der Mitte."

Wir verlegen uns auf die pragmatische Seite der Angelegenheit. Wir sind besorgt über die fehlenden Englischstunden. Warum darf denn Lehrer N., der ja gesund und arbeitswillig ist, nicht unterrichten?

Jetzt lässt die Staatsmacht die Katze aus dem Sack: „Das Erziehungsziel unseres Staates ist es, die Jugend zum Sozialismus zu erziehen. Dabei fällt den Lehrern eine Schlüsselrolle zu. Lehrer in unserem Staat kann nur sein, wer dieses staatliche Erziehungsziel unterstützt. Ein Lehrer, der sagt, als Englischlehrer könne er nur Englisch unterrichten, hat eine falsche Haltung und kann nicht Lehrer sein. Er kann jeden anderen Beruf in unserem Staate ausüben, beispielsweise als Lektor in einem Verlag. Aber als Lehrer muss er sich aktiv zum Sozialismus bekennen."

Das ist eine klare Begründung für ein „Berufsverbot". Auf kommunistische Art. So etwas gab es auch früher schon, beispielsweise für Juden im NS-Staat. Und auch schon weit davor wurden Juden bestimmte Berufe verwehrt. Der Begriff „Berufsverbot" sollte sich aber erst Jahre später in der „freien Welt", in der Bundesrepublik, im täglichen Sprachgebrauch verankern. 1957 in der DDR habe ich ihn aber schon kennengelernt. Ich sollte mich später daran erinnern.

Nach dem „Verhör" im Direktorzimmer gehen wir wieder zurück in den Unterricht. Als wir am nächsten Tag in die Schule kommen, erfahren wir, dass eine Vollversammlung aller Schüler angesetzt ist. Im Anschluss an die zweite Unterrichtsstunde müssen sich alle Schüler im hallenartigen Treppenhaus versammeln. Was der Direktor im Einzelnen sagt, habe ich nicht mehr in Erinnerung.

Aber das Fazit steht auf einem Zettel, den er mir in die Hand drückt (oder meinen Eltern zusendet?): „Der Schüler Jürgen Schleicher wird der Schule verwiesen. Begründung: Er hat in anmaßender Weise gegen personelle Maßnahmen des Rates der Stadt und der Schule Stellung genommen. Dieses Verhalten ist eines Oberschülers unwürdig und darf nicht geduldet werden."

Hans-Georg und ich müssen vor den Augen aller Schüler die Treppe hinab zum Ausgang gehen. In unseren Schultaschen steckt als aktuelle Leseaufgabe Anna Seghers „Das siebte Kreuz." Dieses Buch wird meine Flucht nach Westberlin begleiten. Auch ich will meinen Verfolgern entkommen. So gelingt es der DDR-Schule doch noch, den Bildungsauftrag am Schüler Jürgen Schleicher zu erfüllen: Schluss mit Karl May und Einstieg in die Weltliteratur.

Hurra! Keine Schule mehr. Aber, was soll jetzt werden? Von unseren Eltern haben wir keine Vorwürfe zu erwarten. Die stehen fest hinter uns. Wir trennen uns für den Heimweg. Unsere Eltern werden beraten, was zu tun ist. Superintendent W. der Evangelischen Kirche bietet seine Hilfe an.

Der Umzug

Mein Vater hofft im Stillen, wieder einen Lehrling für seine Schneiderwerkstatt zu bekommen. Mich. Solide Handwerksausbildung ist ein nützliches Fundament für die Karriere als Textilkaufmann im Westen. Und das will ich doch werden, Textilkaufmann international, glaubt er, sage ich auch.

Meine Mutter besteht hartnäckig auf einem akademischen Ausbildungs-gang für mich. Dafür brauche ich unbedingt das Abitur. Aber das ist jetzt ver-baut. Die Schüler haben Fragen gestellt. Die DDR-Staatsmacht reagiert belei-digt.

Superintendent W. berichtet, es gäbe in Westberlin Oberschulen, die Kinder aus dem Osten aufnehmen, und sogar Heime, in denen diese Kinder wohnen können. Wäre das ein Ausweg aus der Klemme? Am Bußtag 1957 wird beschlossen, die Väter sollen nächste Woche nach Westberlin fahren, um das zu erkunden. Mich fesselt „Das siebte Kreuz".

Der Vater von Hans-Georg ist bei der Reichsbahn beschäftigt. Und die hat ihre eigenen Signal-Systeme. Offizielle und informelle. Auch in Bezug auf den Grenzverkehr. Und in diesen Reichsbahn-Drähten summt plötzlich das Gerücht, die Staatsmacht wolle drastische Reisebeschränkungen verkünden. Westberlin solle „dichtgemacht" werden. Vielleicht schon am nächsten Sonn-tag.

Es wäre besser, die beiden Kinder reisten schon am Sonnabend mit ih-ren Vätern auf Verwandtenbesuch nach Westberlin. Natürlich in verschiede-nen Zügen. Mit Rückfahrkarte und nur kleinem Gepäck. Wer Schullektüre mit dem Stempel der Karl-Liebknecht-Oberschule auch am Wochenende in West-berlin lesen will, weist sich als folgsamer DDR-Schüler aus.

An einem grauen November-Samstag verlasse ich meine Heimatstadt an der Oder-Neiße-Friedensgrenze in Richtung Westen. Aber schon nach achtzig Kilometern treffen wir auf die nächste Grenze. In Erkner verlassen wir den Fernzug. Hier beginnt die Viermächte-Hoheit von Berlin. Auch die Grenze zwischen dem sowjetischen Sektor von Berlin und der DDR wird militärisch überwacht.

Bevor wir in die S-Bahn steigen können, müssen wir durch die Grenz-kontrolle. Die Grenzsoldaten prüfen die Personalausweise und die Reiseziele auf den Fahrkarten, die Zöllner mustern das Gepäck. Ist es zu schwer? Wohnt der Reisende auf dem Lande? Vielleicht ist eine Gans im Koffer, die beim Markthändler in Neukölln Westgeld bringen soll? So viele Koffer für ein paar Tage Besuch in Magdeburg? Ist das wahre Ziel der Reise etwa Marien-felde, das Flüchtlingslager? Sowjetsoldaten mit Kalaschnikows überwachen die ganze Prozedur.

Auch in umgekehrter Richtung wird hier streng kontrolliert. Haben die DDR-Bürger ihr Ostgeld etwa schwarz getauscht, vier zu eins? Und West-schuhe eingekauft oder gar Illustrierte, zum Beispiel FILM UND FRAU mit den Fotos des Schahs von Persien und seiner Prinzessin Soraya? Schmuggelt da einer sogar die TARANTEL, ein Comic-Blättchen, das politische Karikaturen gegen die DDR-Staatsmächtigen enthält und gegen Vorzeigen eines Ostaus-weises kostenlos an den Kiosken des TAGESSPIEGEL und des sozialdemokra-tischen TELEGRAF abgegeben wird? Wer erwischt wird, wandert in den Knast. Mein Vater wurde nie erwischt. Aber mir ist diese Grenzstation später beinahe zum Verhängnis geworden.

Wir fallen nicht auf. Auch die nächste Grenzkontrolle in Friedrichstraße überstehen wir. Andere Reisende werden aus der S-Bahn geholt und zur Ge-päckkontrolle geleitet.

„Sie verlassen jetzt den demokratischen Sektor von Berlin", verkünden die Schilder an der Grenze zu Westberlin. Straßen und Bahnhöfe werden zwar kontrolliert, aber noch berechtigt der DDR-Personalausweis zum Überschrei-ten dieser Grenze, die zwei tief verfeindete politische und wirtschaftliche Wel-ten trennt. Aber wie lange bleibt dieses Schlupfloch offen? Nur noch bis mor-gen? Es wird noch bis zum 13. August 1961 dauern. Aber dann werden die „Reichsbahn-Drähte" von Hans-Georgs Vater für mich ihre lebensentschei-dende Wirkung erneut beweisen.

Als die S-Bahn sich singend in Bewegung setzt und durch den Spreebo-gen kurvt, atmen wir auf. Geschafft. Wir sind jetzt auf der sicheren Seite. Ir-gendwie wird es schon weitergehen. Ich lese meine Schullektüre zu Ende. Das siebte Kreuz bleibt leer.

Schon am folgenden Donnerstag beziehen Hans-Georg und ich unseren Platz im kirchlichen Schülerheim am Roseneck. Es ist eine herrschaftliche Villa im Grunewald mit parkähnlichem Garten. Das riesige Zimmer teilen wir uns mit zehn weiteren Ost-Schülern. Es hat Doppelstockbetten. Die Schreibtische - für jeden Schüler einer - sind zu Dreier- oder Vierergruppen geordnet. Die großen Schränke teilen den Raum in mehrere Arbeitszonen auf.

Etwa 60 Schüler, die jüngsten zwölf, die ältesten zwanzig Jahre alt, kommen aus allen Bezirken der DDR. Die Evangelische Kirche unterhält noch drei weitere Jungenheime und ein Mädchenheim. Auch andere Organisatio-nen betreiben ähnliche Heime für Ostschüler. Als Pfarrers-, Arztsöhne oder

Kinder von Selbstständigen haben sie keine Zulassung zur Oberschule erhalten, einige sind mit den Eltern geflüchtet. Die meisten von uns haben Eltern und Geschwister im Osten zurückgelassen. Auch ihre Freunde. Wir haben Personalausweise der DDR, in denen als Wohnsitz unsere Heimatadresse eingetragen ist, in meinem steht Frankfurt/Oder. Erlernter Beruf: ohne.

Bertha-von Suttner-Oberschule

Eine ganze Reihe Westberliner Schulen nehmen Ostschüler auf. Genau eine Woche nach unserer „Flucht" haben wir unseren ersten Schultag in der Bertha-von Suttner-Schule. Direktor Lehmann – gebürtiger Dresdner? – führt uns selbst in den Unterricht und stellt uns den Mitschülern vor. „Diese Schüler haben ihren Lehrer verteidigt. Nehmt sie euch zum Vorbild und macht euren Lehrern nicht durch Lärmen das Leben schwer."

Zwei Bankplätze in der hintersten Reihe werden uns zugewiesen. Klasse 10m hat jetzt nicht mehr 44, sondern 46 Schüler. Kaum ist der Direktor weg, geht das Gemurmel wieder los. Frau Gürtler, die Russischlehrerin, ruft mit ihrer kreischenden Stimme: „Tiesche ! Tiesche !" (Ruhe!). Es hilft aber nicht.

Die Bertha-von-Suttner-Oberschule hat kein eigenes Schulgebäude. Schon von ihrer Gründung an muss sie in Provisorien leben. Jetzt teilt sie sich ein Gebäude mit der Friedrich-Engels-Oberschule in der Emmentaler Straße in Berlin-Reinickendorf. Aber der Direktor Lehmann gibt nicht auf. Er kämpft für einen Neubau seiner BvS, der Schule mit einer besonderen musischen Prägung. Im Kunstunterricht werden überlebensgroße Puppen angefertigt für die grandiose Theateraufführung. Den Schulchor leitet Musiklehrer Probst. Wir singen Händels „Halleluja" auf Weihnachtsfeiern im Rathaus Reinickendorf und im Flüchtlingslager Marienfelde. Dort filmt uns sogar die Berliner Abendschau, das Regionalfernsehen des „Sender Freies Berlin". Wenn Direktor Lehmann bei uns Vertretungsstunde hat, legt er Wagner-Platten auf. Die Tannhäuser-Ouvertüre wird deshalb meine erste Langspielplatte.

Wir haben Schichtunterricht. Vormittags nutzt die Friedrich-Engels-Schule die Räume, nachmittags die BvS. In der nächsten Woche ist die Reihenfolge umgekehrt.

Der Schulweg ist über eine Stunde lang und führt vom Südwesten in den Norden von Berlin. Die U-Bahn nach Tegel gibt es noch nicht. Es fahren Doppelstock-Busse von Büssing, die am hinteren Einstieg offen sind. Die allerneuesten fahren immer auf der Linie 19. Man kann einen abfahrenden Bus noch entern, falls man nur knapp pünktlich um 6.52 Uhr rennend das Roseneck erreicht. Im Wedding fährt sogar noch eine Straßenbahn nach Reinickendorf. Aber ich bevorzuge die Buslinien, weil unterwegs die interessantesten Mitschüler, vor allem Mitschülerinnen, nach und nach hinzukommen. Wir haben viel Spaß auf dem Oberdeck.

An den schulfreien Vormittagen treffen wir uns manchmal am Wittenbergplatz, gehen ins KaDeWe, veralbern die Verkäuferinnen und essen in der Lebensmittelabteilung die Proben weg.

Heimschüler

Die Kirche erhält Geld vom Berliner Senat, man sagt etwa 200 D-Mark pro Schüler für Unterkunft und Verpflegung. Die Wäsche wird von der Firma Testorp gereinigt, die Räume pflegen Putzfrauen. Beim Tischdecken, Abräumen und Spülen hilft der Schüler-Küchendienst. Kleidung und Bettzeug müssen die Eltern stellen. Wir erhalten je nach Altersstufe fünf bis zwanzig Westmark Taschengeld und die Schülermonatskarte. Meine hat drei Buslinien frei. Der 19er fährt vom Roseneck den ganzen Ku-Damm lang, am KaDeWe vorbei bis zum Flughafen Tempelhof. Ich erreiche damit den Bahnhof Zoo und das Amerikahaus. Hier gibt es kostenlose Wochenschauen, Kurzfilme und Broschüren über die Schrecken in der kommunistischen Welt. Mindestens einmal wöchentlich bin ich dort, um meine antikommunistische Weltsicht aufzufrischen. Der 16er Bus reicht bis Schöneberg, mit dem ich die Cousine meiner Mutter in Friedenau erreichen kann. Sie wird eine meiner Ersatzmütter.

Der 12er Bus endet in Frohnau. Ein Ort davor ist Hermsdorf. Hier lebt mein Cousin H.-W. mit Frau und siebenjähriger Tochter Ulrike. Einmal im Monat fahre ich samstags nach der Schule nicht nach Süden, sondern nach Hermsdorf. Da bin ich dann in H.-W.s Familie der große Bruder für die kleine Ulrike.

Als armes Heimkind oder als halbes Waisenkind empfinde ich mich nach der abrupten Trennung von meinen Eltern nie. Die Eltern kommen ja mindestens einmal monatlich auf Besuch, wir feiern gemeinsam mit den Verwandten Weihnachten. Und eigentlich genieße ich meine Freiheit in der Freien Welt, froh, der strengen Aufsicht meines Vaters entkommen zu sein.

Wenn Eltern, Verwandte oder Freunde zu Besuch kommen, stecken sie uns Ostgeld zu, das wir in Westgeld tauschen oder zum Einkauf in Ostberlin nutzen können. Oft fahren wir gemeinsam in den Ostsektor – getarnt als wochenendreisende DDR-Familie auf Einkaufstour. Anfangs mit etwas mulmigem Gefühl, später mutiger bis leichtsinnig. U-Bahn-Fahren mit „Ostfahrschein" – gegen Vorlage des DDR-Ausweises gibt es in Westberlin so manche Leistung gegen Ostgeld, zum Beispiel Kino- und Fahrkarten. Von der DDR wird das als Devisenvergehen angesehen.

Vor allem dürfen die Kontroll-Organe nicht herausfinden, dass ich nicht mehr in Frankfurt/Oder, sondern in Westberlin lebe. Die Angst fährt bei jedem Grenzübergang mit.

Schultasche mit Büchern, Monatskarte und Westgeld gebe ich meist Hans-Georg mit, wenn ich direkt von der Schule mit der U-Bahn zum Alexanderplatz fahren will zum Haareschneiden oder Schallplatten- und Bücherkauf.

Einmal habe ich doch alles dabei. Bei der Fahrscheinkontrolle kann ich keinen Schein vorweisen. Ich hatte ja mit Ostgeld bezahlt. Der Kontrolleur, ein Stadtpolizist nimmt mich mit auf den Bahnsteig. Er prüft meinen Personalausweis und will wissen, was ich 16-jähriger Jugendlicher aus Frankfurt/Oder mitten in der Woche in Berlin zu suchen habe. „Ich bin Schneiderlehrling bei meinem Vater und soll in der Stalinallee Material einkaufen. Gestern bin ich nach Berlin gefahren, habe bei meinen Verwandten in Hermsdorf übernachtet. Jetzt werde ich das Material einkaufen und dann wieder nach Frankfurt fahren." Der Bahnsteig ist menschenleer. Der Polizist schaut mir ins Gesicht. Er sagt: „Ich möchte jetzt nicht herausfinden, was Du wirklich machst. Wenn Du das nächste Mal hier einreist, löse wenigstens einen ordentlichen Fahrschein." Er gibt mir den Ausweis zurück und geht davon.

Nach meinem Verschwinden aus Frankfurt/ Oder unternimmt die Staatsmacht bei meinen Eltern mehrere Versuche, meine Rückholung durchzusetzen. Selbst ein Internatsplatz in fernen Regionen der DDR wird in Aussicht gestellt, wo ich das richtige sozialistische Bewusstsein erlernen und auch das Abitur machen kann. Meine Eltern lehnen dankend ab. Langsam wächst Gras über die Sache. Die Staatsmacht gibt Ruhe.

Einige meiner Heimkameraden fahren in den Schulferien nach Hause in die DDR zu ihren Familien. Nach einiger Zeit traue ich mich auch. Mein Vater holt mich in Berlin ab. Wir fahren abends. Die DDR-Dunkelheit bietet auch

Schutz. Als wir in Erkner aus der S-Bahn in den Fernzug nach Frankfurt/Oder wechseln, entdeckt mein Vater den Stellvertretenden Direktor der Oberschule. Wir verdrücken uns ans andere Ende des Zuges. Aus Vorsicht steige ich eine Station vor dem Frankfurter Hauptbahnhof in Rosengarten aus. Im Schutz der Dunkelheit laufe ich durch die Felder nach Hause. Ich bleibe tagsüber in der Wohnung. Meine Freunde und Verwandten kommen zu Besuch. Nachts gehe ich in den Garten, um ein bisschen frische Luft zu haben. Die Rückfahrt erfolgt ähnlich konspirativ. Zum Bahnhof gehen wir getrennt. Erst nachdem sich der Zug in Bewegung gesetzt hat, treffen wir uns im Abteil.

Pfingsten 1961 reise ich zum letzten Mal mit meinem DDR-Ausweis auf diese Weise von Westberlin nach Frankfurt/Oder. Von den Heimschülern kommen manche nach den Ferien nicht zurück. Nicht immer wird Heimweh der Grund dafür sein.

Im Frühsommer 1961 treffe ich mich an einem Sonntagnachmittag im Restaurant des Bahnhofs Zoo mit meiner Tante aus Fürstenberg/Oder, die ihre Freundin Irene aus Königswinter für einen Besuch in Fürstenberg in Empfang nimmt. Irene ist gehbehindert und benötigt einen Stock. Ihr Gepäck ist umfangreich und schwer. Ich helfe den beiden alten Damen in die S-Bahn nach Erkner und fahre noch ein Stückchen mit. Wir unterhalten uns fröhlich und ich beschließe, bis Erkner mitzufahren und das Reisegepäck vom S-Bahnsteig durch die Kontrolle, die Treppen herab und zum Fernbahnhof wieder hinaufzutragen.

Als ich zurück durch die Grenzkontrolle auf den S-Bahnsteig gehe, stutzt der Grenzsoldat. „Sie sind hier eben durch die Kontrolle gegangen und kommen nun zurück. Ihr Wohnsitz ist Frankfurt/Oder. Wie erklärt sich das? Und außerdem, mit diesem Ausweis kommen Sie hier nicht durch!" Er biegt meinen Ausweis, dessen Blätter mit zwei Metallklammern zusammengeheftet sind, in der Mitte auseinander. Die Klammern sind angerostet. Der Ausweis wurde versehentlich in einer Hose in Testorps Waschmaschine gegeben. Er hat das überstanden. Aber jetzt beginnt sich das mittlere Blatt zu lösen.

Der Grenzsoldat übergibt mich an seinen Offizier. „Kommen Sie mit." In meinen Unterbauch kriecht kribbelnd heiße Angst, die Knie werden mir weich. Aus, vorbei. Jetzt haben sie dich. Kein Abitur bei Bertha-von-Suttner. Zurück ins miefige, piefige Frankfurt/Oder, zurück an die „Friedensgrenze". Auf dem Fernbahnhof erstarren die beiden alten Tanten vor Schreck. Sie beobachten die Szene.

38

Auf halbem Wege zum Kontrollbüro hält der Offizier inne und beginnt zu fragen. „Wo willst Du hin? Was machst Du? Gehst du noch zur Schule? Warum fährst Du nicht nach Frankfurt/Oder?" Ich spule meine Ausredelügen herunter, versuche meine Angst zu verstecken. Lehrling bei meinem Vater, übernachte bei Verwandten in Berlin, muss morgen in der Stalinallee einkaufen... und so fort.

„Zeig mir dein Portemonnaie!" Ich weise etwa 40 Ostmark vor. Das Westgeld habe ich glücklicherweise in der Gesäßtasche verstaut. Dort steckt auch meine Schülermonatskarte. Als Wohnsitz ist dort angegeben: Kronberger Str. 12 - 14, Berlin-Grunewald. Der Offizier gibt mir meinen Ausweis zurück. „Wenn Du wieder in Frankfurt bist, musst Du Dir sofort einen neuen Ausweis besorgen. Mit diesem hier kommst Du nicht wieder durch."

Diese Empfehlung werde ich sicher nicht befolgen können. Langsamen Schritts schlendere ich zur S-Bahn Richtung Potsdam über Friedrichstraße, Bahnhof Zoo und Charlottenburg. Die alten Tanten drüben auf dem Fernbahnhof atmen auf. Wann ertönt endlich das Abfahrtssignal „Zurückbleiben bitte"? Die Sekunden wollen nicht vergehen. Dann setzt sich der Zug endlich in Bewegung. Die Kontrolle in Friedrichstraße wird hoffentlich auch gut gehen. Ich habe ja kein Gepäck dabei.

Wanderer zwischen den Welten – Dr. Schottlaender

Nicht nur unser musisches Verständnis soll erweitert werden, auch die klassische Bildung. Deshalb bietet die Schule uns einen Latein-Kurs an. Freiwillig als Arbeitsgemeinschaft in der „Nullten Stunde" ab 7.30 Uhr bei Frühschicht und in der siebenten Stunde bei Nachmittagsunterricht. Das ist für die Heimschüler strapaziös. Nicht um 6.52 Uhr, sondern gegen 6.12 Uhr muss der Bus am Roseneck erreicht werden. Bei Nachmittagsunterricht sind die anderen Mitbewohner mit dem Abendbrot längst fertig und die raren Leckerbissen bereits verzehrt, wenn wir Lateiner von der BvS im Schülerheim eintreffen.

Aber der Lateinkurs macht auch Spaß. Dr. Schottlaender ist ein „richtiger Professor", hoch gebildeter Altphilologe. Eigentlich viel zu schade für uns minderjährige Oberschüler. Von Studenten ist er es gewohnt, dass sie sich den Lernstoff weitgehend selbst erarbeiten. Er quält uns wenig mit schulischer Paukerei, erzählt uns lieber vom Philosophenkongress in Italien, an dem er teilgenommen hat. Da verfliegt die Morgen- oder die Abendmüdigkeit.

Eines Tages fällt der Lateinkurs aus. Es heißt, Dr. Schottlaender habe die Schule verlassen. Demnächst wird Frau Dr. Krauß die Arbeitsgemeinschaft weiterführen. Als sie den Kenntnisstand der Schüler in einem Test ermittelt, ist sie entsetzt und wir Schüler sind es über die Noten auch. Von jetzt an weht ein anderer Wind. Und im Winter ist es kalt und dunkel. So früh aufstehen nur für eine freiwillige Arbeitsgemeinschaft? Ich werfe das Handtuch und gebe auf. Schade eigentlich, denn somit sind Studiengänge wie beispielsweise Geschichte, was ich vielleicht studieren wollte, schwerer erreichbar. Das Kleine Latinum müsste an der Uni nachgeholt werden. Ich werde später einen Studiengang wählen, der das Latinum nicht zur Voraussetzung hat, der mich aber auf anderem Gebiet überfordert, der Mathematik.

Dr. Schottlaenders Abschied von der BvS wird still zur Kenntnis genommen. Wahrscheinlich ein ganz normaler Wechsel. Vielleicht hatte er bessere Schüler gefunden oder der Schichtunterricht war ihm auch auf die Nerven gegangen? Ich sehe Dr. Schottlaender zum letzten Mal im Hinterzimmer eines Charlottenburger Lokals. Als Zeitungsverkäufer biete ich ihm den „TELEGRAF" und die „NACHTDEPESCHE" zum Kauf an. Er lehnt ab. Ich bin überrascht über das Zusammentreffen und gebe mich nicht zu erkennen. Erst später erfahre ich aus dem Lehrerkreis, der Schulsenat habe Dr. Schottlaender zwangsversetzt. Und dies war nicht das erste Disziplinarverfahren gegen ihn.

Was hatte er angestellt? Die Nazizeit hat er mit viel Glück in Berlin überlebt. Als Arbeitskraft in der Rüstungsindustrie wurden auch Juden geduldet. 1946 wird er Lehrer an der Humboldtschule in Tegel. 1947 wechselt er, unter anderem empfohlen von Karl Jaspers, auf den Lehrstuhl der Philosophie an der TH Dresden. Bald kommt es zu Konflikten mit der SED-Staatsmacht. Am 1. Mai 1949 verweigert er die Teilnahme an der Maidemonstration und begründet dies in einem Brief an seinen Rektor mit den feindseligen Propaganda-Losungen. Der Kalte Krieg zwischen Ost und West ist voll entbrannt.

„Ein Professor, der seine Kenntnis der historischen Entwicklung aus dem TELEGRAF schöpft, kann die Studenten nicht zu selbstständigen und verantwortungsbewusst handelnden Menschen erziehen, wie das die Demokratisierung der Schule fordert...". So die SED-Betriebsgruppe. Der TELEGRAF ist eine Tageszeitung der SPD in Westberlin. Dr. Schottlaender wird entlassen. Seine Studenten fordern eine Versammlung, auf der die Staatsmächtigen zur Entlassung Dr. Schottlaenders Stellung nehmen sollen. Die Versammlung wird nicht genehmigt.

Familie Dr. Schottlaender überquert die Grenze nach Westberlin, „eine Flucht bei Nacht und Nebel", wie sich Dr. Schottlaender erinnert. Sohn Rainer wird schon im Westen geboren. Auch er wird später noch viele Grenzerfahrungen machen. Aber davon wird er selber im Film „Das teuerste Flugblatt der Welt" eindrucksvoll berichten. Nach 1989.

Als Propagandist gegen den Osten arbeiten? Der RIAS Berlin hält Dr. Schottlaender für ungeeignet. Er sich selber auch: "Spinoza hat erklärt, der Hass kann niemals gut sein." Eine Hochschulkarriere an der neu gegründeten FREIEN UNIVERSITÄT kommt nicht zustande. Dr. Schottlaender wird Altphilologe an der Georg-Herwegh-Oberschule in Berlin-Hermsdorf.

Er dichtet und komponiert Anfang 1952 sein „Lied der Wiedervereinigung" und lässt es seine Schüler singen. „Wir hassen den schlimmsten, den Bruderzwist: Und was uns noch scheidet, das falle!"

1956 lehnt er das von vielen geforderte militärische Eingreifen des Westens in Ungarn ohne korrektes völkerrechtliches Mandat ab und wird zum Kommunistenfreund gestempelt. Dr. Schottlaender wird an die Bertha-von-Suttner-Schule versetzt und empfindet sich als Opfer einer Kampagne ewig Gestriger unter den Eltern und Kollegen. Bald wird er für kurze Zeit mein Lehrer sein.

In der Lehrerbibliothek der BvS vermisst Dr. Schottlaender Bertha von Suttners Buch „Die Waffen nieder", erzählt davon erstaunt einem Journalisten. Direktor Lehmann und Kollegen sind empört, als sie dies in der SPD-Parteizeitung lesen müssen. Noch ist Dr. Schottlaender beamteter Staatsdiener, privat nach wie vor Pazifist. Aber im Ost-West-Konflikt sieht er jetzt nur noch einen Ausweg: Beide Seiten müssen miteinander reden. Er tritt für Verhandlungen mit der DDR ein.

Am 1. Dezember 1958 beteiligt er sich in der Aula der Humboldt-Universität in Ostberlin mit einem Diskussionsbeitrag an einer Tagung der „Nationalen Front" der DDR. Den Vorsitz der Veranstaltung führt Robert Havemann. Volkskammerpräsident Dieckmann und Walter Ulbricht sind anwesend. Dr. Schottlaenders Dienstherr – der Westberliner Senat - nimmt Anstoß.

Er wird nach Kreuzberg versetzt. Nach seiner Teilnahme am Kongress der Gewerkschaften und Studenten gegen die Atomrüstung in Frankfurt am Main wird er mitten in der Unterrichtsstunde vom Dienst suspendiert. Berufsverbot freiheitlich-demokratisch.

Dr. Schottlaenders Renommee in der Wissenschaftswelt und gute Kontakte helfen ihm. 1959 wird er Professor für römische Literatur an der Humboldt-Universität Berlin. Nach dem Bau der Mauer besteht die Universität auf seiner Übersiedlung in die DDR. Sohn Rainer muss mit umziehen. Als DDR-Oberschüler wird er der Schule verwiesen. Nach Bewährung im Berufsleben darf er doch noch studieren.

Mit einem Freund verfasst und verteilt er in der Humboldt-Universität Flugblätter gegen den Schwachsinn des Pflicht-Unterrichtsfachs „Marxismus/Leninismus". Die Stasi erwischt die Täter nicht. Rainer Sch. wird dennoch relegiert. Nach einem gescheiterten Fluchtversuch wird er wegen Republikflucht verurteilt, später von der Bundesregierung freigekauft.

Woher ich das alles weiß? Jahre später, nach dem Fall der Mauer, spricht mich nach einer Autoren-Lesung eine ältere Frau an. Es ist Dr. Rudolf Schottlaenders Witwe, Rainers Mutter. Sie macht mich auf Dr. Schottlaenders Publikationen aufmerksam, darunter seine Autobiographie. Auch die Broschüre über Rainers Stasi-Akte, "Das teuerste Flugblatt der Welt", drückt sie mir in die Hand.

Wie hätte ich „Freiheitsheld" aus Frankfurt/Oder reagiert, wenn ich zeitnah die politischen Hintergründe von Dr. Schottlaenders Disziplinarverfahren und Berufsverbot erfahren hätte? Den Schulrat zur Protestversammlung eingeladen? Ohne Folgen für mich? Hätte ich wieder zurückgehen sollen in die DDR? Das fiele wohl aus. Dort gab es bis 1989 nicht DIE ZEIT und auch nicht den SPIEGEL zu kaufen. Hier im Westen gab es auch noch viel zu lernen.

Reifeprüfung Sommer 1961

Im Sommer 1960 erfüllt sich Direktor Lehmanns Wunsch. Endlich, nach über 50 Jahren in Provisorien und Notquartieren, bezieht die Bertha-von-Suttner-Schule erstmals ein eigenes Schulhaus. Wir sagen dem alten, etwas dunklen Gemäuer der Friedrich-Engels-Schule ade und haben keinen Schichtunterricht mehr. Ich werde zum Vorsitzenden der Schülervertretung gewählt und damit Abgeordneter des Berliner Schülerparlaments, das im Schöneberger Rathaus, dem Sitz des Landesparlaments und der Landesregierung, zusammentritt. Allerdings nur im Saal der Bezirksverordneten. Das nehme ich nicht krumm. Der Anfang meiner Politiker-Karriere ist gemacht, - meine ich und glaube es auch.

Zur Eröffnung des neuen Schulhauses führt unser Ostklassen-Jahrgang Lope de Vegas Lustspiel „Was kam denn da ins Haus?" auf. Ein großer Spaß für uns alle. Mir fällt die Rolle des Dieners Lope zu, in der ich dank der von meinem Vater in Frankfurt/ Oder maßgeschneiderten Livree und den weißen Baumwollstrümpfen von meiner Tante Elli aus Friedenau starken Eindruck hinterlasse, wie Zuschauer sich erinnern. Soll ich nicht Politiker, sondern besser Schauspieler werden?

Aber bald holt uns der Ernst des Lebens ein. Das Abitur rückt näher. Die schriftlichen Arbeiten finden im Juni 1961 statt. Während des Deutsch-Aufsatzes hämmern Presslufthammer unerbittlich alte Trümmerreste auf dem Schulgelände klein. Ganz Berlin hat hitzefrei. Wir schreiben im 60er-Jahre-Neubau direkt unter dem Flachdach.

Nach den Strapazen gibt es ein rauschendes Fest. Kurz vor den Schulferien wird die neue Aula eingeweiht. Regina und ich gewinnen den zweiten Platz im Twist-Tanz-Wettbewerb. Regina ist das attraktivste Mädchen auf der Schule. Ihr glasklarer Sopran ist die tragende Säule des Schulchors. Auch sonst hat sie viel zu bieten, was die Phantasien eines 18-jährigen Oberschülers aus der brandenburgischen Provinz belebt. Leider hat sie einen festen Freund.

In ausgelassener Stimmung gehen wir in die Sommerferien. Mit Regina verabrede ich mich für die letzte Ferienwoche im August zur Abitur-Vorbereitung im Pfarrhaus am Prenzlauer Berg. Ihre Eltern und auch die Geschwister sind dann noch verreist. Wenn es spät wird, könne ich auch im Pfarrhaus übernachten, sagt Regina. (Vielleicht ist der feste Freund auch noch verreist?)

Ich habe fünf sonnenreiche sommerliche Ferienwochen, um mich in Gedanken auf die Reifeprüfung vorzubereiten.

Auch in diesen Sommerferien 1961 wird mein Schülerheim geschlossen. Ich möchte aber in Berlin bleiben. Wohnen im Heim wird mir nicht erlaubt. Ich suche mir ein möbliertes Zimmer. Beim kinderlosen Ehepaar Weigel am

Krampasplatz in Schmargendorf komme ich unter. Möbliertes Zimmer mit Küchenbenutzung. Frau Weigel hat jetzt eine neue Aufgabe.

Ich lerne in den Dahlemer Parks oder abends in meinem kleinen Zimmer meinen Abi-Stoff. Oft denke ich an Regina, kann ihren Anruf kaum erwarten. Die vorletzte Ferienwoche ist fast zu Ende. Warum meldet sie sich nicht?

Am Samstag, 12. August, als ich vom Einkaufen nach Hause komme, teilt mir meine Zimmerwirtin mit, eine Regina habe angerufen und bäte um Rückruf. Endlich! Das Feuerwerk in meinem Kopf explodiert. Frau Weigel berichtet aber noch von einem anderen Anruf. Mein Vater ist in Westberlin, die Mutter wird nachkommen. Wir wollen uns bei Tante Elli in Friedenau treffen.

Das Feuerwerk erlischt unter einer Regensturzflut. Warum müssen die Alten ausgerechnet heute kommen und mir meine Abitur-Vorbereitung am Prenzlauer Berg versauen?!!!! Ich kann Regina telefonisch nicht erreichen, um ihr abzusagen.

„Wir sind gekommen, um uns von Dir zu verabschieden." Das sagt mein Vater zur Begrüßung. Was soll das? „Morgen wird Westberlin dichtgemacht", sagt mein Vater weiter. Ich glaube das nicht, bin sauer über das vermasselte Wochenende. Auch 1957 gab es dieses Gerücht und Hans-Georg und ich sind Hals über Kopf „getürmt", "abgehauen", „rübergemacht" - geflohen. Es passierte aber nichts. Dennoch waren wir froh, im Westen zu sein. Jeder Nachteil hat auch seinen Vorteil. Und umgekehrt. Das ist Dialektik. Soweit hat Marx schon recht.

Leider behält mein Vater auch recht. Die Rundfunksender melden am Sonntagmorgen die Abriegelung der Grenze zu Westberlin. Wir fahren zum Brandenburger Tor und betrachten vom Westen aus, wie Kampfgruppen und Grenzsoldaten den Stacheldraht ausrollen.

Am Ende der Woche gehen meine Eltern als DDR-Bürger durch die Grenzkontrolle wieder zurück nach Frankfurt/Oder. Warum? Sie hätten im Westen bleiben können. Meine Mutter ist 58 Jahre, mein Vater 61 Jahre alt. Sie haben ein Mietshaus, in dem sie wohnen, und einen Garten, der ihnen frisches Gemüse liefert. Fängt man in diesem Alter noch ein Leben in einer anderen Welt an?

Am 21. August beginne ich im Flüchtlingslager Marienfelde, meinen „Laufzettel für das Notaufnahmeverfahren" abzuarbeiten. Ich brauche dort nicht zu wohnen, aber so manchen Tag muss ich dort verbringen. Regina begleitet mich. Sie ist von Lehrern und Mitschülern aus Ostberlin heraus geschleust worden und braucht auch eine neue Heimat. Werden wir in Westberlin bleiben dürfen?

Unter dem Datum 28.09.1961 schreibt das Bezirkseinwohneramt von Berlin-Wilmersdorf: „Wir freuen uns, Ihnen mitteilen zu können, dass Ihr Zuzugsantrag genehmigt worden ist. Die befristete Zuzugsgenehmigung (für die Dauer des Studiums an der Freien Universität Berlin) ist beigefügt."

Hurra! Jetzt bin ich kein DDR-Bürger mehr! Ich bin ein (West)Berliner!

Epilog

Woher wusste mein Vater vom Bau der Mauer? Alte Kontakte zum SED-Funktionär, seinem ehemaligen Lehrling Günther K., der Mieter in unserem Haus war? Es waren vermutlich wieder die summenden Reichsbahn-Signaldrähte. Denn auch Hans-Georgs Eltern kamen mit gleichem Argument überraschend zu Besuch. Jedenfalls kann ich meinem Vater nur dankbar sein. Ohne seinen unangekündigten Besuch wäre ich möglicherweise als DDR-Bürger mit Wohnsitz Frankfurt/Oder am 13. August in Prenzlauer Berg aufgewacht. Diese Grenzerfahrung blieb mir erspart.

Mit dem Schritt durch die Grenzkontrolle sind meine Eltern für Jahre unerreichbar. Briefe und Pakete können wir austauschen. Sehen und in die Arme nehmen können wir uns erst wieder Pfingsten 1966 mit dem vierten Passierschein-Abkommen, das Willy Brandt und seine Mitstreiter ausgehandelt haben.

Republikflucht - mein Vergehen gegen die Gesetze der DDR-Staatsmacht - wird straffrei gestellt. Wer ein Einreisevisum für Ostberlin oder die DDR erhält, darf auch wieder zurück in den Westen. Es sei denn, er hat gegen andere DDR-Gesetze verstoßen.

Nach Ostberlin dürfen Westberliner wie ich nur, um dort Verwandte zu besuchen. Ich mache die Eltern meines Mitschülers auf der BvS, Gerd-Eckard Krone, der einer von den drei im Osten verbliebenen Abiturienten unseres Jahrgangs ist, zu meinen „Verwandten". Bei Krones treffe ich meine Eltern und auch meinen Schulkameraden wieder. Ich kann den Eltern meine Lebensgefährtin – wir sind noch nicht verheiratet – und die zweijährige Enkeltochter vorstellen. Um Mitternacht müssen wir die Grenze wieder passiert haben.

Mit Erreichen des Rentenalters dürfen meine Eltern auch wieder gen Westen reisen. Das nutzen sie auch. Das Passierschein-Abkommen erlaubt Westberlinern Tages-Touren nach Ostberlin und in die DDR. Auch längere Reisen in die DDR sind möglich, müssen aber mit Vorlauf von den Angehörigen am Zielort beantragt werden. Westdeutsche dürfen mit Tagesvisum nur nach Ostberlin und nicht in die Randbezirke. Punkt 24 Uhr müssen sie ausgereist sein aus dem Arbeiter-und-Bauern-Staat DDR. Westberliner haben zwei Stunden mehr Zeit.

Wenn ein Westberliner für zwei aufeinander folgende Tage ein Visum erteilt bekommen hat, kann er auf dem Kontrollpunkt „drehen". „Was heißt das?", frage ich einen Grenzer, als er mir am Kontrollpunkt Bornholmer Straße diesen Vorschlag macht. Er klärt mich auf. Als Westberliner mit zwei solchen Tages-Visa kann ich kurz nach Null Uhr aus Ostberlin kommend die Zoll- und Grenzkontrolle durchlaufen, auf dem DDR-Kontrollgelände mein Fahrzeug wenden, also nicht erst in Westberlin „einreisen", sondern gleich wieder zurück in den Osten fahren. Das erspart den Ost-Grenzern und mir eine erneute Kontrolle. Vor allem West-Männer, die eine Freundin im Osten haben, beleben die Grenze zwischen 0 und 2 Uhr. Auch ich nutze für einige Zeit dieses Privileg.

Die Oder-Neiße-Friedensgrenze überquere ich als Westberliner mit Transitvisum für Polen erstmals nahe Stettin im Sommer 1988. Also noch zu Zeiten des real existierenden Sozialismus. Auf der Rückfahrt von unserem Finnland-Urlaub wählen wir Frankfurt/Oder als Grenzübergang.

Kurz vor der Grenze springt ein Uniformierter aus dem Gebüsch: „Geschwindigkeitskontrolle. Sie müssen Strafe zahlen. In Złoty!" Wir haben die letzten Złoty für dies und das ausgegeben, weil wir ja keine polnische Währung über die Grenze nehmen dürfen. Wir haben keinen Złoty mehr. „Dann müssen Sie zurückfahren in die nächste Wechselstube, das sind ca. 45 Kilometer." „Geht es auch mit 20 D-Mark? " Es geht. Wir sind erleichtert. Eine Quittung erhalten wir nicht. War der Polizist wirklich echt?

Wir fahren durch Słubice , den östlichen Teil meiner Geburtsstadt, und überqueren die Oder auf der Brücke, an deren Fuß ich 1957 gearbeitet hatte.

Wir müssen zwei Grenzkontrollen überstehen, die polnische und die DDR-deutsche.

Am 11. September 1989 durchschneiden Grenzsoldaten in Ungarn den „Eisernen Vorhang", um DDR-Bürgern den Grenzübertritt nach Österreich zu ermöglichen. Was für ein Tag! Jetzt kann es nicht mehr lange dauern, bis die Grenzen fallen.

Im Oktober 1989 werden drei Wasserleichen aus der Oder geborgen. Die jungen Männer sind bei dem Versuch, den Fluss in östlicher Richtung zu durchschwimmen an Strömung und Kälte gescheitert. Ihre Hoffnung war die Botschaft der Bundesrepublik in Warschau. Tausende von DDR-Bürgern, die 1989 über Polen in den Westen gelangen wollten, sind an der „Oder-Neiße-Friedensgrenze" festgenommen worden.

„Nichts bleibt wie es ist." Diese Weisheit hat mich Ho Chi Minh während meiner Studentenzeit gelehrt. Mauer und Stacheldraht in Europa werden nicht ewig sein, ist meine Hoffnung.

Dennoch bin ich total überrascht, als ich – meinen zwei Monate alten Sohn Benjamin im Arm – in der Berliner Abendschau Günther Schabowski seinen Zettel vorlesen sehe. Und dann die Bilder von „meinem" Grenzübergang an der Bornholmer Straße.

Bei einem Besuch in Frankfurt/Oder nach der Wiedervereinigung und dem Ende der Kommunismusherrschaft in Ost-Europa wollen wir mit meinem Sohn Benjamin auch die polnische Schwesterstadt Słubice besuchen. Die Grenzer lassen uns nicht durch. Benjamin hat keinen eigenen Kinderausweis. In den Personalausweisen der Eltern sind Kinder jetzt nicht mehr verzeichnet.

1991 erfolgt die Neugründung der Europa-Universität VIADRINA in Frankfurt/Oder. Noch zu DDR-Zeiten wurde mit der Restaurierung der Marienkirche begonnen. Jetzt, im Jahr 2010, sind sogar die berühmten Glasfenster, die 1945 in die Sowjetunion verbracht worden waren, wieder an ihrem Platz. Das demokratische Polen wird 2004 Mitglied der Europäischen Gemeinschaft und tritt dem Schengen-Abkommen über die Grenzregelungen bei.

Am 21. Dezember 2007 werden die Schlagbäume auf der Frankfurter Oderbrücke abgeräumt. Ein passendes „Geschenk" zu Stalins Geburtstag? Möge er sich im Grabe umdrehen. Frankfurt/Oder und die polnische Schwesterstadt Słubice am östlichen Ufer sind jetzt ohne Grenzkontrollen miteinander verbunden. Polnische und deutsche Studenten studieren gemeinsam an der

VIADRINA. Das Karl-Liebknecht-Gymnasium in Frankfurt/Oder ist Europa-Schule mit dem Sprachen-Lehrangebot Deutsch, Latein, Englisch, Französisch, Russisch und Polnisch.

Die Brutalität der Grenzen ist Vergangenheit. Langsam heilen die Wunden der Verwüstungen, die Hitler und Stalin – die beiden politischen Groß--Verbrecher des 20. Jahrhunderts – den Menschen, den Landschaften, den Kulturen zugefügt haben.

„Leben ist Brückenschlagen über Ströme, die vergeh'n." Nicht nur diese Zeile von Gottfried Benn hat mir unsere Deutsch- und Geschichtslehrerin - „die Wellmerin" - nahegebracht. Aber das ist wieder eine lange, intensive Geschichte, die hier nicht erzählt werden kann.

Noch immer zieht das Oderwasser unter der Stadtbrücke von Frankfurt der Ostsee entgegen.

Die Teilnahme an den jährlichen Kundgebungen zum 1. Mai vor dem Reichstag war für viele von uns selbstverständlich

Mein Leben zwischen Ost und West

Bis 1953   Zu Hause

Wir wohnten in Birkenwerder, einem Ort zwei S-Bahn-Stationen nördlich von Berlin, also in der sowjetisch besetzten Zone Deutschlands, von vielen einfach „Ostzone" genannt.

Für uns Kinder war wichtig, dass man überall spielen konnte: in der Heide, die nur noch aus Stümpfen der nach dem Krieg abgeholzten Bäume und etwas Gebüsch bestand, im Wald, auf den Wiesen und auf jeder Straße, denn Autos gab es noch kaum. Vor der Wohnung meiner Eltern war die Fahrbahn asphaltiert, aber mit den Jahren krümelig geworden, was zu Beginn des Sommers unter unseren fast immer nackten Füßen piekte, uns aber nach kurzer Zeit nicht mehr daran hinderte dort Völkerball zu spielen. Manchmal beteiligten sich sogar die Mütter an unserem Spiel, woran ich mich noch immer voller Freude erinnere. Die Straße vor dem Grundstück meiner Großeltern war durch das Fußballspielen der dort wohnenden Jungen zur Sandwüste geworden.

Besondere Wonne bereitete es uns, wenn wir nach einem Gewitter barfuß durch die tiefen Pfützen auf den ungepflasterten Straßen planschen konnten. Bestimmte Straßen oder Wege mieden wir allerdings, denn dort gab es Gänse, die, sobald sie uns erspäht hatten, die Ganter voran, mit vorgereckten Hälsen auf uns zugezischt kamen, die Schnäbel fast auf unserer Augenhöhe. Uns blieb dann nichts anderes übrig, als den Rückzug anzutreten.

Auch zum Baden hatten wir reichlich Gelegenheit. Solange wir klein waren, planschten wir in der flachen Briese, später machten wir im Boddensee beim Bademeister den Freischwimmer und tobten in der Havel, kletterten dort, was strengstens verboten war, auf Schleppkähne, ließen uns, wenn wir nicht verjagt wurden, eine Weile mittragen, sprangen wieder ins Wasser und schwammen zurück. Dorle, meine kleine Schwester, machte bei solchen Spielen sogar schon mit, als sie noch nicht schwimmen konnte. Sie sprang einfach in die Arme eines großen Jungen, klammerte sich dann auf dessen Rücken fest und wurde an Land gebracht. Die Erwachsenen erfuhren davon nichts. Ich war bei diesem ausgelassenen Toben allerdings meistens nicht dabei.

Meine Eltern und Großeltern schwärmten für Birkenwerder aus anderen Gründen. Erst später, als ich selber erwachsen war, erkannte ich, dass der Ort meiner Kindheit etwas Besonderes war:

Mitten durch Birkenwerder floss das malerische, von Bäumen gesäumte Flüsschen Briese, da waren der Boddensee, der Mönchsee, die Havel, die Wiesen und der sich anschließende Wald. Im Ortskern stand die von Friedrich August Stüler erbaute Kirche, daneben unsere Schule, und ging man die Hauptstraße ein Stück weiter und überquerte dabei die Briese, die an dieser Stelle fast so breit wie ein kleiner See und mit vielen Seerosen übersät war, so kam man zu unserem hübschen Rathaus mit der ausladenden Freitreppe. An dieser Stelle machte die Hauptstraße eine Rechtskurve in Richtung Hohen Neuendorf und weiter nach Frohnau. Wählte man aber den Weg geradeaus, ein wenig bergauf, verließ also die Hauptstraße, so kam man zur Post und zum Bahnhof. Große alte Bäume umsäumten fast alle Straßen.

Meine Eltern und wir drei Kinder wohnten in der Sacco-Vanzetti-Straße, dicht am Boddensee, in einem Zweifamilienhaus mit Garten, die Großeltern in der Martin-Luther-Straße in einer Wochenendlaube auf einem sehr großen, schönen Grundstück, etwa 30 Gehminuten von uns entfernt, unweit von Wald, Wiesen und Havel.

So war es offiziell. In Wirklichkeit war es ganz anders: Tagsüber waren meine Mutter und wir Kinder von montags bis freitags immer bei meinen Großeltern. Meine Mutter half dort im Haushalt. Nachmittags, kurz bevor mein Vater von der Arbeit kam, ging sie nach Hause. Mein Bruder Wolfgang, ein Jahr älter als ich, und Dorle, meine drei Jahre jüngere Schwester, blieben meistens bei unseren Großeltern. Nur ich ging mit zu meinem Vater. Nachdem meine Geschwister mit den Nachbarskindern zum Spielen oder Baden losgezogen waren, machten meine Mutter und ich uns auf den Weg in die Sacco-Vanzetti-Straße.

Wie war es zu dieser Situation gekommen? Genau weiß ich es nicht. Ich kann es mir folgendermaßen vorstellen: Meine Mutter war das einzige Kind ihrer Eltern. Ihr Zwillingsbruder, viel größer und kräftiger als sie, war mit drei Monaten einen plötzlichen Kindstod gestorben. Die ganze Fürsorge und Angst meiner Großeltern galt nun diesem sehr kleinen, untergewichtigen Mädchen.

Möglicherweise hat sich daraus eine besonders starke Bindung meiner Mutter an ihre Eltern entwickelt, die später große Belastungen mit sich brachte.

1940 heirateten meine Mutter und mein Vater. Drei Tage nach der Hochzeit wurde mein Vater Soldat, woraufhin meine Mutter weiter bei ihren Eltern wohnte und dort auch ihre drei Kinder bekam.

Meine Großeltern hatten zur Verlobung des Paares das Haus in der Sacco-Vanzetti-Straße gekauft. Als mein Vater 1946 aus dem Krieg zurückkam, zog die junge Familie dort ein. Meine Mutter ging aber noch jeden Tag morgens zu ihren Eltern und kam erst nachmittags zurück. Und da der Fußweg für die noch recht kleinen Kinder beschwerlich gewesen wäre, sollten diese gleich ganz dort bleiben.

Ich war bei meinen Großeltern aber nicht glücklich. Meine Oma hatte kein Verständnis für Kinder und mochte mich nicht, da ich besonders sensibel reagierte. Als mein Vater aus der Gefangenschaft kam, erkannte er meine missliche Situation sofort und schloss mich besonders ins Herz, woraufhin ich ihm meine uneingeschränkte Liebe schenkte, so dass meine Mutter mich jeden Tag mit nach Hause zu meinem Vater nahm.

Wolfgang und Dorle stellten ihr Leben bei den Großeltern nicht in Frage. Nur ab und zu, meist war es wohl sonnabends, kamen sie zum Baden zu den Eltern, denn eine Badewanne gab es nur in der Sacco-Vanzetti-Straße. Der Badeofen wurde angeheizt und ich erinnere mich, dass unsere Mutter lachend sagte, als wir alle drei im Wasser saßen: „Ist das eine wertvolle Badewanne!" Am Sonntagmorgen tobten wir gemeinsam in den Betten der Eltern und veranstalteten dabei gehörigen Spektakel. Meine Mutter dachte an die Frau, die unter uns wohnte, aber diese war kinderlieb und beschwerte sich niemals.

1953   Die Flucht meines Vaters

Auf unserem Heimweg von den Großeltern machten meine Mutter und ich meistens den Umweg über Hauptstraße und Rathaus, weil wir noch etwas einkaufen wollten. Dabei guckten wir schnell noch einmal bei meinem Opa in der Schneiderei vorbei, die er in der Nähe des Rathauses hatte.

So war es auch am 13. März 1953. Aber diesmal kam mein Großvater uns auf die Straße entgegen und erzählte seiner Tochter leise etwas, was ich nicht hören sollte. Meine Mutter wurde sehr ernst und wir gingen schnell nach Hause. Nun sagte sie mir, sie müsse noch nach Westberlin zu ihrer Tante fahren, denn mein Vater sei dort.

Damit das Folgende zu verstehen ist, muss ich erst etwas über meinen Vater erzählen: Er hatte im Krieg sein linkes Bein verloren. Jetzt arbeitete er als Büroangestellter in einer Eisengießerei. Mein Vater war ein gefühlsstarker, liebevoller und grundehrlicher Mensch. Er war aber auch sehr impulsiv und teilweise jähzornig, zeigte und sagte jedem genau, was er von ihm dachte, und handelte manchmal unüberlegt. Mit seinem Werkleiter kam er gar nicht zurecht. Ihn bezeichnete er als linientreu und dumm.

Am 13. März fehlten in der Firma plötzlich 1000 Mark. Natürlich hatte mein Vater sie nicht, aber als ein Kollege ihm sagte, dass der Werkleiter ihn verdächtigte und ins Gefängnis bringen wollte, zögerte er nicht. Er lief, so schnell er das mit seiner Prothese konnte, den weiten Weg zum Bahnhof, sagte unterwegs noch meinem Opa Bescheid, stieg in die S-Bahn und verließ Birkenwerder. Für immer.

Er wurde nach Westdeutschland ausgeflogen. Ich erfuhr, dass er in der Nähe von Hamburg in einem Ort namens Wentorf in einem Flüchtlingslager lebte. Jetzt konnte ich ihm nur noch schreiben, allerdings nicht in Birkenwerder, denn mit unserem republikflüchtigen Vater durften wir offiziell keinen Kontakt haben und Briefe von Ost nach West und umgekehrt wurden von der Stasi geöffnet und gelesen. Mitnehmen nach Westberlin und von dort abschicken konnten wir sie auch nicht, denn in Hohen Neuendorf, dem letzten Bahnhof in der Ostzone, wurden wir kontrolliert und man hätte sie finden können. Also fuhren wir zu unserer Tante und schrieben dort. Ich habe in diesem Sommer viel geweint.

Die Entscheidung meiner Mutter

Wie sollte das nun weitergehen? Wäre meine Mutter ihrem Mann mit uns drei Kindern gefolgt, so wären wir in Nordrhein-Westfalen angesiedelt worden und hätten dort die normale finanzielle Unterstützung bekommen, die alle Flüchtlinge erhielten, bis sie sich selbst versorgen konnten. Allerdings hätte dann auch sie als politischer Flüchtling gegolten und dieser Status hätte es ihr nie wieder erlaubt, ihre Eltern auch nur zeitweise zu besuchen oder im Krankheitsfall zu betreuen. Aber meine Mutter wollte ihre Eltern nicht alleine zurück lassen.

Und warum gingen meine Großeltern nicht in den Westen? Sie hatten im Laufe ihres Lebens Besitzungen erarbeitet, die alle in der DDR bzw. in Ostberlin lagen: ein Mietshaus in Prenzlauer Berg, mein Elternhaus in der Sacco-Vanzetti-Straße, ein Dreifamilienhaus in Hohen Neuendorf und das große Grundstück mit der Laube darauf, in der sie selber wohnten und wo sich speziell mein Großvater sehr wohl fühlte. Er war 70 Jahre alt und für einen Neuanfang im Westen fehlte ihm die Kraft.

Meine Mutter konnte und wollte sich von keinem trennen, nicht von ihrem Mann und nicht von ihren Eltern. Also blieb sie DDR-Bürgerin. So sah sie eine Möglichkeit, allen Familienangehörigen gerecht werden zu können – wenn ihr Mann in Westberlin lebte. Politische Flüchtlinge erhielten damals grundsätzlich keinen Zuzug nach Westberlin. Wollte mein Vater hier leben, so musste er das illegal tun, ohne Aussicht auf Arbeit. Ein halbes Jahr nach seiner Flucht aus Birkenwerder kam er nach Westberlin zurück.

1953 bis 1956   Pendeln

In Westberlin waren Wohnungen knapp. Überall sah man Ruinen, aber erst wenige Neubauten. Für jemanden, der illegal hier leben wollte, gab es keine Chance eine normale Wohnung zu bekommen.

Freunde meines Vaters hatten im Bezirk Wedding in der Schönwalder Straße eine Ruine gefunden, in der die rückwärtigen Gebäudeteile und der Laden im Erdgeschoss des Vorderhauses noch standen. Dieser Laden war zwar von der Baupolizei wegen Einsturzgefahr gesperrt, aber der Hauswirt vermietete ihn meinem Vater trotzdem für 50 DM monatlich. Das war natürlich illegal und ein Wahnsinnspreis, wenn man bedenkt, dass mein Vater monatlich 55 DM Sozialunterstützung bekam. Letzteres weiß ich allerdings nicht genau. Meine Eltern versuchten finanzielle Probleme von mir fernzuhalten, denn ich war erst elf Jahre alt. Ohne dass ich es sollte, habe ich diese Summe aber einmal gehört. Die Miete konnte mein Vater natürlich beim Sozialamt nicht angeben. Er durfte ja dort nicht wohnen. Hat er stattdessen die Adresse eines Freundes angegeben? Ich weiß es nicht.

An den Laden erinnere ich mich genau. Er bestand aus zwei Räumen, einem größeren zur Straße und einem durch eine Tür abgetrennten, kleineren zum Hof hin. In dem hinteren Raum befand sich ein Wasserhahn mit Ausguss. Also wurde dieser Raum von uns als Küche benutzt.

Die Wände hatten viele Risse und es gab nur noch stellenweise Putz. Der Fußboden bestand aus Beton und war ebenfalls mit vielen Rissen und Löchern durchsetzt. Die Fenster waren einfach verglast, aber eins war kaputt. Da wir kein Geld hatten eine neue Scheibe einsetzen zu lassen, klebten wir ein Stück Pappe davor, damit Wind und Kälte wenigstens ein bisschen gebremst wurden.

Im Wohnzimmer stand ein kleiner eiserner Ofen, von dem aus ein langes Rohr oberhalb der Tür durch die Mauer in die „Küche" führte und von dort aus in den noch vorhandenen Rest des Schornsteins. Dieses Rohr war einmal verrutscht und wir bekamen eine Rauchvergiftung. Aber immerhin schützte uns der Ofen vor der schlimmsten Kälte, auch wenn wir an Tagen mit starkem Frost nur 12° C im Wohnzimmer hatten. Zu dem Laden gehörte eine Toilette. Um sie zu erreichen, musste man durch die Tür zur Straße gehen, dann in das Haus (die Ruine) hinein, einige Stufen hoch, einige wieder runter, und dann konnte man die Tür zur Toilette aufschließen. Das war zwar alles äußerst primitiv, aber meine Eltern und ich waren glücklich.

Wir hatten nichts, kein Geld und nicht einmal die nötigsten Dinge des täglichen Lebens: keine Möbel, keine Teller, kein Besteck. Unsere Freunde und unsere Tante spendeten, was sie in ihren Haushalten entbehren konnten. Und irgendwoher muss auch ein bisschen Geld gekommen sein. Denn ich erfuhr später, dass das Sofa, auf dem ich dann drei Jahre lang schlief, für 3,50 DM auf einer Auktion gekauft worden war, ebenso ein kleiner Tisch und eine ausrangierte Turnhallenmatte, die unsere Füße vor der Kälte schützen sollte. Meine Eltern hatten zusammen ein Feldbett, das sie in der Küche aufstellten. Außerdem hatten wir drei Stühle und einen Zweiplatten-Elektrokocher, der in der Küche auf einem kleinen Tischchen stand. Mein Vater hatte aus ein paar Brettern einen sehr einfachen „Ladentisch" gebaut, der uns ein wenig vor den Blicken der Straßenpassanten schützte und auf dem wir etwas abstellen oder auch mal arbeiten konnten. Für den Fall, dass Dorle oder Wolfgang zu Besuch kam, stand im Wohnzimmer noch ein Feldbett. An der Decke hing eine Glühbirne. – Das waren also die Möbel.

Alles andere fehlte aber noch. In Birkenwerder hatten wir alles und dort brauchten wir es nicht mehr. Meine beiden Geschwister lebten weiterhin bei meinen Großeltern, meine Mutter und ich fuhren nun täglich zu meinem Vater. Auf diesen Fahrten nahmen wir immer etwas mit über die Grenze. Wären wir dabei erwischt worden, so wäre uns das als Vorbereitung zur Republikflucht ausgelegt worden, meine Mutter wäre ins Gefängnis gekommen und ich in ein Heim. Zu meinen Großeltern hätten die Behörden mich vermutlich nicht gelassen, denn ich hätte ja im Sinne der Staatsideologie umerzogen werden müssen.

Nun fehlte aber noch Geld, denn essen mussten wir ja auch. Da mein Vater keinen Zuzug für Berlin hatte, bekam er keine Wohnung. Da er keinen festen Wohnsitz angeben konnte, bekam er keine Arbeit. Eine Hoffnung hatten wir allerdings: Mein Vater war kriegsbeschädigt und die Kriegsbeschädigtenrente würde es unabhängig vom Wohnsitz geben. Sie war aber noch nicht bewilligt. Jeden Abend betete ich: „Lieber Gott, mach, dass Papa die Rente bekommt." Der Wunsch wurde nach, ich glaube, einem Jahr und neun Monaten erfüllt. Wie meine Mutter die Zeit bis dahin bewältigt hat, weiß ich nicht. Das meiste Essen brachten wir in einer 2-Liter-Milchkanne von meiner Großmutter mit. Aber mein Vater rauchte. Er drehte zwar die Zigaretten selbst, aber auch die Zutaten dafür mussten bezahlt werden. Auch wenn man die nach Abzug der Miete verbleibenden 5 DM im Wechselkurs 1 : 4 bis 1 : 5 umtauschte - 1 DM West entsprach 4 bis 5 Mark Ost - und im Osten dafür einkaufte, kann es nicht gereicht haben. Dazu kam das Fahrgeld für meine Mutter und mich. Erinnere ich mich richtig, so kostete eine Dekadenkarte 5 Mark (Ost). Im Monat brauchten wir also 30 Mark für die S-Bahn. Da werden wohl meine Großeltern kräftig zugezahlt haben.

Morgens fuhren meine Mutter und ich vom S-Bahnhof Humboldthain nach Birkenwerder. Ich ging zur Schule und meine Mutter gleich weiter zu ihren Eltern. Nach der Schule marschierte auch ich zu den Großeltern, aß Mittag, machte Schularbeiten und traf dort meine Geschwister.

Nachmittags machten meine Mutter und ich uns auf den 35 Minuten langen Weg zum Bahnhof. Dabei trug ich meine Schulmappe und meine Mutter die Milchkanne mit Essen. Meistens wählten wir noch den Umweg über die Sacco-Vanzetti-Straße, um etwas von unserem Hausrat einzupacken. Wenn wir dann zum Bahnhof gingen, hofften wir immer, dass uns möglichst wenige Nachbarn sahen, denn sie hätten unschwer erraten können, was der kurze Aufenthalt in unserer Wohnung zu bedeuten hatte. Die meisten Leute standen dem DDR-Regime zwar kritisch gegenüber und sie hätten uns nicht verraten. Herr Rösler, der auf der anderen Straßenseite wohnte, war aber Parteigenosse und wir trauten ihm nicht. In der S-Bahn stellten wir dann unser verbotenes Gepäck unter die Bank und breiteten unsere weiten, recht langen Röcke darüber. Glücklicherweise entsprach diese Kleidung der damaligen Mode. Wir hofften, dass in Hohen Neuendorf, wo die Ausweise und manchmal auch das Gepäck kontrolliert wurden, ein männlicher Volkspolizist das Abteil betreten würde und keine Frau. Die Volkspolizisten hatten im Allgemeinen kein Interesse daran, Leute beim Schmuggeln zu erwischen. Die Frauen aber machten nach unseren Beobachtungen ihren Dienst dort aus Überzeugung. Sie setzten ihre ganze Kraft ein, „Republikfeinde" zu „enttarnen". Das hätte für uns das Schlimmste bedeuten können.

Wenn wir dann bei meinem Vater angekommen waren, besorgte meine Mutter dort den Haushalt, es sei denn, sie musste noch einkaufen. Reichte unser Essen nicht und hatten wir noch etwas Geld, fuhr sie noch einmal über die Grenze zum Nordbahnhof. Man musste in Ostberlin beim Einkaufen den Personalausweis zeigen, damit nicht die Westberliner ihr Westgeld 1 : 4 bis 1 : 5 umtauschten und die Lebensmittel im Osten erstanden. Meine Mutter besaß einen Ost-Ausweis und konnte so das für uns günstige Umtauschverhältnis nutzen. In unserer Situation hatten wir keine andere Möglichkeit satt zu werden. Die Grenzen innerhalb Berlins wurden zwar auch kontrolliert, aber nicht so gründlich wie die an der Stadtgrenze. So hatte ich abends nicht so große Angst um meine Mutter wie nachmittags in Hohen Neuendorf.

Eines Tages hörte ich, wie sie leise zu meinem Vater sagte: „Ich müsste Brot kaufen, aber mein Geld reicht nicht mehr." Sofort holte ich meine Handtasche, weil ich wusste, dass ich dort noch 60 Ost-Pfennige hatte. War ich stolz, die Familie vor dem Hungern bewahrt zu haben! Andererseits wurde mir die Schwere der Situation voll bewusst.

An einem Abend, als wir bei meinem Vater waren, bekam ich Bauchschmerzen, die im Laufe der Nacht immer schlimmer wurden. Eigentlich hätten meine Eltern einen Arzt rufen wollen, aber das ging nicht, denn ich war im Osten gemeldet, also auch dort krankenversichert.

Morgens schaffte ich es mit meiner Mutter irgendwie zur S-Bahn und wir fuhren nach Birkenwerder. Glücklicherweise gab es dort in der Nähe des Bahnhofs einen Arzt. Der diagnostizierte Blinddarmentzündung, ließ mich mit einem Krankenwagen ins Hohen Neuendorfer Krankenhaus bringen und ich wurde sofort operiert.

Natürlich kalkulierten meine Eltern die Möglichkeit ein, dass wir eines Tages doch alle in den Westen gehen würden. Im Osten hatten wir aber Russisch als erste Fremdsprache, wohingegen die Schüler im Westen Englisch lernten. Also mussten Wolfgang und ich nachmittags noch privat Englischunterricht nehmen, wozu wir keine Lust hatten.

Die Grundschule führte im Osten bis zur 8. Klasse, und Wolfgang, der Älteste von uns, hatte vor auf eine West-Oberschule zu gehen. Daher trat er weder den „Jungen Pionieren" bei noch der „Freien Deutschen Jugend" (FDJ), was für einen Oberschulbesuch im Osten als Voraussetzung galt. Natürlich bewarb er sich, um den Schein zu wahren, für die Ost-Oberschule und erhielt, wie erwartet, trotz sehr guter Grundschul-Abschlussprüfung abschlägigen Bescheid. Er ging dann nach Hermsdorf auf die Georg-Herwegh-Oberschule. Für Bewohner der DDR, die außerhalb Berlins wohnten, war das verboten. Also für uns. Eines Morgens wurde Wolfgang zusammen mit anderen Jugendlichen in Hohen Neuendorf aus der S-Bahn geholt und ihm wurde gesagt, dass er nicht weiter auf die West-Schule gehen dürfe, sondern in der DDR eine Schule für Berufslose besuchen müsse. – Das war sein letzter Tag in Birkenwerder. Er fuhr zurück in die Martin-Luther-Straße, fotografierte noch alles, was ihm lieb war, und fuhr am nächsten Tag zu meinem Vater nach Westberlin. Fortan wohnte auch er im Wedding in dem Laden. Und da er nun auch politischer Flüchtling war, konnte er nicht mit, wenn meine Mutter und ich morgens nach Birkenwerder fuhren. Von einem Tag auf den anderen war Wolfgang von seiner Heimat, seinen nächsten Bezugspersonen, nämlich den Großeltern, all seinen Freunden und den vielen Möglichkeiten abgeschnitten, seine Freizeit in frischer Luft, schöner landschaftlicher Umgebung und mit viel Bewegungsfreiheit zu verbringen.

Er fand in Westberlin Freunde und fügte sich für meine Begriffe erstaunlich schnell in seine neue Situation. Vielleicht sagte er auch nur nicht, was ihm fehlte, denn es hätte ihm doch keiner helfen können und jeder von uns hatte reichlich Sorgen.

Für mich würde die Entscheidung, auf welche weiterführende Schule ich gehen sollte, ein Jahr später folgen.

Das Allernötigste hatten wir inzwischen über die Grenze geschmuggelt. Jedoch vermissten wir noch ein Radio. Es fehlte doch etwas an Lebensqualität, wenn man keine Nachrichten, keine Musik und keine Sendung wie „Der Insulaner", ein Westberliner Politkabarett, hören konnte. Außerdem wurde täglich der aktuelle Wechselkurs durchgegeben, der für uns so wichtig war. Am nötigsten aber brauchten wir es morgens für die Zeitansage, denn unser

Wecker ging ungenau, die Uhren auf den Straßen ebenfalls. Aber die S-Bahn fuhr pünktlich und nur alle 20 Minuten.

Unser Radio in Birkenwerder war sehr groß und wir fürchteten, dass es nicht unter die S-Bahn-Bank passen würde. Einfach mit dem Zollstock messen, wie weit die Sitzfläche vom Fußboden entfernt war, konnte man nicht, denn man wäre von Mitfahrenden gesehen und möglicherweise verraten worden. Also ließ ich „versehentlich" mein Strickzeug fallen und maß mit dem Wollfaden den Abstand ab. Das war nicht exakt, denn Wolle dehnt sich. Zu Hause sahen wir, dass das Radio entweder gerade unter die Bank passen würde oder gerade nicht. - Wir riskierten es.

Vorsichtig wickelten wir das wertvolle Stück in eine Decke und banden eine Schnur darum, damit wir beide anfassen konnten. Mit diesem sperrigen Gepäck fielen wir natürlich auf und daher wagten wir es nicht, direkt zum Bahnhof zu gehen, sondern wir machten den Umweg über das Rathaus. An unserer Seite ging Frau Runkel, eine sehr nette Nachbarin, zur Tarnung. – Noch heute habe ich intuitiv das Bedürfnis mich umzudrehen, ob mir beim Schreiben auch niemand über die Schulter sieht, denn ich darf die gute Frau ja nicht verraten. – Mit unserer Last in der S-Bahn angekommen, mussten wir feststellen, dass das Paket einen Zentimeter zu hoch für die Bank war. Zurück konnten wir jetzt nicht mehr und die nächste Haltestelle war schon Hohen Neuendorf, die Grenzstation. Also stellten wir unser Gepäck vor die Bank, setzten uns auf deren äußerste Kante und breiteten unsere Röcke über die Fracht. Um unsere auffällige Haltung zu motivieren, setzte sich Frau Runkel uns gegenüber und zeigte uns Fotos. - Welches Risiko ging die Frau für uns ein! - Trotzdem konnte niemand übersehen, dass wir etwas zu verbergen hatten. Jetzt waren wir auf die Verschwiegenheit unserer Mitreisenden und das gutwillige Wegsehen des Grenzpolizisten angewiesen. – Es klappte! Beruhigt atmeten wir auf, als sich der Zug in Richtung Frohnau in Bewegung setzte. Nun brauchten wir nur noch auf den Bahnhöfen Wollankstraße und Bornholmer Straße etwas zu zittern, denn diese beiden Stationen lagen in Ostberlin. Aber auch das ging gut.

Als wir am Humboldthain ausstiegen, sagte eine Frau, die von Anfang an alles beobachtet hatte: „Nun kommen Sie mit dem guten Stück mal unbeschadet an!" Beim Gedanken an diese Äußerung wird mir noch heute warm ums Herz, denn sie zeigt, wie fremde Menschen damals miteinander fühlten.

Wie erleichtert waren mein Vater und Wolfgang, als wir das Radio anbrachten, und wie freuten sie sich!

Natürlich hörten wir RIAS. RIAS, das war der „Rundfunk im amerikanischen Sektor". In der DDR galt er als „imperialistischer Hetzsender" und es war verboten ihn zu hören. Man versuchte den Empfang zu stören durch lautes Knarren, Rauschen oder ein ständiges Heulen: ui ui ui ui. Trotzdem wählte der größte Teil der Bevölkerung genau diesen Sender. Kam ein Parteigenosse in eine fremde Wohnung, so ging sein erster Blick zum Radio, um zu sehen, bei welcher Wellenlänge der Zeiger stand. Wenn es klingelte, änderte man also sicherheitshalber schnell dessen Stellung.

In der Schule wurden die Lehrer in regelmäßigen Abständen angewiesen die Kinder auf die „Schändlichkeit" dieses Senders hinzuweisen. Dieser Pflicht kam auch Frau Alt nach, meine sehr nette Grundschullehrerin, von der ich wusste, dass sie damit nicht ihre eigene Meinung vertrat. Ich hatte diese Lügerei so satt, schließlich war ich meinem Vater recht ähnlich, und sagte laut: „Wir hören immer RIAS!" „Das darfst du doch nicht sagen!", flüsterte sofort eine Mitschülerin. „Bei uns darf man alles sagen", erwiderte Frau Alt.

Am nächsten Morgen trafen wir wie üblich Frau Alt in der S-Bahn. Sie beschwor meine Mutter mir beizubringen, dass ich solche Äußerungen nicht von mir geben dürfte. Es seien Kinder von Parteigenossen in der Klasse, die zu Hause erzählen würden, was einzelne Schüler gesagt hätten und wie die Lehrerin reagiert hätte. Und es könnte überprüft werden, ob sie eine solche Aussage an die Schulleitung gemeldet hätte. Sie, die Lehrerin, könnte dadurch in Schwierigkeiten kommen. Das wollte ich natürlich nicht und hielt in Zukunft den Mund.

Inzwischen hatten wir die notwendigsten Haushaltsgegenstände. Meine Mutter wollte nun die Silberbestecke über die Grenze bringen. Für mich war Silber nicht von Bedeutung und daher fiel mir nur auf, dass wir schwer schleppen mussten, was natürlich niemand merken durfte. Also gingen wir leichtfüßig mit unserer schweren Last zum Bahnhof, kamen auch gut bei meinem Vater an und erst dort erkannte ich an seiner Reaktion, dass wir etwas äußerst Gefährliches getan hatten. „Was für ein Wahnsinn!", sage ich heute. Wie konnte meine Mutter das nur tun! Das hätte ihr viele Jahre Gefängnis eingebracht!

Allerdings habe ich heute auch gut Reden, denn jetzt weiß ich, dass es nie dazu gekommen ist, dass wir wirklich hungern mussten. Als ich meine Mutter später darauf ansprach, erzählte sie mir, dass sie aber genau für diesen Fall das Silber rüber geschmuggelt hat. In der äußersten Not hätten wir es verkaufen können. Heute liegt es bei mir auf dem Dachboden und wartet darauf, bei einer größeren Familienfeier einmal benutzt zu werden.

Wie lange ging das nun so? Nachdem endlich das erste Geld, die Kriegsbeschädigtenrente meines Vaters, gekommen war, wurde es irgendwann gegen Ende der drei Jahre, die wir in der Ruine wohnten, für Flüchtlinge möglich den Zuzug für Berlin zu bekommen und mein Vater erhielt ihn. Daraufhin fand er eine Stellung, wenn auch eine sehr schlecht bezahlte. Unser Haus sollte aufgebaut werden, und uns wurde eine Zweizimmerwohnung im zweiten Stock versprochen.

Nun passierte etwas Unglaubliches: Im Frühjahr 1956 wurde meiner Mutter eines Tages in einem Brief mitgeteilt, dass sie um eine bestimmte Zeit zu Hause sein sollte. Was hatte das zu bedeuten? Wir hatten Angst. Meine Mutter hatte gehört, dass der stellvertretende Bürgermeister Interesse an unserer Wohnung hatte.

Um die fragliche Zeit war ich dabei. Es kamen zwei Herren, die uns nach meinem Vater fragten, ob er Arbeit habe, wo er wohne und wann die neue Wohnung fertig werde. Dabei waren sie ausgesprochen freundlich. Sie merkten an, dass wir in dieser Wohnung in der Sacco-Vanzetti-Straße ja kaum noch waren, und vermuteten, dass wir häufig zu meinem Vater führen. Etwas unsicher gab meine Mutter das zu. Schließlich äußerten sie die Annahme, dass die Möbel doch wohl meinem Vater gehörten. Meine Mutter schwitzte. Was sollte sie jetzt sagen? Bejahte sie, so könnte das Hab und Gut des Republikflüchtigen beschlagnahmt werden. Andererseits war der Tonfall der beiden so gar nicht behördlich. Sie entschloss sich die Vermutung zu bestätigen, obwohl das nicht der Wahrheit entsprach, denn die Möbel hatte mein Großvater gekauft. Und nun geschah es: Die beiden Herren boten uns an, die Möbel über die Grenze zu meinem Vater fahren zu lassen, wenn wir dafür hier auszögen und in Zukunft bei den Eltern meiner Mutter wohnten.

Natürlich erklärte sich meine Mutter einverstanden und genau am Umzugstag in unsere neu erbaute Wohnung brachte eine DDR-Spedition die Möbel zusammen mit allem Hausrat wie zum Beispiel Rosenthal- und Hutschenreuther-Porzellan zu uns nach Westberlin.

Wie dieser Handel zustande gekommen war, haben wir nie erfahren. War ihnen unsere Wohnung so viel wert? Hatte Herr Rösler von der anderen Straßenseite seine Hände im Spiel? Haben wir ihn zu schlecht eingeschätzt? Heute kann ich ihn nicht mehr fragen, denn er lebt nicht mehr.

Wir hatten in der Wohnung gar nicht mehr gelebt und es war nichts mehr darin, was uns gehörte. Aber der Verlust traf mich hart. Das Haus in der Sacco-Vanzetti-Straße war schön und es sollte später einmal mir gehören, das hatte mein Großvater entschieden. Hier war ich mit meinen beiden Eltern glücklich gewesen, leider nur eine allzu kurze Zeit. Es war immer die Stätte meiner Hoffnung gewesen, wenn ich tagsüber zu den Großeltern hatte gehen müssen. Und jetzt durfte ich nicht mehr hin. Einmal ging ich los, um es mir wenigstens von außen anzusehen. Schon als ich in meine Straße einbog, kam ich mir wie ein Eindringling vor. Plötzlich rief aus dem obersten Stockwerk eines Hauses eine hohe Frauenstimme: „Da ist ja die Evi!" Für mich klang sie wie eine Hexe. Ich drehte mich um und rannte weg. Und ich kam nie wieder, jedenfalls nicht als Kind oder Jugendliche.

1956 bis 1961   Unsere neue Wohnung

Jetzt hatten wir in Westberlin eine richtige Wohnung mit Tapeten an den Wänden, Doppelfenstern und pflegeleichtem, sauber gegossenem Fußboden. In jedem der beiden Zimmer von 24 m^2 und 10 m^2 stand ein Kachelofen. Küche, Bad und Flur waren nicht beheizbar, aber was machte das schon aus! Und wir hatten unsere Möbel. Sogar für Dorle hatten wir einen Schlafplatz. Sie lebte noch immer bei den Großeltern, kam aber gelegentlich zu Besuch. Im Wohnzimmer stand außer einer Snap-Couch, auf der Wolfgang schlief, eine Doppelbettcouch für Dorle und mich. Einen Balkon vermissten wir zwar, wir waren doch so lufthungrig. Auch an die laute Verkehrsstraße und die Abgase der Autos konnten wir uns nicht gewöhnen. Trotzdem kamen wir uns fast vor wie im Paradies. Allerdings nur fast, denn das wirkliche Paradies war in Birkenwerder.

1956 beendete ich die Grundschule und musste mir überlegen, ob ich wie mein Bruder in Westberlin zur Schule gehen und damit politischer Flüchtling werden oder meine Ausbildung in der DDR fortsetzen und weiterhin wie meine Mutter zwischen Ost und West pendeln wollte. Ich entschied, mich nicht endgültig von meinen Großeltern und von Birkenwerder zu trennen, trat also widerwillig der FDJ bei. Trotz sehr guter Abschlussprüfung wurde auch meine Oberschulbewerbung abgelehnt, aber ich durfte wenigstens nach Hohen Neuendorf zur Mittelschule.

Mittelschule in der DDR

Wir hatten engagierte Lehrer. Mit meinen Mitschülern kam ich gut zurecht. Nur mein Schulleiter, der in der neunten Klasse auch mein Deutschlehrer war, hatte mit mir Probleme. Er war in diese Stellung gekommen, weil er Parteigenosse war. Seine geistigen Fähigkeiten erschienen uns recht begrenzt. Es kam damals häufig vor, dass in leitenden Positionen mittelmäßig begabte Leute saßen. Die Nazis hatte man aus ihren Ämtern entfernt. Ihre Stellen mussten neu besetzt werden und unter den Menschen, die die politische Linie der Regierung vertraten, gab es noch nicht genug fähige Leute. Dieser Schulleiter wusste natürlich von meinem republikflüchtigen Vater und auch, dass ich jeden Tag über die Grenze nach Westberlin fuhr. Er bekam auch Wind davon, dass ich immer West-Filme nacherzählte, konnte es mir aber nicht beweisen, denn meine Freundinnen verpetzten mich nicht. So behielt er mich sehr genau im Blick, um mich bei staatsfeindlichem Verhalten zu erwischen. Ich war inzwischen aber so gerissen, dass es ihm nie gelang.

Meine Rache war süß. Schließlich war ich in der Pubertät und hatte große Freude daran, diesen unfähigen Deutschlehrer zu blamieren, denn die Grammatik, die er uns beibringen sollte, beherrschten einige von uns besser als er. Das kostete ich aus und sobald ich mich meldete, ging ein Grinsen durch die Klasse. Im zehnten Schuljahr bekamen wir dann eine gute Deutschlehrerin.

Meinen Englischlehrer wollte ich eigentlich nicht ärgern. Er war sehr jung, wirkte auf uns noch ziemlich hilflos und er kam direkt aus Sachsen. Wenn ein Sachse Englisch spricht, klingt das für Berliner Ohren eigenartig. Einmal fragte er mich Vokabeln ab und ich sollte das Wort „dich" übersetzen. Das wunderte mich, denn die Deklination von Personalpronomen kannte ich nur aus meinem Privatunterricht. Trotzdem sagte ich „you". Er lief rot an, schlug immer wieder mit der Hand auf den Tisch und sagte: „dich". Hilflos antwortete ich: „you". „Däbl", entgegnete er. Zuerst dachte ich, er würde mich als Teufel bezeichnen, aber dann begriff ich, dass er „Tisch" und „table" gemeint hatte. – Der Arme!

Herbstferien hießen damals Kartoffelferien, weil wir bei der Kartoffelernte helfen mussten. Wir sammelten die Kartoffeln auf, die eine Maschine ausgebuddelt hatte. Dabei wurde keiner zur Eile angetrieben, wir überarbeiteten uns also nicht, und es machte Spaß, weil wir rund um die Uhr mit unseren Schulkameraden zusammen waren.

Nur eins störte mich daran: Wir wurden gezwungen uns freiwillig dazu zu verpflichten. Hätte die Regierung diese Arbeit angeordnet und zugegeben, dass dies aus wirtschaftlichen Gründen notwendig war, so hätte ich nichts dagegen gehabt. Aber in der Presse sollte verkündet werden, dass sich die gesamte DDR-Jugend aus eigenem Wunsch bereit erklärt hatte bei der Ernte zu helfen. Die ganze Welt sollte sehen, wie sehr die Bevölkerung hinter ihrem Staat stand. Das entsprach nun aber überhaupt nicht der Wahrheit.

Ich teilte meinem Schulleiter also mit, dass ich meine Unterschrift nicht unter ein solches Schreiben setzen würde. Man könne mich schließlich nicht zwingen etwas freiwillig zu tun. Einige andere Schüler vertraten ebenfalls diesen Standpunkt. Erst als unser Schulleiter meinte, wer eine Schule der DDR in Anspruch nehmen wolle, müsse sich auch freiwillig zu gemeinnützigen Arbeiten verpflichten, rieten mir meine Eltern zu unterschreiben. Ich hätte sonst riskiert von der Schule geworfen zu werden. Meine Mitschüler taten das Gleiche. Also konnte auch meine Schule eine 100-prozentige Erfolgsmeldung abgeben. Wie ich diese Verlogenheit hasste!

Nach der zehnten Klasse bewarb ich mich für die Lehrstelle einer technischen Zeichnerin bei Bergmann-Borsig, einer großen Firma in Ostberlin, und erhielt abschlägigen Bescheid. Das war mir recht, denn ich wollte das Abitur machen.

Gymnasium in Westberlin

Im Westberliner Bezirk Reinickendorf gab es eine Schule mit einer so genannten „Ost-Klasse" in meiner Altersstufe, in der Russisch als erste Fremdsprache unterrichtet wurde. Im Englischunterricht sollte Rücksicht darauf genommen werden, dass einige von uns diese Sprache noch gar nicht kannten. Ich brachte hier also recht gute Voraussetzungen mit.

Ständig kamen neue Schüler. Auf einem Klassenfoto zähle ich 52 Jugendliche. Nach der ersten Hälfte des elften Schuljahres wurden wir in zwei Klassen aufgeteilt, fühlen uns aber noch heute als eine Einheit.

In den Naturwissenschaften, in Mathe und in Grammatik hatte ich keine Schwierigkeiten, obwohl ich vorher nur die Mittelschule besucht hatte. Probleme bekam ich beim Schreiben von Aufsätzen. Im Osten war uns immer genau gesagt worden, was wir schreiben mussten. Jeder Aufsatz hatte ein Lob auf den Sozialismus zu sein. Das brauchten wir nur noch zu formulieren. Eine Bekannte von uns bekam als Aufsatzthema zum Abitur „Fausts optimistische Schlussvision und der Sozialismus", wobei natürlich herauskommen musste, dass bereits Goethe „im Vorgefühl von solchem hohen Glück" den Sozialismus erahnt hatte.

Im Westen sollte ich mir zu einem Thema plötzlich selber Gedanken machen und eine eigene Meinung bilden. Das hatte ich nicht gelernt. Aber meine ausgezeichnete Deutschlehrerin, Frau Dr. Wellmer, erkannte das Problem, das wir ja alle hatten, und setzte in uns innerhalb eines halben Jahres Fähigkeiten frei, von denen wir nichts geahnt hatten, indem sie uns lehrte Behauptungen von verschiedenen Seiten kritisch zu hinterfragen und so zu einer fundierten Meinung zu gelangen. Fortan machte mir Deutsch besonders viel Spaß. Ich erinnere mich an unsere engagierten Diskussionen z. B. über „Das eben ist der Fluch der bösen Tat, dass sie fortzeugend immer Böses muss gebären." Muss sie? Mit welcher Begeisterung haben viele von uns freiwillig Teile aus klassischen Werken auswendig gelernt und im Unterricht vorgetragen! Aus dem Wallenstein beispielsweise wählte ich Thekla „Sein Geist ists, der mich ruft. ..." und aus dem Faust natürlich Gretchen „Ach neige, du Schmerzensreiche, ...".

Eine Grenzkontrolle

Da ich nun die ganze Woche über bei meinem Vater war, fuhr ich sonnabends nach der Schule oft nach Birkenwerder zu den Großeltern und blieb dort bis Sonntagabend. Meine Großmutter und mein Großvater freuten sich, dass ich ihnen im Garten half, und ich konnte mein geliebtes Birkenwerder sehen und meine Freundin in Hohen Neuendorf treffen.

Eines Sonntagabends gab mir meine Großmutter ein Glas eingeweckte Pflaumen für die Familie mit. An der Grenze wurde ich von einer dieser besonders eifrigen Frauen aus dem Zug geholt. Ich erzählte ihr, ich führe nach Westberlin zu meinem Vater. Sie wollte wissen, wo ich arbeitete. Auf keinen Fall durfte ich zugeben, dass ich im Westen zur Schule ging. Meine Antwort, ich hätte keine Lehrstelle bekommen und arbeitete daher gar nicht, glaubte sie nicht. Wo meine Mutter denn arbeitete, fragte sie. Da diese ebenfalls nicht berufstätig war und ich behauptete, wir würden von dem Obst und Gemüse aus dem Garten leben, wurde sie äußerst misstrauisch. Dass wir unser Leben nur fristen konnten, indem wir das spärliche Gehalt meines Vaters in Ost-Geld umtauschten und unsere Lebensmittel in Ostberlin kauften, durfte ich auch nicht sagen.

Aus den ihr bekannten Tatsachen und daraus, dass es jetzt Sonntagabend war und ich um diese Zeit wohl nicht zu einer normalen Arbeit nach Westberlin fahren würde, schloss sie, dass ich mein Geld als „eine der Damen, die abends am Straßenrand stehen", verdienen würde. Ich war 16 Jahre alt und begriff erst, was sie meinte, als die beiden daneben stehenden Polizisten verlegen wurden und einer einwandte, dass das Glas Pflaumen dazu doch nicht passen würde. „Das ist nur Tarnung", erwiderte sie. Da sie mir das alles aber nicht beweisen konnte, ließ sie mich mit der nächsten Bahn weiterfahren.

1961   Die Vorladung

Inzwischen war ich 19 Jahre alt und nach DDR-Recht volljährig. Als ich am 10. August 1961 mit meiner Mutter in Birkenwerder ankam, stand mein Großvater am Bahnhof. Ich hatte für den heutigen Tag eine Vorladung zur Bürgermeisterin bekommen.

Vor dem Zimmer musste ich warten, weil noch eine Frau vor mir dran war, und konnte durch die geschlossene Tür das sehr aufgeregte Gespräch verfolgen. Die Frau arbeitete offensichtlich in Westberlin und gab das nicht zu. Ihr wurde der Ausweis abgenommen, was bedeutete, dass sie nicht mehr über die Grenze fahren konnte, und sie kam weinend auf den Flur.

Ich hatte daraus entnommen, dass Lügen jetzt keinen Sinn mehr hatte, und erzählte, dass ich in der DDR das Abitur hätte machen wollen, aber nur zur Mittelschule zugelassen worden sei und daher jetzt auf eine West-Schule ginge. Dort hätte ich die schriftliche Abiturprüfung hinter mir und sollte die mündliche im September machen. Ich wollte Apothekerin werden. Die Bürgermeisterin, die das alles offensichtlich schon gewusst hatte, sagte, ich sollte mein Abitur fertig machen. Dann würde sie mir in Birkenwerder eine Praktikantenstelle in der Apotheke besorgen. Schließlich benötige der Staat seine intelligente Jugend.

Erleichtert verließ ich das Rathaus. Ich hatte meinen Personalausweis behalten. Draußen wartete meine Mutter auf mich. Sie hatte Dorles Ausweis in der Tasche, um mich damit über die Grenze zu bringen, wenn mir meiner abgenommen worden wäre. Das wäre zwar riskant gewesen, denn die dreieinhalb Jahre Altersunterschied fielen damals noch auf, aber wir hätten es versucht. An gefährliche Situationen waren wir ja gewöhnt. Nun war es nicht nötig.

Jetzt, da ich das alles aufschreibe, wird mir klar, warum ich damals ein Nervenbündel war. Über so viele Jahre immer wieder Angst haben zu müssen, immer wieder entscheiden zu müssen, ob man lügen oder die Wahrheit sagen soll, das geht nicht spurlos an einem Menschen vorbei, an keinem Erwachsenen, aber erst recht nicht an einem Kind oder einer Jugendlichen.

Der Bau der Mauer

Normalerweise verbrachte ich das Wochenende bei meinen Großeltern. Dorle fuhr manchmal zu unserem Vater, blieb aber auch oft in Birkenwerder. An diesem Wochenende jedoch wollte sie sich Schuhe in Westberlin kaufen, da sie, wie wir alle, in den Ost-Schuhen schlecht laufen konnte, und sie wünschte sich dabei die Beratung ihrer älteren Schwester.

So kam es, dass am 13. August 1961, als die Grenze geschlossen worden war und die Mauer gebaut wurde, ausnahmsweise auch wir bei meinem Vater in Westberlin waren. Danke, liebe kleine Schwester!

Wir hörten die Nachricht im Radio und konnten es nicht fassen. Natürlich hätte man meine Mutter, Dorle und mich noch nach Birkenwerder fahren lassen, aber wir wären nie wieder zurückgekommen. Das kam selbstverständlich nicht in Frage.

Besonders schlimm traf es Dorle. Sie war bisher nur selten im Wedding gewesen und fühlte sich hier fremd. Sie war im Osten zur Schule gegangen, sie hatte dort sogar die Zulassung zur Oberschule bekommen und sie hatte alle ihre Freunde in Birkenwerder. – Sie weinte tagelang.

Am meisten aber taten uns die Großeltern leid. Jetzt waren sie alleine. Das, was meine Mutter über die vielen Jahre unter großen Opfern zu verhindern versucht hatte, war nun durch den Bau der Mauer unabänderlich eingetreten. Wir konnten die beiden alten Leute nicht mehr besuchen. Nie mehr!

Mein Bruder war mit einem Freund auf einer Radtour in Schweden. Wie sollten wir ihn erreichen?

Noch am Vormittag kamen meine beiden Schulfreundinnen Uta und Frauke, um zu sehen, ob wir alle da waren. Sie brachten Schuhe, die ihnen nicht mehr passten, denn ihnen war klar, dass Dorle außer dem, was sie gerade trug, keine Kleidung hier hatte. Es war schön zu erleben, dass andere an uns dachten und uns helfen wollten. Aber in der momentanen Situation konnte es uns, vor allem Dorle, nur wenig trösten.

Die Tatsache, dass von jetzt an unsere Eltern und wir, ihre Kinder, dauernd beisammen sein würden, begriffen und genossen wir erst später.

Wolfgang und sein Freund erfreuten sich an der Landschaft Süd-Schwedens und ahnten nichts, aber Leute, die die beiden als Deutsche erkannten, erzählten ihnen vom Mauerbau und luden sie in ihr Haus ein, damit sie im Fernsehen die Nachrichten sehen konnten.

Wo waren seine Schwestern? Wie sollte mein Bruder Kontakt zu seiner Familie aufnehmen? Telefon hatten wir nicht. Dass man ein Telegramm schicken könnte, fiel ihm nicht ein. Bei unserer sparsamen Lebensführung lag so etwas Teures außerhalb unseres Gedankenguts. Also kalkulierte er für Briefe hin und zurück eine Woche ein und bat uns ihm postlagernd nach Askersund zu schreiben.

Er dachte daran, dass Dorle und ich das Wochenende häufig in Birkenwerder verbrachten und durchlebte sechs sorgenvolle Tage. Sein Freund und er legten täglich weite Strecken zurück, denn mein Bruder wollte nicht länger als unbedingt nötig in Ungewissheit leben. Am Sonnabend, also sechs Tage nach dem Mauerbau, fuhren die beiden jungen Männer vor dem Frühstück aus der Scheune los, in der sie übernachtet hatten, um noch in Askersund anzukommen, bevor die Post für das Wochenende schloss. Wie froh war mein Bruder, als er erfuhr, dass seine Schwestern auch in Zukunft in seiner Familie leben würden!

Abends gingen wir oft spazieren. Immer wieder zog es uns zur Mauer. Fast jedes Mal sahen wir eine Leuchtkugel über den Himmel fliegen und wussten, dass wieder ein Flüchtling gejagt wurde.

In Frohnau besuchten wir Bekannte. Ich bemerkte, dass der Wald hier genauso aussah wie der in Birkenwerder. Kein Wunder, er war ja nur wenige Kilometer entfernt. Aber unerreichbar. Für immer!

Meine Mitschüler

Nach den Sommerferien war nur ungefähr die Hälfte meiner Klassenkameraden in der Schule. Die Stühle der Schüler, die in Ostberlin wohnten, blieben leer. Ich sehe die leeren Stühle noch heute vor mir.

Da unsere Lehrer, die Schulleitung und auch die zuständigen Leute auf dem Bezirksamt erkannten, dass viele von uns von den Ereignissen des 13. Augusts besonders betroffen und keiner nervlichen Belastung mehr gewachsen waren, wurde uns versprochen, dass wir alle das Abitur bestehen würden, egal wie die mündliche Prüfung ausfiele. Die schriftlichen Arbeiten hatte niemand schlecht geschrieben. Die im Osten gebliebenen Schüler sollten das Abitur auch ohne mündliche Prüfung bekommen. Aber würde ihnen das im Osten etwas nützen?

Mein Klassenkamerad Peter fehlte ständig, obwohl er im Westen wohnte. Unsere Deutschlehrerin meinte, das wäre schon in Ordnung. Es ging das Gerücht um, dass er Flüchtlinge durch die Kanalisation holte, die unabhängig von der oberirdischen politischen Grenzziehung die Stadtteile unterirdisch verband.

Dass dies stimmte, habe ich erst im Jahr 2005 erfahren. Es durfte damals, 1961, aus Sicherheitsgründen nicht publik gemacht werden und nach dem Abitur haben wir Peter nicht mehr gesehen.

Nach und nach erschienen immer mehr Schüler aus Ostberlin und wurden mit großem Jubel empfangen. Wie sie über die Grenze gekommen waren, durften sie nicht sagen. Wir fragten auch nicht, denn uns war klar, dass jeder Mitwisser ein Risiko bedeutete und dass noch Wartenden so die Flucht versperrt werden könnte. Es wurde gemunkelt, dass unsere Deutschlehrerin, Frau Dr. Wellmer, in einzelnen Fällen geholfen hatte.

Schüler, die nach dem 13. August über die Grenze gekommen waren, hatten ihre Familien im Osten und mussten davon ausgehen, dass sie sie nie wieder sehen würden. Nie wieder! Einige waren zu diesem Schritt nicht bereit. Sie blieben im Osten.

Ein besonders schlimmes Schicksal hat unseren Mitschüler Roland ereilt. Er wird darüber selbst berichten.

Besänftigung des Volkszorns

An den ehemaligen Grenzübergängen standen sich amerikanische und sowjetische Panzer gegenüber. Ein bedrohliches Bild! Wir hatten Angst vor einem dritten Weltkrieg. Dass die Sowjetarmee Befehl hatte, sich zurückzuziehen in dem Fall, dass die Amerikaner die Mauer gewaltsam einreißen würden, wurde erst nach 1989 bekannt.

Willy Brandt, unser damaliger Regierender Bürgermeister, wusste, dass die Volksseele kochte, dass es angesichts der explosiven Lage aber besser war, Ruhe zu bewahren und unsere Wut in gesicherte Bahnen zu lenken.

So schloss er sich der Idee der Gewerkschaften an und forderte uns auf, nicht mehr mit der S-Bahn zu fahren, die auch in Westberlin von der DDR betrieben wurde. Obwohl die S-Bahn ein gutes Verkehrsmittel und außerdem viel billiger als die BVG war, machten fast alle Menschen diesen Boykott mit. Wir waren stolz dieses Opfer zu bringen. Die fast leere S-Bahn fuhr dennoch viele Jahre weiter.

In der Adventszeit stellten die Westmächte entlang der Grenze Weihnachtsbäume auf als Zeichen für die Ostberliner, dass sie nicht vergessen waren. Sofort stellte die Sowjetmacht auf ihrer Seite Weihnachtsbäume dagegen, um zu zeigen, dass sie der „armen Westberliner gedachte, die ja nicht freiwillig in diesem faschistischen Regime lebten".

Zu Weihnachten sollten wir zum Gedenken an unsere „Brüder und Schwestern im Osten" Kerzen in die Fenster stellen. Natürlich taten wir das und dachten an Oma und Opa und alle anderen drüben Gebliebenen. Dabei freuten wir uns, dass fast alle Fenster in der Straße durch Kerzen erleuchtet waren.

Die größten Ereignisse aber waren die Demonstrationen. Selbstverständlich waren wir bei jeder dabei. Die eindrucksvollsten waren in den nächsten Jahren die Kundgebungen zum 1. Mai. Sie fanden auf dem großen Platz vor dem Reichstag statt, dem Platz der Republik, um den vielen Teilnehmern Raum zu geben. Schon in der Straßenbahn freuten wir uns, dass diese brechend voll war. Obwohl das Datum geschichtlich gesehen ein gewerkschaftliches war, stand es jetzt unter dem Thema: „Berlin bleibt frei!" Es war ein erhebendes Gefühl mit so vielen Menschen gemeinsam für die bedrohte Freiheit unserer Stadt zu demonstrieren und wir jubelten Willy Brandt zu, dem wir rückhaltlos vertrauten.

Leben mit der Mauer

Mit der Zeit gewöhnten wir uns an die Situation. Die Gefahr, dass Westberlin von den Sowjets geschluckt werden oder ein dritter Weltkrieg ausbrechen könnte, erschien uns nicht mehr so groß. Wir lernten, mit den Gegebenheiten umzugehen.

Die S-Bahn, die wir ja ohnehin boykottierten, hielt nur noch an den zu Westberlin gehörenden Bahnhöfen. Frohnau war die letzte Haltestelle in nördlicher Richtung. Manchmal stellten wir uns auf die Brücke, betrachteten die Gleise, auf denen wir früher nach Hohen Neuendorf und Birkenwerder gefahren waren, und beobachteten, wie sie im Laufe der Jahre mit Wildkräutern, Büschen und kleinen Bäumen zuwucherten, genau wie unsere Sehnsucht.

Dass es überall Stellen gab, an denen die Welt für uns zu Ende war, wurde langsam zur Normalität. Zu Berlin gehörten viel Wasser und Wald. Auch dieser Tatsache ist es wohl zu verdanken, dass die Stadt sich als Insel innerhalb der DDR halten konnte.

Wenn Westdeutsche zu Besuch kamen, zeigten wir ihnen als größte Attraktion Lübars, ein richtiges Dorf mit Bauernhöfen, Ställen und Feldern drum herum. Erst als diese Besucher von unserem Ausflug gar nicht so begeistert waren, begriffen wir, dass es Menschen gab, für die ländliche Umgebung nichts Besonderes war.

Unsere Oma hat ihre Tochter und ihre Enkelkinder niemals wieder gesehen. 1965 starb sie. Opa verkraftete das nicht und konnte nicht alleine bleiben. Obwohl unsere Zweizimmerwohnung schon für uns fünf Personen sehr klein war, stellten wir für Opa den Ausreiseantrag, der natürlich bewilligt wurde, denn die DDR verzichtete gerne darauf für einen alten Mann die Rente zu zahlen. Nette Nachbarn vermieteten uns ein Zimmer, in dem Opa schlafen konnte.

1969 starb unser Opa im Alter von 86 Jahren. Beide, Oma und auch Opa, konnten vor ihrem Tode nicht ahnen, dass wir, ihre Erben, einmal in den Genuss des von ihnen Erarbeiteten kommen würden.

Für das Grundstück und die Häuser hatte Opa schon seit langem einen zuverlässigen, sehr tüchtigen Verwalter eingesetzt. Von diesem gewissenhaften Mann erhielten wir, nachdem Opa gestorben und unsere Mutter, die Republikflüchtige, als seine Erbin eingesetzt war, einen Brief, in dem er uns mitteilte, dass ihm die Verwaltung unserer Immobilien vom Staat entzogen und unser Hab und Gut unter kommunale Verwaltung gestellt worden war. Das war nun auch egal. Es war ja sowieso alles verloren.

1972 erreichte es Willy Brandt, inzwischen Bundeskanzler, im Rahmen der Ost-Verträge, dass wir mit einem eigens für einen Tag beantragten Passierschein nach Ostberlin und in die DDR fahren konnten. Mit unserem orangefarbenen BMW hielten wir in Birkenwerder vor dem Haus, das meins hätte sein sollen. Es sah noch genauso aus wie früher. Ich stand davor, traute mich aber nicht zu klingeln, denn ich wollte die Menschen, die jetzt darin wohnten, nicht beunruhigen. Natürlich waren wir aber aufgefallen. Als sich die Gardinen bewegten, stieg ich ins Auto und wir fuhren ab. Ich beschloss nie mehr herzukommen. Es hatte keinen Sinn alte Wunden wieder aufzureißen.

Mein Mann und ich kauften uns 1976 ein Reihenhaus in Hermsdorf. Dieser Stadtteil gefiel mir besonders gut, weil er ein bisschen an Birkenwerder erinnerte. Ab und zu träumte ich zwar noch von dem Haus in der Sacco-Vanzetti-Straße und es wurde in meinen Träumen immer größer, nach und nach verschwanden aber auch diese Träume. Wir hatten ein neues, gutes Leben angefangen. Über das Vergangene sprachen wir nicht mehr. Wir wollten in der viel besseren Gegenwart und Zukunft leben.

Reisen

Bei diesem Thema muss ich zeitlich etwas springen, denn die Situation änderte sich im Laufe der Jahre:

Nach dem Bau der Mauer war das Reisen schwierig. Wir Flüchtlinge durften nicht durch die DDR fahren, denn wir galten dort als Kriminelle und wären verhaftet worden. Also mussten wir mit einem Flugzeug der Alliierten den Osten überfliegen. Für uns gab es billige Flüge nach Hannover.

1972 wurde es durch die bereits erwähnten Ost-Verträge aber möglich, dass auch wir auf bestimmten Transitstrecken gefahrlos durch die DDR reisen konnten. Die endlosen Gepäckkontrollen an der Grenze blieben jedoch. Erst viel später wurden auch diese weitgehend abgeschafft. Nur an der Auslandsgrenze, also wenn wir z. B. nach Bornholm fuhren, wurden wir weiterhin zum Teil entwürdigend kontrolliert. Für den Grenzaufenthalt planten wir immer anderthalb Stunden ein, damit wir die Fähre nicht verpassten. Waren wir dann endlich auf dem Wasser, begann der Urlaub.

An eine Fahrt erinnere ich mich besonders. Wir fuhren auf der B 96, die als Transitstrecke nach Rügen führte, wo wir die Fähre nach Bornholm besteigen wollten. Unser Sohn, Ralf, vielleicht war er inzwischen vier Jahre alt, fing auf der Fahrt plötzlich an zu husten. Natürlich hatte ich seine Salbeibonbons eingepackt, aber da er zu Hause noch völlig gesund gewesen war, waren die Bonbons im Koffer. Wir hätten anhalten müssen, um sie aus dem Kofferraum zu holen. Aber anhalten durften Transitreisende auf Geheiß der DDR nur auf ausgeschilderten Transit-Parkplätzen, solchen, auf denen DDR-Bürger nicht halten durften, damit kein Kontakt zwischen Menschen aus den verschiedenen politischen Systemen entstehen konnte. In unserer Nähe war aber kein Transit-Parkplatz. Hätten wir unerlaubt angehalten, so hätten wir stundenlange Verhöre riskiert, wodurch wir unsere Fähre, die nur einmal pro Tag fuhr, verpasst hätten. Ralfs Husten steigerte sich, aber wir durften ihm erst helfen, als wir am Hafen angekommen waren.

1989   Fall der Mauer

Dass die Mauer jemals wieder fallen würde, wagte niemand mehr zu hoffen.

Umso gebannter verfolgten wir 1989 die Nachrichten und als am 9. November die bekannten Bilder um die Welt gingen, saß ich ungläubig vor dem Fernseher. Mich erfasste eine ganz tiefe, innige Freude und gleichzeitig dachte ich: „Jetzt wird es schwierig." Walter Momper, damals unser Regierender Bürgermeister, sprach in der Abendschau von großer Freude, aber seinem Gesicht sah ich Sorge an. Schließlich musste er dafür sorgen, dass in den nächsten Tagen und Wochen alles ohne größere Komplikationen verlaufen würde.

Der allgemeinen Euphorie schloss ich mich damals nicht an, dafür hat meine Freude aber bis heute gehalten. Ich gehörte auch nicht zu den „Mauerspechten", die sich mit Hammer und Meißel Andenken aus der Mauer schlugen. In mir steckte und steckt die Erinnerung an die Mauer so tief, dass ich keine Hilfsmittel für mein Gedächtnis brauche.

Nach und nach wurden die Grenzübergänge geöffnet. In Heiligensee waren wir dabei. Ich fühle noch heute, wie mich die Kälte durchkroch, als wir über den Todesstreifen gingen. Vorher hatten wir ihn nie gesehen, er war ja von der Mauer verdeckt gewesen. Dieser breite Streifen bestand nur aus Sand. Jedes kleinste Unkraut, das hätte wachsen wollen, war durch Gift vernichtet worden, damit ja kein Flüchtling sich hinter ihm hätte verstecken können. Hier hatten Mensch und Natur den Tod gefunden.

Ich begreife es nicht! Ich begreife es nicht! Wie können Menschen so etwas tun?

Natürlich fuhren wir nach Birkenwerder. Der ganze Ort sah anders aus als früher. In den größeren Straßen wie Havelstraße, Clara-Zetkin-Straße und auf einer Seite auch in der Brieseallee waren die alten Bäume abgeholzt worden. Die Bürgersteige waren holprig und die Häuser fast ausnahmslos verfallen. Die meisten Wohnungen wurden mit Braunkohle geheizt, so dass man schon roch, dass man im Osten war.

Es war ein trauriges Wiedersehen. Hier wollte ich nicht wieder wohnen. Aber die Landschaft war genauso schön wie früher.

Eines Tages machten wir eine Radtour zum Boddensee, dem See, in dem ich als Kind gebadet und in dem ich schwimmen gelernt hatte. Wir standen auf der kleinen Brücke, die über den Zufluss zu meinem Lieblingssee führte. Ich wollte für unsere Rast ein paar Mohrrüben auspacken, passte nicht auf, als ein Windzug kam, und mir flog die Plastiktüte aus der Hand. Voller Schreck sah ich, wie diese hässliche Tüte auf meinem schönen Boddensee schwamm, wie sie ihn verschandelte. Glücklicherweise näherte sie sich dem Ufer und ich versuchte sie mit einem Stock zu angeln. Zwei Jungen, die das beobachtet hatten, kamen, um mir zu helfen. Sie waren geschickter als ich und einer überreichte mir die Tüte mit den Worten: „So etwas Gutes lässt man nicht einfach wegschwimmen." - „Darf ich sie dir denn schenken?", fragte ich. „Ach nein, danke, ich habe zu Hause in einem Schubfach schon ein paar gesammelt", erwiderte er. Ich wollte nicht die Wessi-Frau herauskehren, bedankte mich und steckte die Tüte ein.

Mit der Zeit bekam die Mauer viele Löcher, durch die wir nach Ostberlin oder Brandenburg gelangen konnten. Mit einer Freundin machte ich eine Radtour, mal sehen, wo sie uns hinführen würde. In Glienicke entdeckten wir ein schönes mit Reet gedecktes Haus, das wir uns gerne auch von hinten ansehen wollten. Zu unserer Freude führte genau neben dem Haus ein schmaler Weg von der Straße weg. Diesem folgten wir und fanden uns auf einer

Wiese wieder. Hier packten wir unsere Brote aus und betrachteten das Haus. Plötzlich wurde eine Kuhherde auf uns zugetrieben. Die Kühe machten bei uns zum Fressen Halt. Sie fraßen Gras und wir aßen unsere Brote, einträchtig auf derselben Wiese. War das ein Erlebnis für uns! 10 Fahrradminuten von unserer Wohnung entfernt saßen wir inmitten einer Kuhherde! Dieser Teil der Welt war uns früher verschlossen gewesen.

Nach unserer gemeinsamen Mahlzeit folgten wir den Kühen, sahen, wo sie gemolken wurden, und entdeckten dabei das Kindelfließ und den Kindelsee, in dem viele Frösche ein eindrucksvolles Konzert für uns veranstalteten.

Unsere Welt war reicher geworden.

Ab 1990   Deutsche Einheit

Am 3. Oktober 1990 wurde Deutschland wiedervereinigt. Längst vergessene Hoffnungen begannen zu erwachen. War es möglich, irgendwann nach Birkenwerder zurückzukehren?

Mein Elternhaus

Besuchte ich meine alte Heimat, so ging ich meistens auch durch die Sacco-Vanzetti-Straße. Dabei sah ich mir möglichst unauffällig mein Elternhaus an. Inzwischen hatten wir erfahren, dass meine Mutter bei allen früheren Besitzungen der Familie im Grundbuch als Eigentümerin eingetragen war. Die Bevölkerung hatte Angst, denn mehr als 70% der Häuser in Birkenwerder waren Eigentum von West-Bundesbürgern. Ich hatte gehört, dass West-Eigentümer fordernd, überheblich und ohne Einfühlung in die Situation der Ost-Bewohner aufgetreten waren. Daher gab ich mich vorerst nicht zu erkennen, denn ich wusste noch nicht, wohin die Entwicklung führen würde, und wollte die Bewohner nicht unnötig beunruhigen.

Das Haus, von dem ich hoffte, dass es mir einmal gehören würde, war in der Zwischenzeit verkommen. Weitgehend war der Putz abgefallen, die Dachrinne an der Ostseite war ein Sieb und die Wand darunter auch bei trockenem Wetter nass. An den Fensterrahmen war kaum noch Farbe.

Eines Tages bemerkte ich, dass die Fenster im Obergeschoss gestrichen worden waren. Nun fand ich es an der Zeit, mich als potentielle Hausbesitzerin vorzustellen. Wir meldeten uns brieflich an und meine Mutter und ich fuhren zu den Leuten.

Vor dem Haus im Garten war der erwachsene Sohn der Familie Wille. „Vater ist hinten", sagte er. Wir betraten also das Grundstück und gingen hinter das Haus. Als dort niemand war, meinte meine Mutter ängstlich: „Komm, wir gehen wieder." „Nein", antwortete ich, „jetzt sehe ich mich um." Hier standen zwei neu erbaute Garagen und zwei große Autos, ein BMW und ein anderes.

In diesem Moment kam Herr Wille, führte uns sofort auf die Straße und war erst bereit mit uns zu sprechen, als der Gartenzaun zwischen uns war. „Wir werden dieses Haus kaufen", sagte er. „Das wird nicht gehen", erwiderten wir, „das Haus steht nicht zum Verkauf." „Das werden andere entscheiden", bekamen wir als Antwort. Ich schaute die Dachrinne an, die keine mehr war, und die nasse Wand darunter. Mir war klar, dass das Mauerwerk dieser Belastung nicht mehr lange Stand halten würde. „Darf ich denn wenigstens eine neue Dachrinne anbringen?", fragte ich. „Nein!"

Wir nahmen an, dass Herr Wille sofort seine alten Seilschaften, von denen damals so viel die Rede war, in Bewegung setzen würde, und schrieben gleich darauf an die Gemeindeverwaltung, dass das Haus auf keinen Fall verkauft werden dürfte.

1993 bekam meine Mutter alle Immobilien, die sie von ihrem Vater geerbt hatte, zurück und schenkte sie ihren drei Kindern. Ich bekam wie vorgesehen das Haus in der Sacco-Vanzetti-Straße und wurde zu einem Drittel Miteigentümerin des Mietshauses in Prenzlauer Berg.

Wieder meldete ich mich an. Ich war inzwischen geschieden, aber mein früherer Ehemann, der Bauingenieur, begleitete mich, um die Bausubstanz zu begutachten.

Frau und Herr Wille ließen sich alle Unterlagen genau zeigen und, nachdem sie sich davon überzeugt hatten, dass ich wirklich die rechtmäßige Eigentümerin des Hauses war, führten sie uns durch die Wohnung. Alles sah sehr sauber und gepflegt aus. Familie Wille war erst 1990 hier eingezogen und hatte alles getan, was unter den gegebenen Umständen möglich war, um das Haus in Stand zu halten. Sogar außen hatten sie versucht, das Eindringen des Wassers in den Keller zu verhindern, indem sie eine alte Badewanne unter die Regenrinne gestellt hatten.

Nun erfuhren wir auch, dass sie nicht in der Partei gewesen waren, nicht für die Stasi gearbeitet hatten und auch zu keiner Seilschaft gehörten.

Sie waren einfache Leute, die in der Zeit des Umbruchs ihre Chance gewittert hatten. Jetzt hatten sie Angst, dass sie die Wohnung verlassen müssten.

Ganz anders sah es in der unteren Wohnung aus. Das Ehepaar Schulz war sehr freundlich. „Warum soll man vor Wessis Angst haben?", sagte Herr Schulz. „Sind doch auch Menschen." Sie boten uns Kaffee an und zeigten uns die Wohnung.

Diese allerdings erschreckte uns. Schon am Eingang schlug uns ein unbeschreiblicher Gestank entgegen. Die Wände waren nass und fast schwarz. Elektrische Leitungen hingen lose von der Decke. Putz war von den Wänden gefallen und die Fensterrahmen waren verrottet. Teile des Fußbodens konnte man nicht betreten, weil sie ebenfalls verrottet und durchgebrochen waren. Alles, auch Küche und Bad, war unvorstellbar dreckig. So etwas hatte ich noch nie gesehen.

Auf dem Rückweg meinte mein geschiedener Mann, Schwamm sei noch nicht in den Mauern, die Bausubstanz also noch in Ordnung. Alles andere müsse aber erneuert werden. Die Sanierung würde teurer werden als ein neues Haus. Allerdings wäre der Abriss des alten, sehr stabilen Gebäudes auch kostspielig.

Es war mein Elternhaus, ich hatte so lange Sehnsucht nach ihm gehabt. Ich entschloss mich zur Sanierung, obwohl ich mir nicht vorstellen konnte, hier noch einmal zu wohnen. Ich war an Hermsdorf gewöhnt und in Birkenwerder sah außer der Landschaft alles so trostlos aus.

Von dem Geld, mit dem mein Mann mich nach unserer Scheidung ausgezahlt hatte, ließ ich die Fassade und die Dachrinne erneuern und Heizungen einbauen. Mein Haus lag im ehemaligen Osten, also beauftragte ich auch Ost-Firmen mit der Arbeit.

Mein Sohn Ralf und ich wohnten in Hermsdorf in einer sehr schönen, aber sehr teuren Wohnung. Wir bezahlten für 96 m^2 2300 DM Miete, mit Betriebskosten und Heizung. Wohnungen waren damals knapp und wir hatten keine billigere bekommen. Die obere Wohnung in meinem Haus in Birkenwerder hatte 94 m^2 und ich bekam dafür 600 DM, allerdings ohne Betriebskosten und Heizung.

Das Haus in Prenzlauer Berg brachte zwar Miete ein, aber die musste sofort wieder für dringend erforderliche Reparaturen verwendet werden. Wir wollten dieses Haus verkaufen, fanden aber keinen Käufer. Aus gesundheitlichen Gründen konnte ich nicht voll arbeiten und trotz äußerster Sparsamkeit kam ich mit meinem Geld nie aus, so dass ich jeden Monat etwas von dem spärlichen Rest nehmen musste, der noch auf meinem Bankkonto war. Auf die Dauer durfte das nicht so weitergehen. Schweren Herzens entschied ich, dass ich einmal in mein Haus ziehen müsste. Die obere Wohnung war ja bewohnbar.

Bei meinem nächsten Besuch in Birkenwerder erklärte ich Frau Wille meine Situation und sagte ihr, dass sie und ihre Familie irgendwann einmal ausziehen müssten. Da ich wisse, wie schwierig es sei eine Wohnung zu bekommen, würde ich sie nicht unter Zeitdruck setzen, aber wenn sie eine andere Wohnung fänden, sollten sie sie nehmen.

Frau Wille reagierte darauf verständnisvoll und freundlich. Am Ende des Gesprächs fragte sie, ob sie mich mal zum Grillen einladen dürften. Freudig bejahte ich.

Vor meiner Wohnung in Hermsdorf hatte ich Blumen gepflanzt. Ich fragte Herrn Wille aus der Sacco-Vanzetti-Straße, ob ich ihm hiervon Ableger bringen sollte. Er lächelte und ich hatte den Eindruck ihm eine Freude zu bereiten.

Meine Schwester und ihr Mann brachten mich mit den Blumen nach Birkenwerder. Im Garten waren Vater und Sohn Wille, wir fragten, wo wir die Blumen hinstellen sollten, und Herr Wille zeigte auf eine Stelle hinter dem Haus. Wir fingen an zu tragen und ich wunderte mich, dass die beiden Männer, die die Blumen bekommen sollten, nicht halfen.

Plötzlich kam Frau Wille aus der Wohnungstür, blieb oben auf der Treppe stehen und fragte mit hochrotem Kopf und in bitterbösem Tonfall, ob sie die Blumen vielleicht auch noch pflanzen sollten. Verwundert bejahte ich, die Blumen wären doch schließlich für sie. Kein Wort glaube sie mir, ich wollte die Blumen für mich haben, wenn ich hier wohnen würde. „Sie mit Ihrer Freundlichkeit! Sie lügen doch nur! Ich kenne Ihr wahres Gesicht!", schrie sie auf mich runter, dass die ganze Straße es hätte hören können. Eine Weile war ich sprachlos, sagte dann aber: "Man schließt von sich auf andere", denn ich erinnerte mich, dass Frau Wille einmal gesagt hatte, wenn sie das Haus früher gekauft hätten, hätte ich gar nichts machen können. Sie irrte sich damit zwar, aber ich merkte, dass sie keinerlei Hemmungen gehabt hätte, mir mein Eigentum wegzunehmen. Dorle und Jürgen hatten die Blumen inzwischen wieder ins Auto getragen und ich sagte abschließend: „Jetzt haben Sie es erreicht, dass ich keine Rücksicht mehr auf Sie nehmen werde." Wir brachten die Blumen zu anderen Bekannten, die wir in Birkenwerder hatten.

Ich konnte mich lange nicht von dem Erlebnis erholen, denn mir wurde noch deutlicher, wie groß die Panik der Ost-Bewohner war. Zu DDR-Zeiten hatten sie keinerlei Existenzängste gekannt. Sie hatten einen gesicherten Arbeitsplatz gehabt und eine Wohnung, die ihnen keiner nehmen konnte. Jetzt konnten sie beides verlieren.

Es tat mir unendlich leid, aber Schuldgefühle hatte ich nicht. Mir war mein Eigentum über Jahrzehnte vorenthalten worden und als ich es schließlich zurückbekommen hatte, war es weniger als die Hälfte wert. Ich hatte schon so viel Geld in die Sanierung gesteckt, dass ich, wenn ich es günstig angelegt hätte, mehr Zinsen bekommen hätte, als ich Miete erhielt. Ich war nicht in der finanziellen Situation, jetzt noch etwas verschenken zu können.

Obwohl ich das Verhalten von Frau Wille zwar verstehen, aber nicht akzeptieren konnte, setzte ich ihnen keine Frist, bis zu der sie ausziehen mussten. Die Familie hatte jetzt aber noch mehr Angst als vorher und nahm die erst-schlechteste Wohnung, die sie bekommen konnte. Im Januar 1995, also anderthalb Jahre nach dem Vorfall, bekam ich die Kündigung meiner Mieter.

Inzwischen hatte Helga, die Frau meines Bruders, doch einen Käufer für unser Berliner Mietshaus gefunden, und Wolfgang, unser Familienjurist, hatte für einen gerechten Vertrag gesorgt. Genau zum richtigen Zeitpunkt, im Frühjahr 1995, war das Geld auf meinem Konto. Die vielen Nullen vor dem Komma machten mich ganz schwindlig.

Ich konnte meine Wohnung also richtig sanieren und mir an die Küche einen Balkon mit Treppe zum Garten bauen lassen. Familie Wille gab ich 10.000 DM dafür, dass sie auszog. Am 7. Juli 1995 zog ich in mein Haus. Inzwischen kannte ich auch ein paar Nachbarn, sah, dass auch andere Häuser saniert wurden, und fand die Umgebung nicht mehr trostlos. Ich hatte die Brücke zu meiner Kindheit geschlagen.

Ein halbes Jahr später sanierte ich dann auch die untere Wohnung, was schwer war, denn Frau und Herr Schulz fanden keine Möglichkeit während der Bauzeit woanders unterzukommen. Schließlich war auch das geschafft und seitdem halten meine Mieter ihre Wohnung sauber und sind in jeder Hinsicht hilfsbereit.

Leben in Birkenwerder

Ich hatte Angst gehabt, dass die Menschen in Birkenwerder mich als Wessi ablehnen würden. „Dann gehe ich ein", hatte ich gedacht.

Aber sie lehnten mich nicht ab. In der DDR hatten die Menschen sehr zusammengehalten. Jeder hatte dem anderen geholfen und von dem abgegeben, was er hatte. Das war nötig gewesen, denn manche Dinge hatte man nur schwer bekommen. Jetzt konnte man alles kaufen, aber die Hilfsbereitschaft war geblieben und meine Nachbarn nahmen mich sofort in ihre Gemeinschaft auf. Sie luden mich zum Kaffee ein, schenkten mir Ableger von Blumen und Himbeersträuchern über den Gartenzaun, ließen mich von ihrem selbst geernteten Obst kosten und halfen mir, wenn Arbeiten für mich zu schwer waren oder ich sie aus anderen Gründen nicht konnte. Was für ein Gewinn! Natürlich überlegte auch ich, womit ich ihnen eine Freude machen konnte.

Außer den Leuten in meiner nächsten Umgebung hatte ich eine ganze Menge andere Menschen aus der ehemaligen DDR kennengelernt, u. a. die vielen Handwerker. Warum fühlte ich mich bei den meisten so wohl? Ich brauchte eine Weile, bis ich erkannte, woran das lag: Die Leute stellten sich nicht dar. Sie zeigten sich so, wie sie waren, und sagten, wenn sie etwas nicht konnten. Das hatten sie sich leisten können, denn in der DDR hatte es keinen Konkurrenzkampf gegeben.

Meine Nachbarn z. B. sind ältere Leute, Rentner. Bei ihnen hat sich diese Eigenschaft bis jetzt erhalten. Aber wie wird es bei den Jüngeren sein, die Angst um ihren Arbeitsplatz haben oder arbeitslos sind?

Lud man sich in meiner neuen Umgebung zum Kaffee ein, so brachte jeder eine Kleinigkeit mit, aber wirklich nur eine Kleinigkeit. Das fand ich wunderbar und ich nahm mir vor, diese gute Sitte auf keinen Fall zu verderben, indem ich mit größeren Geschenken ankam. Auch ohne mein Zutun sind leider inzwischen die Mitbringsel immer größer geworden. Keiner will hinter dem anderen zurückstehen. Schade!

Zu ehemaligen Stasi-Mitarbeitern habe ich keinen direkten Kontakt. Wie sie sich fühlen und verhalten, kann ich nicht beurteilen. Von einer anderen Nachbarin wusste ich, dass sie dem SED-Regime aus Überzeugung gefolgt war, und sie hatte von mir gehört, dass ich Republikflüchtling war. Eigentlich hätten wir einen Bogen umeinander machen müssen, aber wir waren uns sympathisch. Vorsichtig näherten wir uns an, immer bemüht, die andere nicht zu verletzen. Sie erzählte mir aus ihrem Leben und von ihrem Beruf als Lehrerin behinderter Kinder und ich stellte fest, dass vieles in der DDR mir gut gefallen hätte. Ich hatte davon aber nichts erfahren, weil ich aus einer anderen Perspektive geguckt hatte. Inzwischen sind wir so weit, dass wir auch über Politik reden können. Neulich sagte sie: „Ich habe es nie glauben können, dass die Menschen in der Hitler-Zeit nicht gewusst hätten, welche Verbrechen damals begangen wurden. Aber jetzt muss ich feststellen, dass ich auch nicht geahnt habe, welche Verbrechen es unter der DDR-Regierung gegeben hat." – Vor dieser Frau habe ich höchste Achtung. Ich kann mir vorstellen, warum sie es nicht erfahren hat: Sie hat nur selten Westsender gehört oder gesehen.

Aber auch ich habe manches nicht gewusst. Bei aller Kritik, die ich am DDR-Regime habe, hat es in vielen Menschen gute Eigenschaften hervorgerufen wie die bereits erwähnte Hilfsbereitschaft und Ehrlichkeit, was die eigenen Fähigkeiten betrifft.

Birkenwerder jetzt

Jetzt, 20 Jahre nach der Wiedervereinigung, ist Birkenwerder sehr verändert. Die ganze Zeit hörten wir Baugeräusche. Wenn man im Speckgürtel wohnt, muss man das in Kauf nehmen, dachte ich. Dass dort, wo neue Häuser entstehen sollten, der Wildwuchs entfernt werden musste und damit auch die Nachtigall verschwand, tat mir leid. Jetzt steht zwischen sanierten und neuen Gebäuden nur selten ein verfallenes. Am Zustand der Häuser erkennt man den Wechsel der Zeit. An den Stellen der gefällten Bäume wachsen junge Bäumchen, die Hauptstraße ist ausgebaut, einige kleinere Straßen sind asphaltiert und der Platz vor dem Rathaus ist schön gestaltet. Die Briese ist dort, wo sie die Hauptstraße unterquert und früher einen kleinen See gebildet hatte, eingedämmt und etwas umgeleitet worden, nicht mehr ganz so malerisch, aber es wird wohl nötig gewesen sein.

Von den kleinen Läden, die es vor 15 Jahren hier gab, sind einige geschlossen worden. Vermutlich haben sie sich nicht rentiert. Die meisten Menschen haben jetzt ein Auto und fahren in größere Einkaufszentren, um ein paar Cent zu sparen, denn Geld ist knapp. Einige Gaststätten haben zugemacht, andere sind eröffnet worden.

Alles in allem: Ich fühle mich wohl.

Der ehemalige Todesstreifen, jetzt wird er Grenzstreifen genannt, ist zugewachsen oder bebaut, nur der asphaltierte Weg, der den Soldaten zum Patrouillieren mit ihren Autos diente, ist noch vorhanden. Dort kann man jetzt wunderbar Fahrrad fahren. Vor einigen Jahren machte ich im Herbst an einem sonnigen Tag eine Radtour entlang der Stolper Heide. Das ganze Feld blühte golden. Schöner kann es nicht sein.

Inzwischen habe ich viele Touren durch unsere hübsche Umgebung gemacht und freue mich auf weitere. Ich bin nicht mehr alleine in Birkenwerder. Die beiden anderen Grundstücke, die meinen Großeltern gehört haben, werden von den Kindern meiner Geschwister bewohnt. Mein Sohn Ralf wohnt in Waidmannslust, vier S-Bahn-Stationen von Birkenwerder entfernt, und kommt mich häufig besuchen.

Unsere Mutter hat es sehr genossen, wenn sie bei jemandem von uns zu Besuch war, sich an alte Zeiten erinnerte und erlebte, wie die verloren geglaubten Besitzungen von ihrer Familie mit neuem Leben erfüllt wurden. Besonders gerne war sie bei mir in der Sacco-Vanzetti-Straße, denn hier war sie mit ihrem Mann glücklich gewesen. Ihren 80. und 85. Geburtstag haben wir hier gefeiert. Um Mitternacht nach ihrem 85. Geburtstag strahlte mich mein kleines, altes Muttichen an und sagte: „Das war ein schöner Tag. In fünf Jahren machen wir das wieder so." „Ja!", antwortete ich.

Ich wünsche oft, dass die, die uns das ermöglicht haben, und unser Vater, der sich hier so wohl gefühlt hat, sehen könnten, wie gut wir es jetzt haben.

Anmerkung: Einige Namen sind geändert, damit beschriebene Personen nicht zu erkennen sind.

Das Musische wird sehr gepflegt

Theateraufführung in der 12. Klasse

„Was kam denn da ins Haus?" von Lope de Vega

Helga Schlenger, geb. Lehmann

Zu Hause auf dem Schrottplatz

Unsere Familie wohnte im Umland von Berlin, in Brieselang. Ich besuchte seit 1955 die zum Abitur führende Oberschule in Nauen.

Im Sommer 1958 nahm ich an einem Ferienlager der Oberschule auf Rügen teil und kehrte gut erholt und frisch verliebt an einem Freitag Anfang August von der Ostsee zurück. Meine Eltern eröffneten mir, dass wir die DDR am kommenden Dienstag verlassen müssten, da mein Vater, der in Westberlin arbeitete, von der Gemeinde Brieselang aufgefordert worden war, seinen Arbeitsplatz in der DDR zu suchen. Das kam für meine Eltern nicht in Frage. Zum einem kritisierten sie das politische System der DDR, zum anderen wollten sie ihre älteste Tochter, die in Westberlin zur Schule ging, nicht verlieren. Um weiteren Repressalien zu entgehen, mussten sie so schnell wie möglich die DDR verlassen.

Ich sollte mich von meinen Freunden trennen! Gegen die elterliche Entscheidung kam ich nicht an. Eigentlich fühlte ich mich in meinem Umfeld wohl. Für politische Zusammenhänge interessierte ich mich zur damaligen Zeit nicht sonderlich. Ich durfte die Oberschule in Nauen besuchen, obwohl mein Vater Grenzgänger war. Meiner Schwester war das 1951 verwehrt worden, sie war nach Westberlin zu meinen Großeltern gegangen, besuchte seitdem dort eine Oberschule und kam regelmäßig am Wochenende zu uns.

Jetzt galt es auch für mich Abschied zu nehmen. Meinen Freunden durfte ich von unserem Fluchtplan nichts erzählen. Erst viele Monate später schrieb ich erklärende Briefe, die durch einen Kurier persönlich ausgehändigt wurden, denn ein Versand durch die Post hätte meine Mitschüler möglicherweise belastet. Es war allgemein bekannt, dass die Postsendungen von staatlicher Seite kontrolliert wurden. So hätte man meinen Aufenthaltsort erfahren und meine Freunde politisch unter Druck gesetzt. Der erste Besuch meines Freundes bei uns zu Hause fand erst 1960 statt und ab August 1961 durften die DDR-Bewohner nicht mehr einreisen.

In den verbleibenden 3 Tagen begannen hektische Vorbereitungen: Möbel, Bücher, Hausinventar, der größte Teil der Kleidung, alles musste dableiben, nur das Nötigste sollte unauffällig in den Westen geschafft werden.

Das war leichter gedacht als getan, denn in Falkensee musste man beim Umsteigen vom Dampfzug in die S-Bahn eine Personenkontrolle passieren, die sehr penibel durchgeführt wurde. Jede größere Tasche erregte bei den Grenzern arges Misstrauen, wurde geöffnet und führte häufig zu Festnahmen.

Der Dienstag war da. Mein Vater fuhr wie immer morgens zur Arbeit. Meine Mutter und ich, mehrfach angezogen, obwohl es ein heißer Augusttag war, marschierten zum Bahnhof, fuhren mit dem Dampfzug nach Falkensee und passierten - innerlich bebend - die Grenze. Die Beamten bemerkten an uns nichts Auffälliges, und als die S-Bahn in Richtung Spandau rollte, fiel uns beiden ein Stein vom Herzen.

Glücklicherweise nahm uns meine Tante auf. Sie hatte mit ihrer Familie eine Dreizimmerwohnung und im Wohnzimmer schliefen fortan meine Mutter und ich. Meine Schwester wohnte nach dem Tod meiner Großmutter in der Wohnung einer anderen Tante. Mein Vater richtete sich in einem umgerüsteten Eisenbahnwaggon ein, der auf einem Schrottplatz stand, mitten in einem Gewerbegebiet. Dort zog nach drei Wochen die ganze Familie ein.

Der Schrottplatz lag an einer S-Bahn-Trasse, auf der alle 10 Minuten die Bahn vorbei donnerte. Gegenüber war eine Schweinemästerei, deren Gerüche im heißen Sommer 1959 die Umgebung stark beeinträchtigten. Außerdem entwickelte sich auf dem Schrottplatz eine staubige sommerliche Hitze, im Winter war es im Waggon klirrend kalt, wenn nicht der Herd in der Küche für wohlige Wärme sorgte. Nicht weit vom Eingangstor befand sich ein Hundezwinger, in dem Alto, ein bissiger Schäferhund, tagsüber lebte. Nachts lief er frei herum.

Der Eisenbahnwaggon war in drei „Zimmer" eingeteilt: ein Wohnzimmer, in dem meine Schwester und ich schliefen, eine Wohnküche mit Essplatz und ein Schlafzimmer für meine Eltern. Die Toilette stand als Herzhäuschen auf dem Schrottplatz, ein Badezimmer gab es nicht. Nachts trauten wir uns nicht auf die Toilette aus Angst vor Alto. In dieser Enge sollten wir für ein ganzes Jahr leben, aber uns blieb der Aufenthalt im Flüchtlingslager erspart, möglicherweise auch der in den westlichen Bundesländern.

Nach all den Wirren meldeten mich meine Eltern zum 1. September auf der Bertha-von-Suttner-Schule an. Ich hatte die 11. Klasse in Nauen beendet. Jetzt kam ich in die 10. Klasse (das Schuljahr endete für die Ostklassen erst am 30. September), weil es keine 11. Ostklasse mit Russisch-Unterricht gab und weil ich bisher keinen Englisch-Unterricht gehabt hatte. Ich verlor also ein Jahr. In der Klasse mit mehr als 50 Schülern fühlte ich mich zunächst nicht wohl. Die Bertha-von-Suttner-Schule teilte sich das Gebäude mit der Friedrich-Engels-Schule. Fast täglich kamen neue Mitschüler hinzu. Die Russisch-Lehrerin, eine nette alte Dame, konnte sich im Unterricht nicht durchsetzen, und nicht nur sie. Die Situation entspannte sich erst, als die Klasse nach einem halben Jahr geteilt wurde und fortan ein für Lehrer und Schüler erfreulicher Unterricht stattfand. Später bekam die Bertha-von-Suttner-Schule ein eigenes Gebäude.

In eine Klasse zu kommen, in der viele schon gut Englisch sprechen konnten, und selber purer Anfänger zu sein, das war eine Herausforderung, die ich nie gemeistert habe. Nachhilfeunterricht konnten meine Eltern nicht bezahlen.

Selbst ein Taschengeld für mich wurde nicht erübrigt. Ich war darauf angewiesen, selber Geld zu verdienen. Ein aufmerksamer Lehrer meines Gymnasiums erkannte meine Probleme und vermittelte mir eine Nachhilfeschülerin aus der Grundschule, in der seine Frau als Lehrerin arbeitete. Ich fuhr täglich nach meinem Unterricht zu dem Mädchen und verdiente pro Stunde 1,-- DM. In den Ferien arbeitete ich in vielen Jobs, die ich bei der Tusma, einer studentischen Hilfsorganisation, erhielt.

Auch meine Wohnsituation verursachte mir Schwierigkeiten. Im Winter wurde ein Tanzkurs in einem nahe gelegenen Jugendheim veranstaltet. Unsere Klasse nahm fast geschlossen daran teil. Es war üblich, dass die Jungen die Mädchen abends nach Hause begleiteten. Diesen Luxus konnte ich mir nicht erlauben - ich schämte mich für meine Wohnlage auf dem Schrottplatz und erfand jedes Mal neue Ausflüchte, um allein nach Hause zu fahren. Ich sprach nie über diese Situation. Glücklicherweise fragte mich auch keiner.

An eine weitere Begebenheit erinnere ich mich und bitte meine Mitschülerinnen nachträglich um Entschuldigung dafür, dass ich sie anlog. An einem heißen Wochenende im Sommer 1959 verabredeten sich drei Schulkameradinnen mit mir zu einem gemeinsamen Badeausflug am Tegeler See. Nach dem Baden stellten die drei fest, dass ihre Portemonnaies weg waren, in denen sich auch ihre Monatskarten befanden. Es lag auf der Hand, dass sie bei mir zu Hause in Borsigwalde Geld für die Bahn ausleihen wollten. Ich log das Blaue vom Himmel herunter, nur um zu verhindern, dass die Mädchen mein Zuhause kennen lernten. Um welchen Preis! Sicher nahmen sie mir das sehr übel.

Im Frühherbst 1959 konnte unsere Familie endlich in eine Neubauwohnung ziehen. Ich musste zwar im Wohnzimmer auf einer Klappcouch schlafen, aber wir hatten es geschafft und waren dem Schrottplatz entronnen. Als unsere Wohnung halbwegs eingerichtet war, lud ich endlich meine Mitschülerinnen nach Hause ein. Auch meine Freunde aus der DDR konnten mich bis 1961 besuchen.

Langsam stabilisierte sich mein Leben. Im Winter fuhr ich mit der BVG von Tegel nach Reinickendorf in die Schule, im Frühling, Sommer und Herbst mit dem Fahrrad etwa 40 Minuten. In der BvS stand die Einweihung der neuen Schule an und ausgerechnet unsere beiden Klassen sollten ein Theaterstück aufführen: Lope de Vega „Was kam denn da ins Haus." Zunächst war ich für die Rolle gar nicht vorgesehen, meine blonden Haare passten nicht zu der alternden spanischen Donna Barbara, die als liebestolle Mutter ihrer Tochter den Freier ausspannen will. Schließlich fragte mich Fr. Dr. Wellmer, ob ich diese Rolle übernehmen wollte. Ich wollte, denn es machte mir Spaß, Gedichte aufzusagen oder mit verteilten Rollen die Klassiker zu lesen, die wir im Unterricht behandelten. Mein Kostüm für die spanische Witwe war überhaupt nicht stilgerecht. Ein langes Kleid sollte es sein und so überließ mir meine Tante eines ihrer abgelegten Ballkleider, in das ich schlüpfte. Aber das tat der Freude keinen Abbruch. Wir spielten mit großem Engagement mehrere Male in der neuen Schule vor ausverkauftem Haus und gelangten sogar mit Fotos in zwei Berliner Zeitungen.

Nach dem Umzug der BvS in die Reginhardstraße und dem erfolgreichen Theaterstück begann ich mich in der Schule wohl zu fühlen, ich war in der Gemeinschaft angekommen. Dazu trug besonders meine hoch verehrte Deutschlehrerin bei, die uns in den Wirren dieser Zeit so liebe- und verständnisvoll begleitet hatte. Sie war mein Vorbild für meine Berufswahl. Gleich nach dem Abitur meldete ich mich an der Pädagogischen Hochschule in Berlin an, um Lehrerin zu werden.

Joachim Musehold

Familienzusammenführung auf Raten

Die rote Fahne

Pankow, 1950. Durch die Damerowstraße fährt die Straßenbahn, die 49. Immer schon wollte ich wissen, wohin sie führe und wie es an der Endstation aussähe. Diesen Wunsch kannte natürlich meine Mutter, und eines Tages war es soweit.

„Kinder, heute fahren wir mit der 49 zum Hackeschen Markt." Herrlich, und wie spannend. Am Stiftsweg steigen wir ein und schon sind wir unterwegs. Vorbei an Pankow-Kirche, am S-Bahnhof Pankow, Vinetastraße, Schönhauser Allee, Kastanienallee und dann einen Berg hinunter. Die Bahn bleibt während der Abfahrt zweimal stehen. „Wieso hält die Bahn denn hier an, es ist doch gar keine Haltestelle?" „Damit sie bergab nicht zu schnell wird und der Fahrer dann vielleicht nicht mehr bremsen kann." Aha, war einleuchtend, aber faszinierend auch. Woran die Leute so alles gedacht haben!

Endlich sind wir angekommen. Das also ist die Endstation. Trümmer und Häuser mit Einschusslöchern, wie überall. Nichts Besonderes. „Seht mal, hier bei Häberle hat euer Papa in Friedenszeiten seine Utensilien für die Dunkelkammer und für die Mikroskopie gekauft", meine Mutter deutet auf einen kleinen Laden mit technischen Dingen im Schaufenster. Hier kamen also alle die geheimnisvollen Sachen her, die jetzt bei uns im Keller liegen.

Zielstrebig geht meine Mutter weiter, meine Schwester und mich im Schlepptau. Nach kurzer Zeit erreichen wir ein Gewässer, links ein riesiges Gebäude, wie ich später erfuhr der Berliner Dom, und über das Gewässer führt eine Brücke. Ringsumher sind rote Fähnchen aufgestellt. Meine Mutter bleibt stehen und hält uns zurück. „Kinder passt auf, hier sind rote Fahnen aufgestellt. Das bedeutet, dass hier Gefahr herrscht und wir besser erst einmal nicht weitergehen. Denkt daran, immer wenn ihr eine rote Fahne seht, bedeutet das Gefahr!" Wie recht sie damit hatte und wie weitreichend sie das meinte, begriff ich erst viel später.

Ein Hornsignal und unmittelbar danach ein fürchterlicher Knall. Steine und Staub fliegen durch die Luft. Meine Mutter bricht in Tränen aus. Wir sind entgeistert und sehr betroffen. In Berlin wird damals ständig irgendwo gesprengt. Das ist doch nichts Besonderes und schon gar nicht zum Weinen. Die Erklärung kommt dann aber gleich, erst schluchzend, dann gefasster: „Da drüben stand das Berliner Schloss. Dort wohnten die preußischen Könige. Das haben sie eben gesprengt und vernichtet. Es ist zum Heulen, was diese Verbrecher alles zerstören!"

Familienferien in Westdeutschland

Teils als Folge des Krieges (unser Vater durfte nach seiner Entlassung aus englischer Gefangenschaft die englisch besetzte Zone nicht verlassen), teils auch aus familiären Gründen (unsere Mutter wollte ihre Mutter in Pankow nicht verlassen) lebten meine Eltern getrennt, wir Kinder (meine Schwester und ich) mit der Mutter in Pankow, mein Vater als Studienrat in Emden, Ostfriesland. Trotz aller Ungereimtheiten, die wir Kinder nur schwer verstanden, versuchte mein Vater wenigstens zu Weihnachten bei uns zu sein. An eine Aufenthaltsgenehmigung für ihn in Ostberlin war nach einer bereits einmal erfolgten Ablehnung („Wer mit dem Flugzeug kommt, bekommt keine Aufenthaltsgenehmigung!", so der Kommentar) nicht zu denken. Deshalb kam er per PAN AM nach Tempelhof und dann mit der U-Bahn nach Pankow und blieb „illegal" über die Feiertage bei uns. Wir freuten uns immer sehr über seine Anwesenheit, jedoch war die Anspannung meiner Eltern nicht zu übersehen. Jeden Tag musste man mit einer Anzeige durch einen lieben Nachbarn rechnen und den daraus entstehenden Folgen, aber alles ging gut.

In den Sommerferien war es dann umgekehrt. Wir besuchten meinen Vater in Westdeutschland. Wir trafen uns in einem Urlaubsort im Weserbergland oder Sauerland und verbrachten vier schöne Wochen gemeinsam.

Unsere schönen Urlaubsreisen waren aber nicht ganz ungetrübt. Es war in Ostberlin fast ausgeschlossen, für Reisen nach Westdeutschland einen Pass zu bekommen. Die Ausreise ohne Pass war aber nach ostzonaler Auffassung illegal und wurde geahndet. Wir sprachen deshalb nicht über unser Vorhaben und reisten mit dem Flugzeug von Tempelhof nach Hannover, um von dort dann unseren Urlaub anzutreten. 1954 im Sommer war es das erste Mal, dass wir uns trauten.

Ich schildere hier nur diese erste Reise, weil sie am kuriosesten verlief.

„Kinder, erzählt nicht weiter, dass wir euren Papa besuchen. Wir fahren offiziell wie schon einmal in den Thüringer Wald, nach Frauenwald" (ein kleiner Ort am Rennsteig). Dies waren die Worte meiner Mutter, und wir Kinder hielten uns daran. Da wir schon einmal dort waren, konnten wir auch auf fast alle eventuellen Fragen plausible Antworten geben.

Der große Tag kam näher. Koffer packen im üblichen Sinne gab es nicht. Das Überqueren der innerstädtischen Grenze mit gepackten Koffern hätte nur die ostzonalen „Filzer" auf uns aufmerksam gemacht. Folglich: Koffer packen bei unserer Tante in Neukölln, da Neukölln zu Westberlin gehörte. Mehrfach fuhren wir wie eine Zwiebel gekleidet dorthin, zogen die überschüssige Kleidung aus und packten die Koffer.

Am Reisetag fuhren wir zuerst zu meiner Tante, holten dort die gepackten Koffer ab und dann ging es zum Flughafen Tempelhof: Früher Abend, große Spannung vor dem ersten Flug, und wir warteten und warteten.

Nach einiger Zeit wurde uns mitgeteilt, dass in Hannover eine Frachtmaschine auf die Landebahn gekracht war und wir uns wohl zwei bis drei Stunden gedulden müssten, bis wir eine Startfreigabe bekämen. Die Passagiere wurden unruhig, aber was sollten sie machen? Für uns Kinder jedoch gab es ja viel zu sehen. Wir drückten uns die Nasen an den Panoramafenstern platt und beobachteten das Treiben auf dem Vorfeld. Da standen mehrere viermotorige Propellermaschinen unter dem grandiosen Vordach. Passagiere strömten zu Fuß zur Gangway und bestiegen die Flugzeuge. Mit großem Getöse und unter erheblicher Qualmentwicklung wurden dann die Motoren der Reihe nach angelassen und ein Flieger nach dem anderen setzte sich aus eigener Kraft in Bewegung, verschwand im Dunkel und tauchte nach einer Weile weit hinten auf dem Flugfeld wieder auf. Scheinbar langsam rollte er dann an, wurde etwas schneller und erhob sich fast von selbst in die Luft. Wir verfolgten ihn mit den Augen, bis er irgendwo hinter den Häusern verschwunden war.

Dann kam die Erlösung. Unser Flug wurde aufgerufen. Wir gingen an das Tor zur Welt und warteten. Eine hübsche, professionell lächelnde Stewardess öffnete die Tür und wir stürmten zu Fuß in Richtung Flieger. Hier wirkte das riesige Vordach noch gewaltiger. Wer sich das ausgedacht hatte, war seiner Zeit weit voraus!

Langsam füllte sich das Flugzeug und es wurden Anweisungen zur Sicherheit gegeben. Alles sehr spannend. Der erste Motor startete, stotterte, wurde ruhiger und lief dann sauber. So auch der zweite, der dritte und der vierte. Nach kurzer Zeit blieb einer der Motoren stehen, dann der zweite, der dritte und der vierte. Was war los?

Die gleiche, hübsche, professionell lächelnde Stewardess teilte uns mit, dass in Hannover inzwischen Nebel aufgekommen war und wir keine Freigabe zum Starten bekämen. Der Flug müsse ausfallen, wir würden Weiteres am Gate erfahren. Was für eine Enttäuschung! Wir konnten es kaum fassen. Das ganze Theater wieder rückwärts. Abschnallen, aufstehen, aussteigen, zurück zum Gate, die Treppe hoch und das Gepäck abholen. Am Gate erfuhren wir nichts, außer dass am nächsten Tag die Reise wohl klappen könnte. Weitere Informationen ab 8 Uhr telefonisch zu erfragen.

Wieder zurück nach Pankow? Meine Mutter entschied, dass wir es wagen sollten. Da es bereits um Mitternacht war, wollte sie unsere Tante nicht aus dem Bett klingeln. Wir fuhren jetzt, welch ein Widersinn, mit Koffern nach Hause. Was, wenn wir geschnappt werden würden? Wir hatten Glück.

Telefonische Information war damals nicht einfach. Man konnte nicht so ohne Weiteres nach Westberlin telefonieren und die nächste Telefonzelle im Westen war etwa eine halbe Stunde von unserer Wohnung zu Fuß entfernt. Am darauf folgenden Tag ging meine Mutter dann in die Wollankstraße, um mit PAN AM zu telefonieren. Die Auskunft war zwar nicht ganz eindeutig, aber immerhin ermutigend. Wir sollten uns gegen Mittag in Tempelhof wieder einchecken und dann auf weitere Anweisungen warten. Daraufhin informierte meine Mutter unsere Verwandtschaft in Westberlin, damit mein Vater, falls er sich meldete, beruhigt werden könne.

Ursprünglich hatten wir vor, vom Flugplatz Hannover mit dem Bus zum Hauptbahnhof zu fahren und von dort mit der Bahn nach Kreiensen. Dort würde mein Vater warten und mit uns gemeinsam weiter nach Holzminden reisen. Während wir in Berlin zwischen Ost und West ständig samt Gepäck herumfuhren, blieb mein Vater völlig im Unklaren. Er war wie besprochen mit der Bahn nach Kreiensen gefahren und wartete dort geduldig auf uns. Irgendwann wurde es ihm zu viel und er fuhr mitten in der Nacht zurück in den Urlaubsort. Von dort telefonierte er mit unseren Verwandten in Westberlin, ob sie wüssten, was los war. Erst im Laufe des nächsten Tages erfuhr er von unserer Odyssee.

Inzwischen waren wir wieder auf dem Flugplatz, ohne Kontrolle an der Grenze. Welch ein Glück und welche Erleichterung! Am späten Nachmittag ging dann alles sehr zügig voran. Wieder einsteigen, anschnallen, Sicherheitsinformationen, Start-up der vier Motoren und ein Wunder, die Maschine setzte sich in Bewegung. Sie rollte langsam unter der Überdachung hervor ins Freie und dann nach links einen schier endlos erscheinenden Rollweg zum Rollhalteort kurz vor der Startbahn. Hier begannen plötzlich die Motoren mit ohrenbetäubendem Lärm zu arbeiten, der Flieger zitterte und ich fürchtete, er würde gleich auseinanderfallen. Aber nichts dergleichen geschah. Die Motoren wurden wieder leiser und fast schüchtern näherte sich das Flugzeug in einer Rechtskurve der Startbahn. Kaum hatte es die Position dort erreicht, wieder ein Höllenlärm, ein Vibrieren und ein mir bis dahin unbekanntes Hochgefühl ergriff mich, als sich das Flugzeug nun nicht mehr behäbig oder schüchtern, sondern mit einer unheimlichen Kraft in Bewegung setzte und schon kurz darauf in der Luft war.

Die Häuser zogen unter uns vorbei und wurden immer kleiner. Ab und an machte sich ein merkwürdiges Schweben und Heben bemerkbar. Dann schien der linke Flügel der Maschine nach unten zu klappen, richtete sich aber gleich wieder auf. Es wurden Getränke angeboten. Die Stewardess war sehr nett zu uns Kindern und strahlte eine enorme Zuversicht aus. Dann drückte sie mir einen Becher in die Hand: Ananassaft. Ich kannte das nicht, hatte aber schon davon gehört. Für mich Luxus pur. Was war das für ein Leben! Und dann: kein Nachtflug. Alles konnte man sehen: die Wälder, die Felder, den Verlauf der Havel, die Elbe.

Plötzlich ein Ruck. Wie in einem gewaltigen Fahrstuhl hob sich das Flugzeug, um gleich darauf wieder nach unten zu fallen. Die Bewegung wurde durch seitliches Schlingern noch verstärkt. Mein Sitznachbar schüttete sich seinen Kaffee über den Anzug, meine Mutter glaubte, es wäre mein Ananassaft. Er war es nicht, denn der war schon alle. So ging es immer weiter, auf und ab, links und rechts, hart und weich und dann alles durcheinander. Wir flogen, wie ich heute weiß, im Wetter. Links blitzte es. Für mich faszinierend. Ein Gewitter von oben zu sehen. Herrlich! Die anderen Fluggäste fanden das nicht so toll. Tüten mussten her und ein Geruch „abseits von Lavendel", wie der Dichter sagt, machte sich breit. Die Stewardessen hatten im wahrsten Sinne alle Hände voll zu tun.

Nach etwas mehr als einer Stunde wurde uns mitgeteilt, dass wir gleich in Hannover landen werden. Die Wolken verschwanden langsam nach oben, und Wiesen kamen in Sicht. Das Flugzeug schien immer schneller zu werden und der Boden unter uns raste nur so nach hinten. Schafe berührten fast den Flugzeugbauch und rums, wir waren auf der Erde. Mit unerhörter Geschwindigkeit ging es noch etwas weiter. Dann wurden wir langsamer und ein jetzt Schwerhöriger kramte seine Sachen zusammen. Der Schwerhörige war ich und meine Sachen bestanden aus einem Fotoapparat und der dazugehörenden Tasche. Aussteigen und dann schnell ein Foto machen von dem Vogel, der uns hierher gebracht hatte.

Schnell, schnell! Gepäck abholen, Bus entern, ab zum Hauptbahnhof, auf nach Kreiensen und umsteigen nach Holzminden. Von dort mit dem Bus nach Neuhaus im Solling. Mein Vater hatte ja inzwischen von unseren Verwandten in Berlin erfahren, weshalb alles schief gelaufen war. Hocherfreut begrüßte er uns.

Der Urlaub war traumhaft. Wir fuhren mit einer kleinen Reisegruppe im VW-Bus kreuz und quer durchs Weserbergland und lernten viele neue Dinge und Gegenden kennen: Kloster Corvey bei Höxter mit dem Grab Hoffman von Fallerslebens, Hannoversch Münden mit Doktor Eisenbarth und dem Weserstein, das Herrmannsdenkmal, Karlshafen, von wo aus die armen hessischen Landessöhne zum Bürgerkrieg nach Amerika verschifft wurden, Hameln, die Rattenfängerstadt, in Bodenwerder das Haus des Barons von Münchhausen, den Verlauf der Weser mit ihren riesigen Schleifen und die Porta Westfalica.

Dieser Urlaub ist unvergessen, so wie dann die folgenden in jedem Jahr. Aber immer unter dem Druck: Nichts erzählen, wir waren in Frauenwald.

Rückflug! Nachts! Wir näherten uns Berlin und die baldige Landung in Tempelhof wurde angekündigt. Der Flieger wollte wohl in westlicher Richtung landen und musste dafür eine große Schleife über Treptow in Ostberlin fliegen. Die Stadt unter uns leuchtete in vielen bunten Lichtern. Straßenzüge voller Lampen, überall hell und einladend. Doch was war das ? Eine im Zickzack verlaufende Linie trennte schlagartig das Licht vom Dunkel. Westberlin war nicht mehr unter uns und die Grenze markierte zwei Welten. Hell und Dunkel! Bei allen weiteren Nachtflügen in den darauf folgenden Jahren das gleiche Bild: Licht im Westen, Dunkelheit im Osten. So markant hatte ich es am Boden noch nicht empfunden.

Nach der Landung nahmen wir ein Taxi bis zum Bahnhof Neukölln. Dort wurden dann die Fahrkarten gekauft und als Startbahnhof Neukölln „geknipst". Nichts deutete darauf hin, dass wir vom Flughafen kamen.

Diese Reise hat in mir den Wunsch nach Freizügigkeit und Öffnung geweckt. Alles, was ich Neues erlebt hatte, wäre mir ohne diesen Flug verborgen geblieben, und es gab so vieles in dieser Welt zu entdecken, was man uns im Osten aber verweigerte.

Groß Dölln

Die Sommerferien! Was lässt sich da alles anstellen auch ohne Familie? Es wird gut für uns gesorgt. Für wenig Geld kann man in der Zone als Kind oder Jugendlicher tolle Reisen unter fachkundiger Aufsicht machen. 1953 war ich für 15 Mark und etwas Taschengeld zehn Tage auf Rügen. Eigentlich wollte ich in den Thüringer Wald. Durch Zufall landete ich in der falschen Vorbesprechung und fuhr dann an die Ostsee.

Diesmal, im Sommer 1955, hatte ich mich überreden lassen, an einem „Touristenlager" teilzunehmen. Organisiert von den „Jungen Pionieren" war es für alle Kinder zugänglich auch ohne Mitgliedschaft. Das Lager befand sich in der Nähe von Groß Dölln in der Schorfheide bei Berlin direkt an einem kleinen See. Alles, was das Jungen- und auch Mädchenherz begehrte und das Leben spannend machte, wurde uns geboten und noch einiges darüber hinaus. Wir lebten in kleinen Gruppen in Zelten, die im Halbkreis um einen größeren gemeinsamen Lagerplatz aufgestellt waren. Jeder bekam Routinearbeiten zugeteilt: Reinigen des Vorplatzes, Geschirr spülen und abtrocknen sowie einmal während des Aufenthaltes für die eigene kleine Gruppe ein warmes Mittagessen auf offenem Feuer zubereiten.

Morgens begann der Tag nach der Katzenwäsche im See mit dem Appell. Wir traten im Karree an. An der offenen Seite wurde mit dem „Pioniergruß" der Lagerleitung gemeldet, dass wir vollzählig angetreten waren, dann das „Seid bereit! Immer bereit!" Die Fahne wurde gehisst. Einige, die wie ich nicht Mitglied der „Jungen Pioniere" waren, enthielten sich der Stimme, aber antreten zum Appell mussten wir trotzdem.

Den Tag verbrachten wir mit Schwimmen, Gruppenspielen mit dem Ball und auch mit komplizierteren Dingen. Wie stelle ich eine Wegeskizze aus der Erinnerung her? Wie orientiere ich mich danach? Wie lese ich eine Karte? Wie norde ich sie ein? Wie bestimme ich meinen Standpunkt? Wie finde ich mit Hilfe einer Karte mein Ziel? Wie bestimme ich mit dem Kompass die Himmelsrichtungen? Wie bestimme ich die Marschzahl mit Kompass und Karte? Wie bewege ich mich anhand einer Marschzahl durch unwegsames Gelände zu einem bestimmten Ziel? Und dann das Ganze auch nachts.

Wir lernten, wie man Wachen einteilt und sich als solche zu verhalten hat. Wir liefen, auch nachts, mit dem Luftgewehr Patrouille ums Lager. Das Essen bestand mittags aus einfachen Eintöpfen, meist selbst gemacht, und sonst vorwiegend aus Marmeladenbroten in beliebiger Menge. Tee und Fassbrause rot rundeten die Versorgung ab.

Als Krönung des Aufenthalts fand eine nächtliche Orientierungsübung statt. Wie haben wir uns gegrault! Es war vielleicht gerade deshalb so spannend. Orientieren bei Nacht mit Lösung verschiedener kleiner Aufgaben, zum Beispiel dem Auffinden einer Anweisung nur nach Anzahl der Schritte und einer Marschzahl. Nach teilweise chaotischem Durcheinander erreichten wir schließlich erleichtert wieder unser Lager. Nachtappell und ab ans Lagerfeuer mit Geschichten und Gesang: „Spaniens Himmel breitet seine Sterne über unsre Schützengräben aus ….!"

Wer tüchtig geübt hatte, durfte es auch wagen, den Fahrtenschwimmer zu machen. Der obligatorische Sprung vom Drei-Meter-Brett fand dann an einer Badestelle gegenüber dem Lager statt, an der vorwiegend sowjetische Soldaten vom nahegelegenen Übungsplatz heimlich badeten.

Die Zeit war interessant und ich denke immer noch gerne an die unbeschwerten Tage zurück. Was mir damals nicht klar wurde, war die Tatsache, dass das im Zeltlager Gelernte nichts anderes war, als vormilitärische Ausbildung, wenn auch unter anderem Namen.

Länderspiel Bundesrepublik Deutschland gegen Sowjetunion

Es ist ein heißer Tag. Wir kommen aus unserem „Touristenlager" bei Groß Dölln. Märkische Heide und märkischer Sand! Wie viele Kilometer sind das nun schon. Die Füße schwer, Schweiß aus allen Poren und erst der Durst. Am Ende entdecken wir einen Bäcker und etwas zum Trinken. Wir warten auf den Zug. Ein Radio plärrt. Da sagt einer ein Fußballspiel an, Bundesrepublik Deutschland gegen die Sowjetunion. Eine deutsche Mannschaft tritt in Moskau gegen die Mannschaft der Sowjetunion an. Es ist der 21. August 1955.

Das kann ja spannend werden. Wie werden sich unsere Leute, die Deutschen schlagen? Ich drücke ihnen die Daumen. Mein Interesse an Fußball hält sich in Grenzen, aber Länderspiele der deutschen Mannschaft wecken schon meine Aufmerksamkeit. Hatten „wir" doch vor einem Jahr die Weltmeisterschaft errungen. Toll!

Plötzlich ein riesiger Jubel um mich herum. Fast alle Anwesenden sind begeistert, ein Tor war gefallen. Die Ernüchterung bei mir kam schnell. Die sowjetische Mannschaft hatte das Tor geschossen. Ich kann es nicht verstehen noch ertragen. Die meisten meiner Begleiter, vorwiegend Schüler in meinem Alter, jubelten, weil die sowjetische Mannschaft ein Tor gegen uns, gegen die deutschen Fußballer erzielt haben. Ich bin sprachlos und sehr erschrocken. Wie kann das sein? Deutschland einig Vaterland!

Jahrelang hat meine Mutter darum gekämpft zu verhindern, dass ich den „Jungen Pionieren" beitrete. Dieses Tor hat es geschafft. Mit Leuten, die dem Gegner, meinem Gegner zujubeln, möchte ich nichts zu tun haben. Ich werde niemals und nun auch aus eigenem Antrieb nicht dieser Jugendorganisation beitreten. Wie schwerwiegend dieser Entschluss war und wie sich das für meine Zukunft auswirken würde, war mir damals noch nicht ganz klar.

Innerlich ging ich zu meinen Mitschülern mit dem blauen Halstuch auf Distanz. Auch zu guten Freunden unter ihnen blieb immer ein winziger Rest an Zweifeln. Es dauerte einige Zeit, bis ich mit ihnen wieder unbefangen umgehen konnte.

Heinz Blume wollte als Lehrer die „sozialistische Klasse".

Meine Zeit in der achtjährigen Grundschule nähert sich ihrem Ende. Im Frühjahr 1956 machen wir unsere Abschlüsse, mehrere schriftliche Arbeiten und eine mündliche Prüfung in einigen Fächern. Kurz nach Neujahr werden drei Schüler zum Schulleiter gebeten: Andreas, Elisabeth und ich. Es fällt auf, dass wir die drei einzigen Schüler in der Klasse sind, die nicht den „Jungen Pionieren" angehören.

Wir drei sind keine schlechten Schüler, sondern unsere Leistungen liegen trotz diverser Pressionen durch linientreue Lehrer im Spitzenbereich der Klasse. Aber wir weigern uns immer, den „Jungen Pionieren" beizutreten.

„Eure Schulzeit geht nun langsam zu Ende. Habt ihr schon einmal darüber nachgedacht, den ´Jungen Pionieren´ beizutreten?" So beginnt eine

Reihe von „Gesprächen", die Herr Blume, Schulleiter und unser Klassenlehrer, mit uns vorhatte. Über Wochen werden wir zu dritt von ihm verbal in den Pausen bearbeitet. Der Druck wird immer intensiver. Jeder wird zeitweilig einzeln vorgenommen. Schließlich wird uns ein Termin genannt, wann wir uns zu entscheiden hätten.

Eines Tages fehlt Elisabeth. Sie kommt auch nicht mehr zum Unterricht. Es wird gemunkelt, sie sei „abgehauen" - in den Westen. Nun sind wir nur noch zu zweit, mein Freund Andreas und ich. Uns wird immer wieder erzählt, wir hätten im Falle einer negativen Entscheidung keinerlei Nachteile. Es wäre aber sehr wünschenswert, sich erkennbar ins Klassenkollektiv einzubinden. Wer's glaubt, wird selig! Indirekt wird schließlich doch gedroht. Wie wichtig für unser Fortkommen doch die sozialistische Gemeinschaft sei und, und, und.

Meine Mutter hatte sich zwischenzeitlich in Westberlin erkundigt. Es besteht die Möglichkeit, als Ostberliner in Westberlin das Abitur zu machen in einer so genannten Ostklasse, wenn die Leistungen ausreichten. Dazu braucht man das Zeugnis aus Ostberlin.

Mit diesem Wissen gehe ich in die letzte Runde mit Herrn H. Blume. Diesmal alleine, ohne meinen Freund Andreas. Man stelle sich vor, ein 14-Jähriger sitzt seinem Chef (Schulleiter und Klassenlehrer) allein gegenüber und soll sich nun nach wochenlangem Druck durch eben diesen Chef entscheiden, ob er dessen Willen folgt oder eigene Wege geht. Interessanterweise war mir eigentlich vom ersten Gespräch an klar, dass meine Entscheidung negativ ausfallen würde. Umso grotesker erscheint mir das ganze Theater.

„Nun, Joachim, wie denkst Du jetzt darüber, nachdem wir so viel besprochen haben?" „Ich denke", und ich nehme allen meinen Mut zusammen, „ich denke, ich trete nicht ein!"

Blume: blasses Gesicht, zusammengepresste Lippen, kaum unterdrückter Zorn, rast raus auf den Flur. Dort lärmen gerade ein paar Schüler vorbei, die eigentlich auf dem Schulhof mit den anderen - wie in der großen Pause üblich - im Kreis gehen sollten. Ich höre eine Kanonade von Beschimpfungen und Zurechtweisungen, dann Ruhe und seine Rückkehr.

Blume wirkt immer noch zornig. Mir geht es schon wieder besser und ich fühle mich etwas erleichtert: „Hast Du Dir das auch gut überlegt?" „Ich glaube schon. Sie haben uns ja immer versichert, dass es keine Nachteile für uns hätte, wenn wir nicht in die ‚Jungen Pioniere‘ eintreten." Blume verlässt wortlos das Klassenzimmer. Mein Freund Andreas handelt kurz darauf in gleicher Weise. Die Quittung für uns: Beide Anträge zum Besuch der Oberschule werden abgelehnt.

Der erste Schultag im Westen

Der außergewöhnlich lange Sommer (Ende der Grundschule im Mai, Beginn des Schuljahres in Westberlin im Herbst) hatte endlich ein Ende. Im September begann das neue Leben an einer neuen Schule mit neuen Klassenkameraden. Es sollten Schüler sein wie ich, die in Ostberlin lebten, aber Probleme mit dem Übergang in die Oberschule hatten, nicht aus Leistungsgründen, sondern wegen ihrer politischen Haltung. Auch das Elternhaus spielte eine Rolle. Hatte einer der Eltern studiert, gab es kaum eine Chance die Oberschule in Ostberlin zu besuchen. Arbeiterkinder durften, aber keine Kinder von Akademikern. Bei akzeptierter „gesellschaftlicher Tätigkeit" in den Organisationen „Junge Pioniere", „Freie Deutsche Jugend" (FDJ), „Gesellschaft für Sport und Technik" (GST) usw. konnte gelegentlich auch mal ein Kind, dessen Eltern studiert hatten, in die Oberschule kommen. Ich gehörte nicht dazu. Ich besaß jede Menge Orden für gutes Lernen, war aber nicht in den „Jungen Pionieren" und beide Eltern waren Akademiker.

Da saß ich nun - in der Bertha-von-Suttner-Schule in Reinickendorf. Doch wie groß war meine Überraschung, als sich nach und nach viele alte Bekannte einstellten. Joachim Fäder zum Beispiel! Wir hatten uns zuletzt bei unserem gemeinsamen Freund Andreas gesehen und nach Joachims Flucht in den Westen aus den Augen verloren. Regina, Klaus, Elisabeth aus dem Jugendkreis der Jungen Gemeinde in Pankow. Alle waren sie wieder da.

Wir haben vorher nicht über unsere Absicht, in Westberlin zur Schule zu gehen, gesprochen. Niemand wusste, ob nicht die Stasi mithörte, und wenn, wie wäre dann die Reaktion gewesen?

Es war schön, so viele bekannte Gesichter in der neuen Umgebung zu sehen. Trotzdem war die Zusammensetzung der Klasse äußerst heterogen. Wir kamen aus allen möglichen Landesteilen Mitteldeutschlands. Für die Lehrer war es keine leichte Aufgabe, uns zu einer einigermaßen geschlossenen Gruppe zusammenzuführen. Dazu kam noch die Problematik, dass wir zwar dem kommunistischen System weitgehend Widerstand entgegengebracht hatten, der tägliche ideologische Druck dennoch nicht ganz ohne Spuren an uns vorüber gegangen war.

Viel später, beim Fall der Mauer und der Auflösung der Sowjetunion, begegneten mir die eingetrichterten Grundsätze damaliger Doktrin wieder. Wie konnte es möglich sein, dass ein derart festgefügtes Bündnis wie die Sowjetunion „Von Russland dem Großen auf ewig verbündet ..." (1. Zeile der sowjetischen Nationalhymne) - so wurde es uns von frühester Jugend an eingehämmert - einfach verschwand?

Die Sowjetunion war in mir, trotz inneren Widerstandes, eine feste Größe, mit der ich eben zu rechnen hätte. Dass dieses Monstrum eines Tages aufhören würde zu existieren, und das noch zu meinen Lebzeiten, war kaum zu begreifen.

Schloss Grabau

Viele Versuche wurden unternommen, den Klassenverband zu stärken. Herausragend waren die gemeinsame Tanzstunde und viele daraus folgende Partys sowie ein Aufenthalt in Grabau in Schleswig-Holstein. Die Hamburger Jugendbehörde hatte dort das Schloss als Schullandheim angemietet und bot auch Jugendgruppen an, dort Freizeiten zu verbringen. Seitens der BvS wurde um Himmelfahrt 1957 für uns dort ein dreiwöchiger Aufenthalt organisiert, der offenbar das Ziel hatte, uns mit westlichen Werten - ohne die täglichen Einflüsse des Grenzverkehrs und des täglichen Einerleis - vertraut zu machen.

Es war für Schüler, die noch im Osten wohnten, aussichtslos, für eine solche Fahrt einen Reisepass zu bekommen. Deshalb flogen die meisten der Klasse mit der BEA von Tempelhof nach Hamburg und fuhren dann mit dem Bus nach Grabau, einem kleinen Ort in der Nähe von Bad Oldesloe nördlich von Hamburg. Das Schloss war Anfang des 20. Jahrhunderts erbaut worden. Es lag in einer schönen ausgedehnten Parklandschaft neben einem Feld mit vier großen Hügelgräbern. Die meisten von uns erfuhren hier zum ersten Mal, dass in diesen Hügeln unsere steinzeitlichen Vorfahren ihre Toten bestattet hatten.

Der Tagesablauf war geprägt von Unterricht sowie Ausflügen. Die Jahreszeit war ideal für einen Aufenthalt in ländlicher Idylle. Um Himmelfahrt blühten die Rapsfelder, das Grün war frisch und die Luft angenehm mild.

Ich erinnere mich gern an die Ausflüge: zu Fuß nach Bad Oldesloe, zum Kloster Nütschau oder durch die Feldmark, mit dem Bus nach Schleswig ins Landesmuseum, nach Lübeck, zur Baustelle des Pumpspeicherwerks Geesthacht und nach Hamburg. Wir lernten Seemannslieder, plattdeutsche Begriffe und vieles andere, was für die Region üblich war. Am Himmelfahrtstag gab es vormittags in einem offenen Erker des Schlosses Kammermusik.

In unserer Freizeit trieben wir natürlich auch Unfug. Heinrich und ich wurden dabei erwischt, als wir aus dem Fenster des Waschraumes auf das Schlossdach kletterten. Folge: drei Tage Kartoffeln schälen. Es mangelte auch danach nicht an Kartoffelschälern, denn wir waren nicht die einzigen erwischten Sünder.

Zum Ende der schönen Zeit in Grabau wechselten wir für ein oder zwei Tage nach Hamburg. Wir übernachteten im Stintfang, einer Jugendherberge direkt an den Landungsbrücken, Hafenatmosphäre pur. Für uns Binnenländer war das natürlich sehr exotisch. Stadtrundfahrt und Fischessen bei „Daniel Wischer" in der Nähe des Hauptbahnhofs. Das Restaurant existiert heute noch und der Fisch ist nach wie vor sehr gut und preiswert.

Rückflug! Wir erwarteten wie schon auf dem Hinflug eine Maschine der BEA. Etwas war aber anders. Von außen sah der Flieger aus wie ein normales Flugzeug, doch im Innern war die Sitzanordnung verändert, teilweise längs, teilweise in Reihen hintereinander und scheinbar provisorisch. Passagiere waren außer uns fast nur britische Soldaten. Ich saß im hinteren Teil der Maschine gegenüber der Tür. Bevor es los ging, versuchten zwei Männer die Tür zu schließen. Es gelang offenbar nicht so ganz, aber flugtechnisch wohl doch unbedenklich. Jedenfalls platzierte sich einer der beiden direkt neben der Tür auf dem Boden. Kurz nach dem Start bemerkte ich ein äußerst intensives und lautes Rauschen und Zischen von der Tür her. Ich hatte den Verdacht, sie sei nicht richtig geschlossen. Die leichte Unruhe des Wächters an der Tür trug zu dieser Vermutung wesentlich bei. Trotzdem kamen wir in Tempelhof sicher an. Nun mussten wir nur noch sehen, dass wir unkontrolliert nach Hause kamen in den Ostteil der Stadt.

Unser Aufenthalt in Grabau war ein Höhepunkt in meiner Schulzeit. In der kurzen Zeit dort habe ich viel über unser Land gelernt, was allein aus der „Theorie" am Schulort nicht so nachhaltig gewirkt hätte.

Meine Schulzeit in der BvS

Die Bertha-von-Suttner-Schule teilte sich in unserer Schulzeit das Gebäude mit der Friedrich-Engels-Schule. Beide Schulen waren gut besucht, und deshalb ging das nur mit Schichtunterricht. Eine Woche begann der Unterricht morgens und in der darauffolgenden Woche mittags. Dies war besonders im Winter unangenehm, da man jede zweite Woche nur im Dunkeln nach Hause kam. Der Vormittag war, weil es dann so spät hell wurde, auch nicht besonders nutzbar.

Mein Schulweg führte mich täglich über die Sektorengrenze, einmal hin und dann auch wieder zurück. Gelegentlich passierte ich die Grenze am Bahnhof Bornholmer Straße. Meistens fuhr ich aber mit der S-Bahn von Pankow bis Gesundbrunnen und dann weiter mit dem Bus oder der Straßenbahn, oder ich fuhr mit dem Fahrrad. Der Weg führte dann durch die Schönholzer Heide und die „Sieben Brücken" nach Reinickendorf. An den Brücken wurde von der „Volkspolizei" kontrolliert.

Bei der S-Bahn fanden die Kontrollen sporadisch auf der Strecke zwischen Pankow und Bornholmer Straße statt. Man konnte nie wissen, ob und wann man in eine Kontrolle geriet. Sie fragten zunächst nach dem Personalausweis, dann nach Westgeld und dann nach Waren aus dem Westen. Manchmal wurde man aus dem Zug geholt und musste alle Taschen leeren und diverse Fragen beantworten nach dem „Woher" und „Wohin". Dies kostete im günstigsten Fall Zeit, im ungünstigsten Verhaftung und Gerichtsverfahren wegen Devisenvergehens oder ähnlicher an den Haaren herbeigezogener Beschuldigungen. Diese Kontrollen wurden von Ostberliner Seite durchgeführt.

Einmal in den fast vier Jahren meiner Pendelei hielt man mich im Westen an. Der Beamte fragte aber nur, ob bei mir alles in Ordnung sei, da er beobachtet hatte, wie ich unter den „Sieben Brücken" vom Ostzoll kontrolliert worden war. Der Kontrollpunkt befand sich in der Klemkestraße direkt an einer Gruppe von S-Bahn-Brücken, sieben Gleise wurden einzeln über die Straße geführt. Man nannte diesen Ort deshalb „Sieben Brücken".

Von Haus zu Haus dauerte mein Schulweg etwas mehr als eine Stunde. Interessanterweise bekam man als Schüler in Ostberlin eine Schülermonatskarte für drei Bus- oder Straßenbahnlinien auch für Westberliner Gebiet. So war der finanzielle Aufwand relativ gering.

Meine Erinnerungen an die Schulzeit in Reinickendorf sind nicht mehr sehr präsent. Das liegt möglicherweise an meinem selbstverschuldeten und damit verdrängten Leistungsabfall auf ganzer Linie. Andererseits war ich später noch öfter in für mich neue Gemeinschaften eingebunden, die dann meine Aufmerksamkeit in Anspruch nahmen und die Erinnerung an Berlin in den Hintergrund treten ließen.

Ich lebte eigentlich trotz aller Anspannung im Ost-West-Wechsel mehr oder minder in den Tag hinein. Die Pressionen durch Ostberliner „Organe" nahm ich sportlich, mit einer gewissen Provokationslust gegenüber diesen Personen. Sie saßen zwar am längeren Hebel, aber meine Art dialektisch zu argumentieren war meist zu viel für die kontrollierenden schlichten Gemüter.

Der Klassenverband in der Schule war stabil und den Umgang der Mitschüler untereinander habe ich in angenehmer Erinnerung. Die musischen Aktivitäten hatten es mir besonders angetan: Theateraufführung, Konzertabende, Singen im Chor und dann der Religionsunterricht bei Herrn Seezen, einem calvinistischen Prediger aus Rotterdam, der versuchte uns die Weltreligionen näher zu bringen. Interessanterweise begann er den Unterricht oft mit Musik. Von Beethoven bis Gospel kam da alles zum Einsatz. Für mich bedeutete dies eine Initialzündung. Das Violinkonzert von Beethoven im Religionsunterricht weckte mein Interesse an konzertanter Musik. Möglicherweise war ich innerlich gerade auf Hörweite, denn von zu Hause aus war Musik für mich essentiell, jedoch nie so bewusst, wie nach der ersten Unterrichtsstunde des Herrn Seezen. Daraufhin wurde ich ständiger Besucher der Matinees im Konzertsaal der Musikhochschule, in der so genannten „Musikgarage". Über mein musisches Interesse hinaus hatten es mir aber die Naturwissenschaften angetan. Leider habe ich den Biologieunterricht in der BvS nie als besonders gut empfunden. Ich war durch meine eigenen biologischen Hobbies immer einen Schritt weiter, als von uns verlangt wurde, und langweilte mich deshalb.

Die meisten Pflichtlektüren im Deutschunterricht langweilten mich ebenfalls. Ich konnte nie verstehen, weshalb man solch ein Theater um künstlich erzeugte Probleme machte. Jedoch faszinierten mich Wortgewandtheit und Treffsicherheit einiger Autoren. Trotzdem blieb der Versuch unserer Lehrer, auch mir die Belletristik näher zu bringen, völlig erfolglos. Noch heute ist mir das, was man so Literatur nennt, völlig gleichgültig.

Anders war es mit Geschichte und Geographie. Während meiner Zeit in der BvS hatten wir sehr guten Unterricht in beiden Fächern. Ich hatte auch hier Ladehemmung, obgleich wir uns in Berlin zu der Zeit immerhin mehr oder minder im Mittelpunkt des Geschehens befanden.

Erst nach meinem Abitur erwachte das Interesse an beiden Fächern. Zum Glück hatte ich ein gutes Gedächtnis, so dass der Unterricht nicht ganz umsonst gewesen war.

Mein Interesse bezog sich mehr auf praktische Anwendungen. Theateraufführungen, Kunstunterricht mit praktischen Übungen, Klavierspiel, Fotografie usw. waren Dinge, für die ich alles stehen und liegen ließ und die mir Spaß machten. Nach meiner Übersiedlung an die Nordseeküste bekamen in der Schule die naturwissenschaftlichen Fächer mehr Gewicht. Dies war wie eine Atemspende. Ich befand mich hier in meiner Welt: Analyse und Schlussfolgerungen, kausalanalytisches Denken sowie Untersuchung komplexer Systeme, wie sie uns in der Natur ständig begegnen, erregten meine Aufmerksamkeit und dies ist so geblieben bis heute.

Tägliche Vorsicht, z. B. Radio

Es gibt in Ostberlin in jedem Mietshaus ein Hausbuch. Darin sind alle Mieter verzeichnet, auch mit privaten Daten wie Geburtstag, Beruf usw. Das Hausbuch führt der Hausmeister, der Verwalter oder der Eigentümer des betreffenden Hauses. Er hat alle Beobachtungen wie Logierbesuche, dauerhafte Freundschaften, Besuche aus dem Westen, Übernachtungen von Besuchern usw. ins Hausbuch einzutragen.

In bestimmten Abständen ist das Hausbuch bei der Polizei vorzulegen. Dort werden die Einträge mit den polizeilichen Aufzeichnungen abgeglichen und gegebenenfalls ergänzt. Sollten dabei Ungereimtheiten auftreten, bedeutet das nicht unerheblichen Ärger für den Führer des Hausbuchs. Wenn staatliche Organisationen über jemanden Auskunft haben wollen, sprechen sie beim Führer des betreffenden Hausbuchs vor. Der ist zur Auskunft verpflichtet.

Meiner Mutter gehört das Mietshaus mit 20 Parteien, in dem wir wohnen. Deshalb hat sie auch das Hausbuch. Für uns unerwünschte Besuche durch staatliche Stellen, die ins besagte Hausbuch Einsicht fordern, sind relativ häufig. Dabei betreten diese Leute unsere Wohnung und sehen sich mehr oder minder ungeniert um.

Es klingelt! Da kann ja wieder mal jemand das Hausbuch sehen wollen. Also erst einmal das Radio schnell verstellt. Niemand darf wissen, dass wir RIAS-Berlin oder „Sender Freies Berlin" hören. Gleichzeitig ein rascher Blick in die Runde, ob vielleicht irgendwo ein Buch, eine Schallplatte, eine Zeitung oder ein sonstiger unerwünschter Gegenstand herumliegt, der Rückschlüsse auf Westkontakte zulässt. Dann erst zur Tür. „Tachchin Holle!" Holle (Horst) ist ein guter Freund von mir und will mich zum Radfahren in die Schönholzer Heide abholen. Die Aufregung war diesmal umsonst. Aber die Vorsicht ist zur Manie geworden und allgegenwärtig.

Vorbereitung zur Übersiedlung nach Emden

Im Oktober 1959 starb meine Großmutter. Kurz darauf eröffnete uns unsere Mutter, dass nun der Zeitpunkt gekommen sei, zu unserem Vater zu ziehen, die Familie gehöre schließlich zusammen. Ich hatte insgeheim bereits darauf gewartet, konnte aber erst nicht so recht daran glauben, denn wir Kinder hatten davor immer wieder jede Menge Ausflüchte zu hören bekommen, wenn die Sprache darauf kam. Nun wurde es aber wahr.

Vorher mussten jedoch einige Hürden überwunden werden. Die schwierigste war, eine Ausreisegenehmigung zu bekommen. Im Rahmen der Familienzusammenführung gab es jedoch Ausnahmen und wir malten uns einige Chancen aus.

Wenn der offizielle Antrag gestellt war, rechneten wir mit Beobachtung durch die Staatssicherheit. Deshalb wurde die Antragstellung noch einige Zeit hinausgezögert. Meine Eltern besaßen eine umfangreiche Bibliothek sowie viele wertvolle Gegenstände, bei denen wir uns nicht sicher waren, ob eine Ausfuhr genehmigt würde. Folglich versuchten wir sicherheitshalber so viel wie möglich vorher in den Westen zu bringen.

Meine Schwester besuchte in Kreuzberg die Realschule und ich in Reinickendorf das Gymnasium. Wir begannen damit, an jedem Schultag ein Silberbesteck (angeblich für die Schulspeisung) und mindestens zwei Bücher mit in die Schule zu nehmen. Wir hofften, dass die Grenzkontrollen nicht beurteilen konnten, ob diese Bücher Schulliteratur waren oder nicht. Wir hatten richtig getippt. Ich wurde häufig angehalten und kontrolliert, hatte aber keine Beanstandungen. Es war reine Nervensache. Die anfangs mehr „sportliche" Einstellung führte aber auf längere Sicht doch zu Anspannungen, die sich über Jahre immer wieder in Träumen entluden. In meinen Träumen wurde ich erwischt und es geschahen irgendwelche unangenehmen Dinge, die sich nie klar darstellten. Sie hinterließen aber immer Beklemmung und Angstzustände.

In der Schule übernahm mein Freund Joachim Fäder das „Schmuggelgut" und lagerte es zu Hause bei sich. Alle zwei Wochen fuhr ich dann zu ihm und schickte ein Paket mit dem Sammelsurium aus Westberlin an meinen Vater nach Emden. Auf diese Weise gelangte fast alles, was uns lieb und wert war in den Westen. Dank an Joachim, er hat uns sehr geholfen.

Einige Gegenstände, die nicht so leicht unbemerkt über die Grenze zu bringen waren, kamen später mit Diplomatenautos nach Westberlin (mein Onkel hatte in Ostberlin eine Tankstelle, an der viele Diplomaten aus den „Sozialistischen Bruderländern" tankten). Ich stand dann an verabredeter Stelle am Straßenrand in Westberlin und nahm mein Eigentum in Empfang. Danke auch an diese namenlosen Damen und Herren aus Polen, der Tschechoslowakei usw.

Für den Fall, dass die Übersiedlung nicht genehmigt würde, hatten wir vorgesehen, unser gesamtes Mobiliar (jede Menge Stilmöbel) zu zerstören. Nichts sollte in die Hände der Kommunisten geraten. Anfang des Jahres 1960 stellte meine Mutter den Antrag auf Übersiedlung nach Westdeutschland zwecks Familienzusammenführung.

Genehmigung der Ausreise

Diesen Tag werde ich nicht vergessen. Im Frühsommer 1960 wurde uns die Genehmigung erteilt zum Zwecke der Familienzusammenführung in die Bundesrepublik Deutschland auszureisen.

Der Pferdefuß folgte aber sogleich, uns wurde ein Termin gesetzt: Vom Tag der Genehmigung an gerechnet in spätestens sechs Wochen mussten wir Pankow verlassen haben. Der gesamte Haushalt sollte in Holzkisten verpackt werden. Auf jeder Kiste hatte ein Inventarverzeichnis zu sein. Ein weiteres komplettes Verzeichnis aller Kisten war in zehnfacher Ausfertigung einzureichen und die Ausfuhr musste genehmigt werden. Hier machte sich unsere gute Vorbereitung bereits günstig bemerkbar. Wir waren uns sicher, dass der Rest genehmigt würde.

Das Hauptproblem aber war, und das kann sich hier und heute niemand vorstellen, passende Holzkisten in der benötigten Menge zu bekommen. Hier half mein Onkel, der Bruder meiner Mutter. Er organisierte jede Menge nagelneuer Kisten, woher, habe ich nie erfahren.

Vor und nach der Schule wurde eifrig gepackt, Inventarlisten erstellt, gegengelesen und schließlich für jede Kiste einzeln nochmals kontrolliert. Unsere Verwandtschaft aus Westberlin und viele Freunde aus dem Osten halfen tüchtig mit.

Die Inventarlisten wurden dann mit der Schreibmaschine neu geschrieben und man kann sich vorstellen, was es bedeutete, das Ganze in zehnfacher Ausfertigung ohne Fotokopie oder dergleichen zu erstellen. Wir schafften es in relativ kurzer Zeit und oh Wunder, alles wurde genehmigt.

Inzwischen beantragten wir Pässe zur Übersiedlung in den Westen. Wir gaben unsere Personalausweise ab und bekamen im Gegenzug ein zweiseitiges stabiles Faltblatt in Ausweisgröße. Damit konnten wir im Osten einkaufen und schließlich am Tage der Ausreise die Grenze unbehelligt passieren.

Wieder einmal wurde ich auf dem Schulweg angehalten und zeigte nach Aufforderung meinen „Pass". Es geschah ein Wunder. Ich wurde plötzlich sehr freundlich darauf hingewiesen, dass es nicht nötig sei, meine Schultasche zu öffnen (ich machte bereits Anstalten dazu, wie sonst immer), man wünschte mir einen guten Tag und das war's. Welch ein Unterschied zu sonst. Immer mürrisch, kommandierend, herablassend und Furcht einflößend, so kannte ich unsere Grenzer, und nun?

Sie konnten es also. Es kam offenbar darauf an, wen sie kontrollierten. Beim Westler oder Fast-Westler wollten sie wohl einen netten Eindruck hinterlassen. Die trotzdem immer noch reservierte Art wird heute von unseren bundesdeutschen Landsleuten schon als besondere Schikane kolportiert. Was würden diese Leute sagen, wenn sie nur einmal den üblichen Umgangston der Grenzer mit Einheimischen an sich selbst erlebt hätten?

Der Umzug

Am 27. Juli 1960 war es soweit. Meine Schwester und ich bildeten die Vorhut, während meine Mutter am Tag darauf mit dem Umzugskommando und Möbelwagen folgen sollte.

Wir bestiegen am Ostbahnhof den Zug nach Hannover. Er setzte sich in Bewegung und es war wie im Paradies. Mich ergriff eine eigenartige, unbeschreibliche Euphorie. Sie steigerte sich, je näher wir dem Grenzübergang Marienborn kamen. Jahrelang hatte ich auf diesen Tag gewartet und nun war er da. Wie im Traum, fast abgehoben nahm ich die im Sonnenuntergang vorbeiziehende Landschaft wahr. Alles um mich herum wurde gleichgültig. Nur das Eine zählte: „Wir haben es geschafft!" Nie wieder habe ich Ähnliches gefühlt.

Schönes Wetter, fremde Gerüche nach Meer und Petroleum, ungewohnte Laute von großen Schiffen, und ziemlich windig, diese Eigenschaften einer Hafenstadt umfingen uns. Das sollte unsere neue Heimat werden.

An dieser Stelle möchte ich kurz eine Anmerkung einfügen, die mir wichtig erscheint. Ich hatte mit Freuden meine Heimat verlassen, weil die Verhältnisse dort für mich absolut indiskutabel waren. Nun hoffte ich, in meiner neuen Heimat Fuß zu fassen. Das gelang mir auch sehr gut. Ich hatte viele Freunde, hilfsbereite Schulkameraden und auch viele Verwandte in Westdeutschland. Trotzdem fühlte ich mich nie mehr so verwurzelt, wie die mich umgebenen Menschen es waren. Inzwischen lebe ich nach vielen Standortwechseln seit fast 40 Jahren in einem kleinen Dorf in Schleswig-Holstein. Ich fühle mich hier wohl, bin geachtet, habe hier meine drei Kinder großgezogen und war mehrfach im Gemeinderat tätig. Dennoch fehlt mir die innere Bindung, die Wurzeln, die meine Nachbarn haben. Wer einen derart gravierenden Schritt wagt, seine Heimat zu verlassen, sollte sich dieser Tatsache bewusst sein. Trotzdem bereue ich meine Übersiedlung in den Westen nicht.

Unser Vater erwartete uns am Bahnhof und die Freude war natürlich groß, unser Ziel endlich erreicht zu haben. Er hatte für uns ein Haus im „Lehrerviertel" gemietet und hergerichtet. Das Frühstück war vorbereitet und aus allem war unmissverständlich zu erkennen: Wir waren willkommen.

Am nächsten Tag sollte meine Mutter mit dem Möbelwagen nachkommen. Wir warteten und warteten, aber niemand kam. Endlich am späten Nachmittag hielt ein riesiger Möbel-Transporter vor unserer Haustür. Der Transport hatte sich um mehrere Stunden verzögert. Was war die Ursache?

Als der Möbelwagen die Grenze im Osten erreicht hatte, wurde meine Mutter aufgefordert, den Wagen zu öffnen zwecks einer Stichprobe. Die Liste mit dem genehmigten Inventar wurde ausgehändigt und der Kontrolleur deutete auf die erste Kiste. Diese müsse geöffnet werden. Oh welch ein Erstaunen und böser Blick! Als erstes lag eine Papierschere auf dem Kisteninhalt, und die Schere war auf der Inventarliste nicht vermerkt. Alles andere stimmte, nur nicht diese Schere. Welch eine Nachlässigkeit! Da war ja wohl noch einiges Weitere zu erwarten. Die Folge war, alle anderen Kisten wurden der Reihe nach geöffnet und kontrolliert. Es blieb dabei, nur die Papierschere war nicht registriert.

Wie hatte das geschehen können? Ich war daran schuld. Meine Aufgabe war es gewesen, die Inventarlisten den einzelnen Kisten zuzuordnen, sie zurecht zu schneiden und an die Kisten zu heften. Das klappte auch gut, wie sich zeigte. Nach vollbrachter Arbeit legte ich die Schere obendrauf und nagelte die Kiste zu. Weil dieses nützliche Schneidegerät ständig im Einsatz war, hatte niemand daran gedacht sie in die Inventarliste aufzunehmen, etwa so, wie man seine Brille, die man aufhat, vergisst. Schließlich wurde dann doch die Weiterfahrt genehmigt und der Transport traf mit erheblicher Verspätung in Emden ein.

Wenn ich später von unserem Umzug erzählte, wurde ich im Westen regelmäßig mit Misstrauen beäugt. Wer legal zog, musste in irgendjemandes Auftrag hier sein. Wer über Stock und Stein bei Nacht und Nebel geflüchtet war, der hatte eine glaubwürdige Geschichte. Als wüsste die Stasi das nicht und hätte die Legenden ihrer Spione nicht darauf abgestimmt.

Mauerbau

Wie mir zu Mute war, als ich erfuhr, dass Mitteldeutschland dicht gemacht wurde, brauche ich wohl nicht darzustellen. Für mich persönlich hatte dies zunächst keine direkten Auswirkungen, da ich ja bereits „weit entfernt" vom Geschehen lebte. Jedoch allein der Gedanke an meine Heimat in Pankow, meine Verwandten und Freunde in Ostberlin und an meine ehemaligen Klassenkameraden, die gerade im Abitur standen, machte mich schier verrückt.

Eigentlich hatte ich unbewusst so etwas erwartet. Seit dem Aufstand am 17. Juni 1953 konnte man in und um Ostberlin rege infrastrukturelle Bautätigkeit beobachten. Straßen, Eisenbahnlinien, die Westberlin aussparten, und eine Abkürzung der S-Bahn zwischen Pankow, Bornholmer Straße und

Schönhauser Allee - ohne Gesundbrunnen (Westberlin) zu berühren - wurden erstellt. Dies ließ durchaus auf die Absicht einer Abriegelung Westberlins schließen.

Eine Woche vor dem Mauerbau war ich in Berlin und beobachtete die „Reisenden" in der S-Bahn. So viele Omas gab es in Westberlin gar nicht, wie Familien „zu Besuch" nach Westberlin unterwegs waren. Der Flüchtlingsstrom war gewaltig.

Nun war es soweit. Die Kommunisten feierten es als Sieg über den Imperialismus, der Westen demonstrierte ohnmächtige „Stärke": „Bis hierher und nicht weiter!" Ich konnte mich nicht - und kann mich auch heute noch nicht - des Eindrucks erwehren, dass die ganze Sache ein abgekartetes Spiel war. Die Show, die die Amerikaner am Checkpoint ablieferten, war in meinen Augen doch etwas reichlich kindisch: Ein Panzer fährt zügig an die Grenzlinie und macht dann eine Vollbremsung. Auffälliger kann ein Showeffekt gar nicht arrangiert sein. Ich misstraute hier zutiefst den Amerikanern und der Propaganda in der Presse.

Die immer stärker werdende Flüchtlingsbewegung stellte ein nicht unerhebliches Potenzial zur Destabilisierung Mitteleuropas dar. Sowohl die Sowjetunion als auch die USA konnten daran aber kein Interesse haben. Ich bin mir sicher, dass dies am 3./4. Juni 1961 beim Treffen John-F. Kennedys mit Nikita Chruschtschow in Wien, also kurz vor dem Mauerbau, auch Thema war. Man einigte sich wohl: große Show - bis heute als unmittelbare Kriegsgefahr und amerikanische Solidarität hochstilisiert. Wer's glaubt, wird selig.

Für die Kommunisten war endlich der Zeitpunkt zum Dichtmachen gekommen. Das Leid der Menschen spielte dabei für sie wie so oft keine Rolle und auch für die Großmächte nicht. Es herrschte Ruhe, basta!

Pax sowjetica, pax americana.

Leider hielt dieser Zustand fast 30 Jahre. Er brachte für viele Menschen nur Leid, bis die Schwäche des Ostens von der Stärke seiner Bürger besiegt wurde.

Noch einmal „Junge Pioniere"

Zum 1. April 1962 wurde ich zur Bundeswehr nach Sonthofen im Oberallgäu eingezogen. Die Grundausbildung bereitete mir, abgesehen vom ungewohnten rauen Ton einer Männergesellschaft und den erheblichen körperlichen Anforderungen, keinerlei Probleme. Fast alle infanteristischen Grundtechniken waren mir bereits aus dem „friedliebenden Arbeiterparadies" bekannt, dank eines Touristenlagers und des Schulsports. Ich konnte schießen, wusste wie man ein Gruppennest anlegt, wie man Wachen einteilt und wie man sich beim Spähtrupp verhält. Ich konnte nach Kompass und Karte marschieren, mit Handgranaten werfen, Wegeskizzen anlegen und im Gleichschritt marschieren.

Ich hatte mich für eine Laufbahn zum Reserveoffizier beworben, wurde aufgrund einer entsprechenden Beurteilung durch meine Vorgesetzten auch dazu vorgeschlagen und musste, da Offiziere als Truppenführer zwangsläufig auch Geheimnisträger waren, eine Sicherheitsüberprüfung über mich ergehen lassen. Bei reiner Weste kein Problem. Lebenslauf, Formblätter ausfüllen, Referenzen angeben und das war's.

Einige Zeit danach wurde ich zu unserem Bataillonskommandeur zitiert. „Gefreiter Musehold, da sind zwei Herren, die mit Ihnen sprechen wollen. Sie warten in der Bibliothek auf Sie!" Nanu, zwei Herren ohne Dienstgradangabe, etwas merkwürdig. Wie sich zeigte waren sie gar nicht merkwürdig, sondern höflich und sehr umgänglich. Sie stellten sich als Mitarbeiter des MAD (Militärischer Abschirmdienst) vor und sagten, sie müssten wegen meiner Sicherheitsüberprüfung mit mir noch ein kurzes Gespräch führen. Ich konnte das verstehen, denn es war ja erst anderthalb Jahre her, dass ich aus dem Osten gekommen war. Zunächst wurde mein Lebenslauf rekapituliert und abgehakt. Dann kam die Frage nach Mitgliedschaften. „Sie sagen, sie seien nicht Mitglied der „Jungen Pioniere" gewesen. Uns ist bekannt, dass auf Jugendliche und Familien ein erheblicher Druck ausgeübt wird dort beizutreten. Falls Sie doch Mitglied waren, wissen wir dies durchaus richtig einzuschätzen. Verstehen Sie uns nicht falsch, aber die Unwahrheit würde sich wahrscheinlich negativ auf Ihre angestrebte Laufbahn auswirken."

Ich war platt. Sollte meine Standhaftigkeit gegen die Kommunisten sich jetzt hier schon wieder gegen mich richten? Wollten die mich als Lügner entlarven? Ich erwiderte, dass meine Angaben der Wahrheit entsprächen und ich gerade wegen meiner Weigerung „Junger Pionier" zu werden im Osten erhebliche Nachteile einstecken musste und deshalb ja die Schule in Westberlin besucht hatte. Ich sah in ihren Gesichtern immer noch Zweifel an der Richtigkeit meiner Angaben, sie beließen es aber bei der obigen Bemerkung.

Zwei Wochen später noch einmal dasselbe Ritual. Diesmal neben einigen für mich nebensächlichen familiären Informationen jedoch der erlösende Hinweis: "Wir haben uns inzwischen über die Korrektheit Ihrer Angaben zur Mitgliedschaft bei den ‚Jungen Pionieren' überzeugen können." Ich bekam ein Formular zur Unterschrift über meinen Sicherheitsstatus und war damit entlassen.

Mein letzter Besuch in Ostberlin

Im Juni 1989 fand im Berliner Kongresszentrum ein Immunologenkongress statt. Ich nutzte die Teilnahme, um einem Freund im Osten der Stadt und meinem Onkel, dem Bruder unserer Mutter, Besuche abzustatten. An der Grenzkontrolle in der Friedrichstraße hielt ich mit dem Auto an und ging zur Abfertigungsbaracke. Einige Leute standen vor mir, verbissenes Schweigen und abweisende Gesichter. Ich schaute in die Runde, und als würde mich der Teufel reiten, entfuhr es mir grinsend: "Ist hier einer gestorben?" Wenig Reaktion, jedoch ein Uniformierter winkte mich zu meinem Wagen und bedeutete mir, ich solle alle vier Türen öffnen sowie Motorhaube und Kofferraum. Dann sollte ich mich wieder zu den anderen stellen, was ich auch tat. Am Auto tat sich nichts. Die üblichen Formalitäten und Zwangsumtausch wurden erledigt und man bedeutete mir, ich solle vor der Abfertigungsbaracke warten.

Da stand nun das Auto völlig geöffnet. Niemand kümmerte sich oder kontrollierte. Ich wartete und wartete. Nach etwa einer halben Stunde wurde mir bedeutet, ich könne die Türen wieder schließen und nun auch einreisen. Sie hatten offenbar kindische Freude an der Schikane. Wenn man so unbedarft locker an die Arbeiter- und Bauernmacht trat, wie ich es offenbar mit meiner Bemerkung getan hatte, musste man damit rechnen.

Das Wetter war an diesem Tag nicht besonders - ziemlich trübe. Dazu die triste Optik sozialistischer Errungenschaften. Das drückte auf meine Stimmung. Deprimiert fuhr ich zunächst nach Pankow, um meinen Onkel zu besuchen. Das Haus, in dem er wohnte, gehörte immer noch unserer Mutter und befand sich unter „Obhut" der Kommunalen Wohnungsverwaltung. Ein Jammer, wie heruntergekommen das Haus war. Der Putz bröckelte überall, alles wirkte völlig verwahrlost. Das Motto "Trümmer schaffen ohne Waffen" kam hier uneingeschränkt zum Ausdruck. Meine Stimmung wurde nicht besser.

Dann klingelte ich voller Erwartung an der Wohnungstür meines Onkels. Nach einiger Zeit rumorte es drinnen. Dann ein zögerliches Öffnen und ein fragender Blick. Mein Onkel war sehr gealtert und erkannte mich nicht, obgleich ich ihn in den Jahren davor regelmäßig besucht hatte. Erst nach vielen Geschichten aus gemeinsamer Zeit dämmerte es bei ihm, dass der Kerl da vor ihm wohl doch ein Verwandter sein könnte. Nach etwa zwei Stunden verließ ich ihn und hinterließ einen wahrscheinlich ratlosen alten Herrn. Schade! Du warst immer voller Tatkraft und wusstest auch in schwierigen Situationen stets einen eleganten Ausweg.

Die Fahrt führte mich nun zu Holle (Horst). Holle wohnte in Marzahn. Ich kannte Marzahn nur vom Hörensagen. Nun konnte ich mir selbst ein Bild machen: Lauter Klötze kreuz und quer und hoch, dazwischen Parkplätze und auf Innenhof ähnlichen Arealen Kindergärten, Gaststätten, Einkaufsmöglichkeiten und Müllplätze. Die Wohnung war angenehm geschnitten und man hatte vom Balkon aus einen grandiosen Blick nach Westen, aber eben nur einen Blick. Hingelangen konnte man nicht.

Holle war krankgeschrieben. Er hatte sich den Arm verstaucht oder gar gebrochen. Da er Fernmeldetechniker war, brauchte er den Arm für die Arbeit. Die Wiedersehensfreude war groß und wir hatten so einiges zu erzählen.

Dann kam seine Frau von der Arbeit: „Ist er schon da? Ach ja, ich rieche es schon!" Ich versuchte, nicht beleidigt zu sein. Sie kam ins Wohnzimmer, begrüßte mich und begann sofort zu erklären, was sie mit ihrer Bemerkung meinte. Immer, wenn sie jemandem aus Westdeutschland begegnete, stellte sie fest, dass diese Person einen frischen lebhaften und belebenden Geruch ausstrahlte. In der Wohnung verbreitete sich dieser Frischeduft überall hin. Für sie: typisch Westen. Und was war typisch Osten für mich? Gestank nach Zweitakterabgasen und Geruch nach schwelenden Braunkohlebriketts. Kleidung sowie Innenräume hatten einen charakteristischen leicht stechenden Geruch, der an bestimmte Plastikarten erinnerte. Meine Mutter bemerkte über letzteren Geruch: "Stinkt nach Ostzone!"

Wie schön, mal von jemandem zu hören, dass man Wohlgeruch verbreite.

Holle schlug vor, einen kurzen Rundgang ins „Milljöh" zu machen. Wir begegneten im Fahrstuhl einem Mann, der schon für seine Mopedfahrt einen Helm trug. Trotzdem war deutlich zu erkennen, dass irgendetwas ihn maßlos ärgerte. Er platzte förmlich vor Protest und Wut. Als er hörte, dass ich aus dem Westen kam, ließ er seinen Worten freien Lauf: "Ditt ist alles zum Kotzen. Nüscht funktioniat, nüscht kann man koofen, man wird von alle Seiten jetret'n. Ick weeß nich mehr weita. Wieso klappt'et denn in West'n?" Diese Stimmungslage begegnete mir noch an verschiedenen Orten unseres kurzen Ausflugs.

In der Kaufhalle war fast Feierabend. Am Gemüsestand entdeckte ich nur zwei Bund gelbe, welke Petersilie und sonst nichts, am Fleischstand mehrere grüne Leberwürste. Armseligkeit ohne Ende. Aber man rüstete sich für die Propagandaschlacht zum 40-jährigen Jubiläum. Es galt, die überragenden Errungenschaften der DDR zu feiern.

Ich hatte die Nase voll. Holle brachte mich zum Auto und ich fuhr zutiefst frustriert gen Westberlin. Fast hatte ich ein schlechtes Gewissen, mich einfach so davonzustehlen. Mir ging so einiges durch den Kopf. Was würde geschehen, wenn sich diese aufgestaute Wut eines Tages spontan entladen würde? Die DDR erschien mir wie ein Kessel kurz vor der Explosion.

Wie die Geschichte weiterging, wissen wir jetzt. Glücklicherweise kam es nicht zu einer Explosion, sondern zu einer nicht minder wirkungsvollen friedlichen Revolution.

Die Mauer bröckelt

Seit Wochen verfolge ich die Berichte im Fernsehen. Was tut sich da in meiner alten Heimat? Demonstrationen, Versammlungen, Diskussionen, nebulöse Interviewaussagen Gorbatschows, Flüchtlingsströme riesigen Ausmaßes über Ungarn und die Tschechoslowakei, Jubelparaden in Berlin zum 40-jährigen Gründungstag der DDR und immer wieder Montagsdemos. Das kann nicht gut gehen. Ich erinnere mich noch an den 17. Juni 1953, als mit Brachialgewalt die Russen Demonstrationen im Keim erstickten und die Machthaber in der SBZ Köpfe rollen ließen.

Dieses Mal war der Widerstand in der Bevölkerung doch weit verbreitet. Es wurden Diskussionen geführt, die bis dato undenkbar waren.

Hier im Westen ging das Leben seinen gewohnten Gang. Ich traf mich jeden Monat einmal mit zwei Kollegen zu einem opulenten Mal beim Italiener. Damit wir auch den guten Wein ausgiebig genießen konnten, holten uns unsere Frauen zu einem vereinbarten Zeitpunkt wieder ab. So auch am 9. November 1989. Es war so gegen 23 Uhr, als meine Frau das Lokal betrat und ungewohnt zügig auf uns zusteuerte. „Die Mauer ist offen. An der Bornholmer Straße strömen die Leute nur so in den Westen!" Ich war sprachlos und konnte es kaum glauben. So schnell war ich nach dem Lokalbesuch noch nie wieder zu Hause. Fernseher an und unglaublich: An der Bornholmer Straße war der Teufel los. Die Menschen drängten durch die schmalen Übergänge gen Westen - und die Grenzer schauten zu.

Wie oft hatte ich an diesem Grenzübergang wartend gestanden, jede Menge Schikanen über mich ergehen lassen müssen, gefürchtet, dass mir die persönlichen Geschenke und Erinnerungsstücke meiner Verwandten abgenommen würden, und jetzt dieses grandiose Erlebnis.

Die meisten Menschen kehrten nach kurzem Besuch wieder zurück. Sie wollten eben nur mal rüber. Die Serie der Maueröffnungen setzte sich fort. An fast allen ehemaligen Grenzübergängen herrschte großer Andrang. In Lübeck-Schlutup wurde ein junger Mann mit Trabbi gefragt, was er im Westen wolle? „Wir wollen uns noch schnell den parasitären Kapitalismus und Imperialismus aus der Nähe ansehen, bevor er untergeht", war seine prompte Antwort.

Wie wir alle wissen, war die Auflösung der Strukturen im Osten nicht mehr aufzuhalten. Stück für Stück wurden Hemmnisse zwischen Ost und West abgebaut und dann kam der Tag, an dem man ohne Reisepass oder Ausweis die Grenze bzw. das, was sie mal war, passieren konnte. Als ich das im Fernsehen abends mitbekam, gab es kein Halten. Gleich am nächsten Tag setzten meine Frau und ich uns ins Auto und fuhren sofort von Bad Segeberg in Schleswig-Holstein Richtung Mecklenburg. Bei Schlutup ging es über die Grenze. Tatsächlich: keine Menschenseele. Weiter fuhren wir Richtung Dassow entlang des Dassower Sees, einem blinden Seitenarm der Trave kurz vor ihrer Mündung in die Ostsee. Hier stand noch die Mauer am Wasser mit „Festbeleuchtung" am Ufer bzw. an der Straße. In Dassow bogen wir links ab nach Nord-West und fuhren dann, da es hier keine Wegweiser gab, nach Gefühl Richtung Travemünde. Es wurde schon ziemlich dunkel, als wir auf einem Betonweg landeten. Die Räder rumpelten über die Plattenstöße und unversehens waren wir auf dem Priwall. Wir hatten soeben das Vergnügen, auf dem Patrouillenweg der Grenztruppen in den Westen gefahren zu sein.

Dann kamen wir an die Fähre, mit der man nach Travemünde gelangt. Niemand kassierte. Zuerst waren wir verblüfft, denn die Überfahrt ist nicht umsonst. Die Erklärung stellte sich aber schnell ein. Wenn man von Travemünde auf den Priwall wollte, musste man die Fähre von Westen aus benutzen. Da am Ende des Priwalls die Grenze war, ging es nicht weiter. Man musste wohl oder übel wieder mit der Fähre zurück. Deshalb war im Fährpreis die Rückfahrt bereits inbegriffen. Keiner des Fährpersonals kam auf die Idee, dass man neuerdings ohne vorherige Überfahrt auch aus Richtung Osten zum Priwall gelangen konnte.

Am 3. Oktober 1990, nicht einmal ein Jahr nach der Maueröffnung, wurde die politische Vereinigung der beiden Teile DDR und BRD vollzogen. Ein wahrhaft historischer Augenblick für alle Deutschen. Wir fuhren nach Mustin, einem kleinen Ort bei Ratzeburg. Hier war die Straße nach Mecklenburg wieder offen und befahrbar. An der nun ehemaligen Grenze war ein Zelt aufgebaut und an der Straße ein Gedenkstein errichtet. Mecklenburger und Schleswig-Holsteiner trafen sich hier, um gemeinsam diesen wunderbaren Tag zu begehen. Viele Mecklenburger hatten Kerzen mitgebracht. Sie entzündeten sie und stellten sie auf den Gedenkstein. Es war für sie eine Herzensangelegenheit von tiefer Bedeutung. Auch mich rührte es sehr an und ich musste angesichts dieser Stimmung, die mich nun ebenfalls erfasste, schlucken.

Dann zogen wir ins Zelt, wo sich die politische Prominenz inzwischen versammelt hatte. Alfred Gomolka, Ministerpräsident Mecklenburg-Vorpommerns, hielt eine kurze, aber ergreifende Ansprache, dem Anlass sehr angemessen. Aber dann: Meine Enttäuschung war groß, die Vertreter der CDU aus Schleswig-Holstein hatten nichts Besseres zu tun, als ihre abgedroschenen Phrasen vom einheitlichen Europa vorzutragen. Die Deutsche Einheit wurde nur beiläufig erwähnt. Nicht ein Wort über die außergewöhnliche nationale Bedeutung dieses Tages. Man spürte förmlich, wie wenig diese Herren mit dem Herzen dabei waren. Wen wundert's, war es doch schon einige Zeit vorher schwierig gewesen, auf einem Bundesparteitag der CDU das Streben nach der deutschen Einheit als vorrangiges Ziel im Parteiprogramm erneut festzuschreiben.

In den Gesichtern der Mecklenburger war nur Freude und Rührung zu lesen. Dies war für mich jedoch wichtiger als die Zweifel an dem Geschwafel der Berufspolitiker. Ich bin glücklich darüber, dass es diesen Tag gegeben hat. Es hat ihn gegeben trotz unserer „Verbündeten" (Frankreich und England) und unserer „konservativen" Politiker.

Christa Schlierenkamp

Angst

Vorbereitung der Flucht

Christa Goschke, geb. 28.07.1942 im Bezirk Friedrichshain, verheiratete Schlierenkamp – das bin ich. Dort verbrachte ich meine Kindheit und träumte davon, Lehrerin zu werden. Dieser Wunsch blieb stets erhalten und erfüllte sich später auf Umwegen. Im sogenannten Arbeiter- und Bauernstaat bekam ich keine Erlaubnis für den Oberschulbesuch, da mein Vater nach Auffassung der DDR nicht zu den „Werktätigen" gehörte, sondern seinen Arbeitsplatz in Westberlin hatte.

So planten meine Eltern einen Umzug nach Tegel (Westberlin). Aber auch dies wurde von den Behörden nicht genehmigt. Nun bereiteten wir eine „Flucht auf Raten" vor. Alles, was nicht niet- und nagelfest war (Wäsche, Geschirr, zerlegte Stühle usw.) kam nach und nach in Taschen und Koffern zu meinen Großeltern im Westteil der Stadt. Es begannen die Wochen der Angst vor der Entdeckung, denn in der Wohnung blieben nur noch große Möbelstücke und das Nötigste zum Leben. Wenn es klingelte, öffneten wir meistens nicht. Selbst der besten Freundin meiner Mutter gewährten wir keinen Einlass mehr und fertigten sie an der Tür ab. Durch den Keil, der in Familien und Freundschaften getrieben wurde, entwickelte sich eigentlich schon hier eine Mauer vor dem Mauerbau. Die Unaufrichtigkeit im Umgang miteinander förderte das gegenseitige Misstrauen.

Der Fernseher

Als letztes Teil wurde der Fernsehapparat – damals durchaus ein Wertobjekt – gut verpackt und transportiert. Wir fuhren mit der Straßenbahn, das Gerät am einen Ende, wir am anderen. Plötzlich stieg ein Volkspolizist ein. Uns war klar, dass wir jetzt eine Station weiter fahren mussten als er, denn jeder Insider wusste: Wer am Stettiner Bahnhof (heute Nordbahnhof) umstieg, wollte in den Westen, denn die S-Bahnlinie führte über die Grenze. Diese Zitterpartie klappte gut, doch erst auf dem Weg zur zweiten Weststation fiel die Angst von uns ab. Der „Kasten" landete wohlbehalten in Tegel. Uff !

Aber jetzt kommt die Ironie des Schicksals: Kurz bevor wir den letzten Schritt angingen, nämlich unsere Wohnung unter Zurücklassung des restlichen Mobiliars für immer zu verlassen, kam in Frühjahr 1956 die Umzugsgenehmigung. Der Möbelwagen war ziemlich leer !

Grenzgänger

Erst Grenzgängerin von Ost nach West zur Schule, pendelte ich jetzt von West nach Ost zu Freunden und Verwandten, weil mir durch den genehmigten Umzug statt einer Flucht der Weg zurück nicht verbaut war.

Meine blinde Tante hatte es aufgrund ihres fortgeschrittenen Alters vorgezogen, in Friedrichshain zu bleiben. Deshalb versprach ich ihr, sie so oft wie möglich zu besuchen.

Inzwischen wohnte ich als externe Schülerin in einem Wohnheim, im „Kloster zum guten Hirten". Von dort aus besuchte ich nun meine Tante regelmäßig. Gemeinsam erledigten wir größere Arbeiten in ihrem Haushalt, ebenso die Einkäufe.

Eines Tages beschloss sie, mir ihr Silberbesteck zu schenken. Es war jedoch verboten, dergleichen Dinge „auszuführen". Ich hätte, um meine Nerven zu schonen, auf das Silber verzichten können. Aber es gab emotionale Gründe, es nicht zu tun. So band ich mir am Ende eines jeden Besuches einige Teile unter der Kleidung um den Bauch. Am Grenzübergang Friedrichstraße schwitzte ich dann Blut und Wasser, zumal ich immer viel länger warten musste als alle anderen. Beispiel: Ich hatte einmal die Wartenummer 55. Durch den Lautsprecher wurden die Menschen aufgerufen, 53, 54, - , 56, 57 usw. Warum ich nicht ? Irgendwann kam endlich auch meine Nummer an die Reihe, und man ließ mich anstandslos passieren. Für dieses Mal war die Angst vorbei !

Wenn ich heute eine Gabel dieses Bestecks in die Hand nehme, betrachte ich sie halb mit Schmunzeln, halb mit Entsetzen. Inzwischen ist mir klar, dass ich diesen zeitlichen Abstand brauchte, um zu begreifen, wie schlimm das alles für mich war: diese abstrusen Situationen, Demütigungen und Beschädigungen meines Selbstbewusstseins.

Erinnerungen an den Bau der Mauer

Sonnabend, 12. August 1961

Gegen Mitternacht passierte ich auf dem Heimweg, vom Besuch eines Freundes in Westberlin kommend, die Sektorengrenze in der Wollankstraße Richtung Osten. Alles war wie immer um diese Zeit, nichts deutete darauf hin, dass sich etwas Entscheidendes ändern sollte. Ich muss hier allerdings anmerken, dass wir (Freunde, Klassenkameraden usw.) schon seit längerer Zeit ein ungutes Gefühl bezüglich der Grenzen hatten. Eine Redewendung war: „Hauptsache, wir kriegen noch die letzte S-Bahn!"

Am Sonntag, 13. August 1961 um 6.00 Uhr

weckte mich meine Mutter: Mein Freund Hilmar stand vorm Haus. Als Westberliner wohnte er - von offizieller Seite unbemerkt - schon seit Jahren bei seiner Mutter in Ostberlin (bei mir um die Ecke). Eigentlich wollte er an diesem Sonntag in der Frühe nach Westdeutschland mit dem Auto fahren. Er informierte mich darüber, dass die Sektorengrenzen abgeriegelt waren. Als Westberliner konnte er aber die Grenze noch passieren. Zunächst war es ihm nun einmal wichtig, all sein Eigentum nach Westberlin zu bringen. So verschwand er schnell wieder.

Ein paar Stunden später war er wieder da. Wir fuhren zu dritt, mein Bruder Karl-Hans war auch dabei, zu verschiedenen Grenzstellen, u. a. zur Wollankstraße und zum Brandenburger Tor. Auf der Nach-Hause-Fahrt wurden wir von einem zivilen PKW über mehrere Straßen verfolgt, bis wir schließlich anhielten. Sogleich stürmte ein Zivil-Polizist aus dem Verfolger-PKW zu uns und verlangte die Ausweise. Na, da hatte man ja ganz verdächtige Gestalten aufgegriffen: Ein Westberliner Student mit zwei Ostberlinern, der eine Schüler im Westen, der andere Lehrling im Westen, in einem Westberliner Auto in Ostberlin unterwegs!!! Wenn das nichts Gefährliches war!?

Diese Typen machten uns jedenfalls mächtig Angst, bevor sie uns weiterfahren ließen. Zu Hause angekommen, versprach mir Hilmar, am nächsten Tag (Montag, 14.08.) vormittags zu mir zu kommen, um dann weiter zu sehen. Der restliche Tag verging bei mir mit Angst und bei ihm mit seinem „Umzug" nach Westberlin.

Am Montag früh verabschiedete ich mich wie üblich von meiner Mutter, die zu ihrer Arbeit als MTA im Medizinal-Untersuchungsamt nach Berlin-Buch ging, ohne irgendeinen Kommentar.

Gegen 8.00 Uhr erschien Hilmar. Wir fuhren Richtung Stadtmitte. Unterwegs begegneten uns Soldaten, Polizei und Betriebskampfgruppen, alle immer bewaffnet, z. T. sogar mit kleineren Geschützen. An einer Grünanlage (Luxemburgplatz?) stieg ich aus. Hilmar fuhr weiter, um sich über die Grenzkontrollen an der Chausseestr. einen Eindruck zu verschaffen. Inzwischen hatte ich die Personalien unseres gemeinsamen Westberliner Freundes Ben, dessen Ausweis Hilmar mitgebracht hatte, auswendig gelernt. (In den ersten Tagen wurden die Ausweise der Westberliner nur wie bisher üblich kontrolliert).

Nach einer halben Stunde war er wieder da. Wie er mir sagte, wäre alles in Ordnung. So fuhren wir also los und sangen dabei laut, um unsere Aufregung zu überdecken. An der Grenze kontrollierte uns ein dicker Grenzer, den Hilmar gleich mit Fragen eindeckte wie: „Kann ich meine Wäsche, die meine Mutter hier in Niederschönhausen für mich gewaschen hat, abholen und mit nach Westberlin nehmen?" Nachdem dieser die Frage bejaht hatte, sagte Hilmar: „Dann komme ich nachher hier wieder vorbei und berufe mich auf Sie!" Der Dicke wurde nun ganz eifrig und kontrollierte meinen Ausweis nicht so genau, was auch die Absicht dieses Gesprächs gewesen war. Später musste ich allerdings feststellen, dass das Bild im Ausweis mir ähnlicher war als dem Eigentümer.

Wie mir Hilmar nach der geglückten Flucht erzählte, war vorher keineswegs alles in Ordnung gewesen. Ihn hatte man nämlich vor einer halben Stunde dreimal kontrolliert.

Etwa drei Wochen später absolvierte ich das mündliche Abitur. Anfang Oktober bin ich dann mit dem Staats- und Domchor, dessen Mitglied ich seit 1950 war, zu einer Konzertreise ins Bundesgebiet ausgeflogen.

Anschließend brach ich - zum Studium - nach Karlsruhe auf.

Joachim Feder

Damals ärgerlich– heute zum Schmunzeln

Als Grenzgänger oder Pendler bezeichnete man in Ostberlin Personen, die in den Jahren 1948 bis 1961 in Ostberlin lebten und in Westberlin unterschiedlichen Tätigkeiten wie Beruf, Studium oder Schule nachgingen. Es gab nicht viele Leute, die zu dieser Kategorie Mensch gehörten. Sie waren jedoch in mehrfacher Hinsicht etwas Besonderes.

Einerseits erhielten diese Berufstätigen aus Ostberlin, die in Westberlin arbeiteten, über Lohnausgleichskassen einen Teil ihres Lohnes in DM-West vergütet, was bei einem inoffiziellen durchschnittlichen Umrechnungskurs von 1 DM-West = 4 Ostmark verschiedene Einkäufe - sofern die gewünschten Waren vorhanden waren - im Ostsektor erheblich vereinfachte.

Andererseits war nicht zu übersehen, dass sie, die den Klassenfeind durch ihre Arbeit unterstützten, von linientreuen Mitbürgern äußerst argwöhnisch beobachtet und außerdem von „normalen" Mitmenschen mit gewissen Neidgefühlen betrachtet wurden. Schließlich konnten die sich West-Kaffee, West-Zigaretten etc. leisten, was für Ost-Bürger nahezu unerschwinglich war (bestenfalls mal eine 4er Packung BALI-Zigaretten zu 0,30 DM-West).

Zu meinem persönlichen damaligen Pendlerdasein ist Folgendes anzumerken: Da mein Wohnsitz zu dieser Zeit in Berlin-Pankow (Ost) war, ging ich auch dort bis zur 8. Klasse zur Schule. Im Sommer des Jahres 1955 musste über die weitere Schulausbildung entschieden werden.

(Un)Glücklicherweise fielen in diesem Jahr die Tage 1. und 8. Mai - Feiertage herausragender Art im Osten (Tag der Arbeit, Tag der Befreiung), an denen für Frieden, Sozialismus, Sowjetunion, gegen Krieg, die NATO, „Bonner Ultras" und sonstige wichtige Dinge demonstriert werden musste, - jeweils auf einen Sonntag.

Da derartige Veranstaltungen in meinen sonntäglichen Terminplänen keinen Platz hatten, nahm ich an diesen Schauspielen und Jubelparaden nicht teil, was zur Folge hatte, dass mir wegen „mangelnder gesellschaftlicher Aktivitäten" der Zugang zur Oberschule verwehrt wurde. Dank glücklicher Umstände und nach Überwindung verschiedener Hindernisse konnte ich schließlich die Bertha-von-Suttner-Schule in Westberlin besuchen.

Wer in den Jahren 1955 bis 1961 täglich von Ost nach West (und wieder zurück) zur Schule pilgerte oder dort einer sonstigen Beschäftigung nachging, kann sicherlich von vielfältigen, mehr oder weniger amüsanten Begebenheiten, die aus den hiermit verbundenen Grenzübertritten resultierten, berichten.

Der folgende Beitrag ist zum Schmunzeln geeignet und soll gleichzeitig eine der reichhaltigen Absurditäten der damaligen Zeit sichtbar machen.

In den Ost-Zeitungen war seinerzeit bestenfalls der Sportteil – ohne mir Übelkeit zu verursachen - lesbar, erschöpfte sich die eigentliche Berichterstattung doch hauptsächlich in Meldungen hinsichtlich Planübererfüllungen der Werktätigen in Höhe von mindestens 200 Prozent sowie weiterer herausragender Ereignisse, die dem kurz bevorstehenden Sieg des Sozialismus dienlich sein sollten.

Es ist daher nicht verwunderlich, wenn sich die auf diese Weise verschaukelten Bürger auf andere Weise Informationen beschafften (z. B. westliche Zeitungen, Rundfunksender), was wiederum überhaupt nicht im Sinn der selbst ernannten Anführer der Arbeiterklasse war.

Die Erzeugnisse des Verlagshauses SPRINGER, insbesondere die Tageszeitung mit den 4 großen Buchstaben, nahmen nicht nur hier einen besonderen Platz ein. Selbst für ein Blatt dieser Güte war es nicht besonders schwierig, den von den östlichen Zeitungen publizierten Unsinn als solchen darzustellen und mit beißendem Spott zu kommentieren.

Nachvollziehbar ist, dass diese ständige Hetze gegen die täglich (nur für Eingeweihte) sichtbar werdenden Errungenschaften des Sozialismus den mit Öffentlichkeitsarbeit betrauten Personen der DDR gewaltig gestunken hat.

So kam man schließlich auf folgende grandiose Idee: Einfach die erwähnte Zeitung von der Form her nachmachen, den Inhalt jedoch den gerade aktuellen Wünschen und Bedürfnissen der hiesigen Machthaber anpassen, um auf diese Weise die abgrundtiefe Schlechtigkeit des Westens anzuprangern und zu verurteilen.

Durch Verteilen eines solchen Pamphlets an Personen, die von Ost- nach Westberlin gingen, erhoffte man sich, mit Hilfe dieser gezielten Infiltration der Weltrevolution einen Schritt näher zu kommen.

Einige Vorbemerkungen zu meiner kurzen Geschichte:

Es war ganz und gar nicht gestattet, aktuelle westliche Druckerzeugnisse (Zeitungen, Zeitschriften, Bücher) mit nach Ostberlin zu nehmen. Wurden derartige Dinge bei Kontrollen gefunden, konfiszierte man diese, manchmal wurde zusätzlich ein gewaltiger bürokratischer Apparat, der hier nicht näher beschrieben werden soll, in Gang gesetzt. Mehrseitige Protokolle wurden aufgesetzt, deren Fertigstellung außerordentlich viel Zeit in Anspruch nahm und die dann irgendwo im behördlichen Dschungel verschwanden.

Es geschah also eines Tages, dass ich auf dem Schulhinweg zusammen mit anderen Grenzgängern ein derartiges, dem West-Original nachgemachtes Ost-Exemplar in die Hand gedrückt bekam. Fast alle Leute beförderten es in Kenntnis der näheren Umstände dieser Aktion ungelesen in den nächsten Abfalleimer; ich nahm es jedoch mit, um in den Schulalltag durch diese Lektüre etwas Heiterkeit zu bringen. Schließlich war das, was in dieser so genannten Zeitung geschrieben stand, hervorragend geeignet, eine ganze Schule zum Lachen zu bringen.

Dass ich dieses Machwerk danach nicht gleich entsorgt habe, war durchaus beabsichtigt, brachte mir auf dem Rückweg jedoch einigen Ärger ein.

Da auch sozialistische Grenzwächter gelegentlich ausruhen müssen und deshalb der Ablösung bedürfen, trat folgende Situation ein: Besagte Zeitung in Westaufmachung mit Ost-Inhalt war bei meiner Rückkehr noch in meinem Besitz und die jetzt Dienst habenden Grenzer wussten offenbar nicht, dass vor ihrem Dienstbeginn eine derartige Verteilung stattgefunden hatte.

Bei der Kontrolle entdeckten sie bei mir dieses „Hetzblatt" (der Titel genügte) und nun begann die oben beschriebene Prozedur. Natürlich ist es niemandem eingefallen, den Inhalt genauer zu begutachten, daher hielten sie es für ein verbotenes Original-Westblatt.

Nach Abfassen eines Protokolls und nachhaltigen Belehrungen hinsichtlich der Abscheulichkeit meines Tuns folgte nun meinerseits die Aufklärung über die genaue Herkunft der Zeitung.

Das Entsetzen war groß, musste doch nach verschiedenen telefonischen Rücksprachen ein weiteres Protokoll erstellt werden, in dem begründet wurde, warum das vorherige Schriftstück nicht mehr gültig war. Da dies alles sehr viel Zeit kostete, verzögerte sich meine Heimkehr an diesem Tag beträchtlich.

Dem Unterhaltungswert an östlichen Grenzkontrollstellen waren zu jener Zeit sehr enge Grenzen gesetzt, deshalb habe ich die nächste derartige kostenlose Leseprobe doch lieber gleich weggeschmissen.

... und außerhalb der Klasse auch gerne mal „halbstark" -

- nach den Idolen James Dean und Bill Haley

Hanns Burger

Durch den Abwasserkanal

Als ich im Dezember 1942 in Berlin-Mitte geboren wurde, gab es nur ein Berlin. Nach dem Ende des zweiten Weltkriegs wurde Berlin in vier Sektoren aufgeteilt: die USA, Großbritannien, Frankreich und die Sowjetunion erhielten jeweils einen Sektor zur Verwaltung. Auch weil die Westmächte offenbar kein Geschichtsverständnis hatten, wurde das historische Zentrum Berlins „den Sowjets" überlassen. Somit fanden sich meine Eltern im sowjetisch besetzten Teil Berlins wieder. Allerdings gab es für Berlin als Ganzes ein Viermächte-Statut, das die Freizügigkeit in Berlin gewährleisten sollte. Selbst nach der Blockade Westberlins 1948 durch die Sowjetunion und nachfolgend der Gründung der Bundesrepublik Deutschland und der Deutschen Demokratischen Republik im Jahre 1949 blieb Berlin ein Sonderfall.

Die Grundschule besuchte ich in Berlin-Mitte von 1948 bis 1956. Mein Abschlusszeugnis war mit zweimal 1 und der Rest 2 nicht schlecht, wobei ich eine Eins sogar im Fach Russisch hatte. Trotzdem war das Gesamtprädikat nur „befriedigend", weil meine gesellschaftliche Mitarbeit als ungenügend bewertet worden war. Ich war kein Mitglied der „Jungen Pioniere", der kommunistischen Organisation für Kinder, und auch sonst durch kein im östlichen Sinn politisches Engagement positiv aufgefallen. Ganz erschwerend kam hinzu, dass meine Eltern der falschen Gesellschaftsschicht im sogenannten Arbeiter- und Bauernstaat angehörten. Ihnen gehörte in Berlin-Mitte ein Cafè-Restaurant, womit sie zur Klasse der Ausbeuter des Proletariats gezählt wurden. Für Kinder dieser bourgeoisen Schicht war der Besuch einer zum Abitur führenden Schule nicht vorgesehen.

1956 war Berlin zwar politisch in Ost und West getrennt, aber durch die Bestimmungen des Potsdamer Abkommens war ein relativ freier Individual-Verkehr möglich. Es gab immer noch Berliner, die ihren Arbeitsplatz im westlichen Teil Berlins hatten und im Ostsektor wohnten und in der Nachkriegszeit zu Grenzgängern geworden waren. Der umgekehrte Fall war seltener, da sich die wirtschaftlichen Zustände immer weiter auseinander entwickelten. Ziemlich einseitig wird auch der Grenzgängerverkehr durch Schüler gewesen sein. Wer in Westberlin wollte schon sein Kind in Ostberlin zur Schule schicken?

Es war auch, allerdings zum Leidwesen der kommunistischen Verwaltung Ostberlins völlig legal, sein Kind an einer westlichen Schule anzumelden. Es gehörte aber Mut der Eltern dazu, denn mit Sanktionen und Schikanen der Ost-Organe musste man rechnen. Zu meinem Glück hatten meine Eltern den Mut und meldeten mich zum Schulbesuch in Westberlin an. Der Kommentar der Sachbearbeiterin im Schulamt West lautete: „Was soll aus einem Staat werden, der seine besten Schüler aus dem Land treibt?"

Mein Vater wurde dann auch im Osten vorgeladen und verhört. Er sagte, dass er in seinem Leben noch nie solche Angst gehabt habe. Die DDR war ein Unrechtsstaat und man war der Willkür der östlichen Verwaltung schutz- und rechtlos ausgeliefert. Ein konstruierter Grund ließ sich immer finden, um Menschen für lange Zeit oder für immer verschwinden zu lassen. Man ließ meinen Vater aber wieder nach Hause, wobei die Unsicherheit über eventuell noch kommende Folgen blieb. Viele in ähnlicher Situation haben dann die DDR/Ostberlin verlassen und sind in den Westen geflüchtet. In Berlin war das damals kein Problem, man musste „nur" alles zurücklassen. Das wollten meine Eltern nicht. Mein Vater war damals 62 Jahre alt, er wollte nicht noch einmal bei Null anfangen. Man konnte ja auch in Ostberlin mit dem Hintergrund Westberlin ganz gut leben.

In Westberlin gab es damals zwei Schulen, die von Schülern aus dem Osten besucht werden konnten und zum Abitur führten. Die Auswahl war deshalb sehr eingeschränkt, weil die Bestimmungen zum Erwerb des Abiturs vorsahen, dass man in einer Fremdsprache neun Jahre Unterricht gehabt haben musste. An den Schulen in Ostberlin wurde als Fremdsprache nur Russisch ab der 5. Klasse unterrichtet, was bedeutete, dass man auch in Westberlin weiter Russisch anbieten musste. Solche „Russisch-Klassen" gab es an der Bertha-von-Suttner-Schule in Berlin-Reinickendorf, für die ich mich entschieden hatte oder vielmehr meine Eltern.

Ich war 13 Jahre alt und ließ die Dinge auf mich zukommen. Große Probleme erwartete ich nicht. Man lebte ja weiter in der gleichen Stadt. Gut, der Weg zur Schule wurde weiter. Ich konnte nicht mehr zu Fuß die Schule erreichen, sondern musste U-Bahn und Straßenbahn benutzen. Da man sich zu dieser Zeit in ganz Berlin noch relativ frei bewegen konnte, war das kein Problem, eher spannend. Mit dem Schulwechsel von Ost- nach Westberlin war auch kein Kulturschock verbunden. Westberlin war bekannt. Die Eltern hatten Verwandte und Freunde, die bei entsprechenden Gelegenheiten besucht wurden.

Im Herbst 1956 ging es dann mit dem Schulbesuch in Westberlin an der Bertha-von-Suttner-Schule los. An den ersten Schultag kann ich mich kaum erinnern. Ich glaube, es war auch nichts Besonderes. Vom Osten waren wir Antreten mit Fahnenappell, Aufsagen von Losungen und Ähnlichem gewohnt. Vergleichbares gab es in Westberlin nicht. Die Klasse 9m hatte eine überschaubare Größe; ich meine 15 Schüler/Innen kamen zusammen. Es gab noch eine Parallelklasse mit dem gleichen Schüler-Hintergrund. Diese Klassen waren in der Schule auch deswegen etwas Besonderes, weil der Schuljahresbeginn im Herbst lag und nicht wie bei allen anderen Klassen der Schule im Frühjahr. Im Fachunterricht gab es sicher keine großen Unterschiede zwischen Ost und West. Neues Fach war für mich Englisch, da bekam ich erst mal schlechte Noten. So stellte sich eben der Schulalltag ein.

Wir mussten sehen, wie wir in der Schule klar kamen, denn die Jahre 1956 ff. waren schon eine wilde Zeit. Der Rock 'n' Roll eroberte die Welt und wir waren in einem sehr aufnahmefähigen Alter. Da hatten wir viele andere Sachen im Kopf. Auch als Ostberliner war es kein Problem, an den Westberliner kulturellen Veranstaltungen teilzunehmen. Die Eintrittspreise konnten zum Kurs 1 : 1 in Ostmark bezahlt werden, obwohl der inoffizielle, aber real existierende - Wechselkurs bei 1 : 5 oder noch höher lag. Meine Eltern hatten zum Beispiel ein Theater-Abonnement in Westberlin. Konzerte, Kino - alles war auch für einen Ostberliner erschwinglich. Kulturell existierte der Osten für meine Familie und mich kaum. Politisch war die Richtung auch klar, aber nach außen mussten wir uns bedeckt halten.

Das wurde mir bereits mit 11 Jahren bewusst. Im Sommer 1954 wurde Deutschland Fußball-Weltmeister, aber Deutschland war eben die Bundesrepublik und nicht die DDR und es gab auch keine gesamtdeutsche Mannschaft. Da spielte doch der Klassenfeind, der zu bekämpfen war. Natürlich verfolgten wir die Spiele, die in der Schweiz stattfanden, am Radio. Die Eltern machten aber uns Kindern sehr deutlich klar, dass jeder öffentliche Jubel zu unterlassen war. Öffentlichkeit waren nicht nur Fremde, sondern auch Nachbarn und sonstige Bekannte. Das Spitzelwesen war damals schon gut entwickelt. Man wusste, wie die Stasi arbeitete. Unterstützung von Staatsfeinden konnte erhebliche Folgen haben.

Diese antrainierte Zurückhaltung spielte sicherlich auch im Schulalltag eine Rolle. Die Bildung einer Klassengemeinschaft war durch die - im räumlich-geografischen Sinne - heterogene Zusammensetzung der Klasse ohnehin erschwert. Berlin ist eine große Stadt. Obwohl ich vergleichsweise noch nah an der Schule wohnte, musste ich doch bei Vormittagsunterricht um 7 Uhr das Haus verlassen, um vor 8 Uhr an der Schule anzukommen. Einige Schüler wohnten wie ich in Ostberlin, aber eben auch weit voneinander entfernt. Andere, die aus der DDR kamen, lebten in Schülerheimen im Südwesten der Stadt. Wieder andere, die mit ihren Eltern geflüchtet oder umgezogen waren, kamen aus den verschiedensten Ecken der Stadt. Es war also sehr schwierig, da sehr zeitaufwändig, sich außerhalb der Schule zu verabreden. Das war ein wesentlicher Unterschied zu den anderen Klassen an der Schule, wo die Schüler ganz normal aus dem regionalen Einzugsbereich der Schule – eben aus Reinickendorf – kamen. Eine weitere Erschwernis war sicherlich der Schichtunterricht.

Eine spannende Sache war dann der erste Aufenthalt in einem Schullandheim in Grabau in der Nähe von Bad Oldesloe in Schleswig-Holstein. Normalerweise erfolgt aus Kostengründen die Anreise mit dem Bus oder mit der Bahn. Aufgrund der politischen Situation war der Grenzübertritt von der DDR in die Bundesrepublik für DDR-Bürger nur mit einer speziellen Erlaubnis möglich. Diese Erlaubnis wurde allenfalls Rentnern erteilt, bei denen das Ost-Regime dann froh war, wenn sie als unproduktive Bürger im Westen blieben. Damit schied für mich ein Bodentransport aus, ich musste - ebenso wie viele andere aus der Klasse - fliegen.

Die Luftkorridore zwischen Westberlin und den westlichen Besatzungszonen waren nach dem zweiten Weltkrieg zwischen den Siegermächten vereinbart worden. Auch die Blockade Westberlins durch die Russen 1948 hatte nichts daran geändert, dass der freie und vom Osten unkontrollierte Zugang möglich blieb. Der zivile Flugverkehr wurde durch Fluggesellschaften der drei westlichen Siegermächte durchgeführt. British European Airways (BEA), Pan American Airways (PanAm) und Air France (AF) verbanden Berlin mit Westdeutschland. Mein erster Flug fand von Berlin nach Hamburg in einer Propellermaschine vom Typ Convair mit BEA statt. In Grabau wurde unterrichtet, Ausflüge in die Umgebung bis nach Kiel wurden unternommen und der in diesem Alter übliche Blödsinn veranstaltet. Etwas ganz Besonderes oder Prägendes habe ich nicht in Erinnerung.

Die Schule hatte ich einigermaßen im Griff. Die 9. Klasse schaffte ich - auch mit Englisch – leidlich. Die 10. Klasse war damals die Schwelle, die man schaffen musste, um die Schule bis zum Abitur in Angriff nehmen zu können. Wer voraussichtlich nicht in die 11. Klasse versetzt wurde und die 10. nicht wiederholen wollte, durfte sich die Mittlere Reife bescheinigen lassen. Die Schulen waren da flexibel, denn eigentlich setzte die Mittlere Reife den erfolgreichen Abschluss der 10. Klasse voraus. Damals wurde für das Abitur noch strenger gesiebt und eine ganze Reihe von Mitschülern verabschiedete sich, darunter leider auch einer meiner wenigen Schulfreunde.

Die politische Situation brachte es mit sich, dass in den Klassen recht große Fluktuation herrschte. Es kamen immer wieder neue Schüler, z. T. waren sie auch ohne ihre Eltern geflüchtet. Westberlin war immer noch ohne großes Risiko erreichbar, auch für Bewohner weiter entfernter DDR-Bezirke. Wenn man bereit war alles zurückzulassen, also keine verdächtigen Gegenstände, Papiere oder Dokumente bei sich hatte, konnte man die bewachte und auch befestigte Grenze zwischen der DDR und Ostberlin trotz Kontrolle passieren. Von Ostberlin nach Westberlin war es dann nicht mehr schwer. Tausende sind diesen Weg gegangen. Für viele war Westberlin aus den verschiedensten Gründen aber nur Durchgangsstation auf dem Weg nach Westdeutschland. Für unsere Schulklasse bedeutete das immer wieder ein Kommen und Gehen.

Persönlich hatte ich mit der politischen Situation eigentlich kein Problem. Ich kannte es auch gar nicht anders. Wenn man in der U-Bahn die Grenze passierte, geschah in der Regel nichts. Es war zwar Grenzpolizei auf den Bahnsteigen, die auch durch den Zug lief, aber kontrolliert wurde man nur sehr selten. An den Straßenübergängen waren die Kontrollen intensiver, aber die Berliner Tageszeitung brachte ich bis auf wenige Ausnahmen immer durch. Westliche Zeitungen waren im Osten natürlich verboten. Wir hatten aber an einem Kiosk am Bahnhof Gesundbrunnen praktisch ein Abonnement des TAGESSPIEGEL, den ich auf dem Schulweg dann mitnahm. Wenn die Grenzpolizei die Zeitung entdeckte, wurde sie beschlagnahmt, es gab aber keine weitere Bestrafung oder Feststellung.

Kulturell war ich vom Musikfieber gepackt. Die amerikanischen und englischen Hitparaden konnten auf den Radiostationen der Besatzungsstreitkräfte gehört werden. Frühmorgens konnte man auf AFN (American Forces Network) schon die Daybreak Serenade hören oder die Country & Western

Show. Fats Domino, Chuck Berry, Jerry Lee Lewis, Little Richard, Don Gibson und viele andere waren angesagt. Immerhin wurden vielleicht auch dadurch meine Englisch-Kenntnisse besser, während die schulischen Leistungen ansonsten davon sicher nicht profitiert haben. Fernsehen war damals noch nicht weit verbreitet, aber es gab trotzdem genug Möglichkeiten, die Zeit angenehm zu verbringen. Kino war für einen Heranwachsenden zwar oft eine Herausforderung, weil die interessantesten Filme erst ab 18 Jahren zugelassen waren, aber oft genug wurde die Herausforderung bestanden. Damals gab es viele Kinos dicht an der innerstädtischen Sektorengrenze, die von den Ostberlinern gerne besucht wurden, der Eintritt konnte ja 1 : 1 in Ostmark bezahlt werden.

Die Jugend-Kultur war aber nicht nur bei den östlichen Behörden verpönt. Die Eltern-Generation war grenzüberschreitend in der Regel nicht begeistert von ihren Erscheinungsformen. Rock 'n' Roll war Krawallmusik, sie war zu laut und aufreizend, Tanzen hatte auch nichts mehr mit Walzer zu tun, Haartollen á la Bill Haley, Entenschwanzfrisur á la Elvis Presley, Röhrenhosen und schwarze Hemden waren alles Gegenstände heftigster Diskussion, und zwar in Ost und West.

Einen Unterschied erfuhr ich aber doch. Während in Westberlin niemand Anstoß nahm an meiner dezent getragenen Halskette mit Elvis-Anhänger, war ich den Anhänger eines Tages im Zuge einer Grenzkontrolle am Bahnhof Zepernick los. Zepernick liegt am Stadtrand von Berlin, bereits in Brandenburg. Kontrolliert wurde in erster Linie, um Westberliner nicht in die DDR einreisen zu lassen. Aber auch diese Begebenheit hatte meiner Erinnerung nach keine Weiterungen. Die Sache wurde einfach beschlagnahmt und das war es.

1959 hatte ich die Gelegenheit eine Ferienzeit im Schullandheim Grabau zu verbringen. Diesmal flog ich mit PanAm. Wieder ein tolles Erlebnis. Mein Aufenthalt in Grabau wurde leider vorzeitig beendet, weil ich auf eigene Faust per Anhalter nach Kiel gefahren war. So ging es dann in Begleitung des Englisch-Lehrers, Herrn Metzlaff, zurück nach Berlin. Es war aber trotzdem ein schöner Flug, wieder mit PanAm. Wie noch öfter im Leben hatte ich Glück, dass der Vorfall keine weiteren, zumindest für mich sichtbaren, schulischen Folgen hatte. Und die Prophezeiung von Herrn Metzlaff, ich würde das Abitur nie schaffen, hat sich dann auch nicht bewahrheitet.

Die 10. Klasse habe ich etwas chaotisch in Erinnerung. Die Parallelklassen waren Ende der 9. Klasse zusammengelegt worden. Das war wahrscheinlich für die Lehrer ein noch größerer Horror als für die Schüler. Im 11. Schuljahr wurden die Klassen wieder auseinander gelegt, dabei wurde ich leider auch von meinem besten Schulfreund getrennt, der in die Parallelklasse kam. Wir waren beide groß gewachsen und vor allem im Hallensport an den Geräten ziemlich hilflos, eine wahre Belustigung für die sportlich besser Begabten. Es tat aber gut, wenn man einen gleich „Benachteiligten" in der Nähe hatte. Da musste ich jetzt alleine durch. Im Gegensatz zu anderen Klassenkameraden ging ich nicht den bequemen Weg, ich ließ mich nicht vom Sportunterricht befreien. Vielleicht war ich auch nicht kreativ genug.

Die Versetzung in die 13. Klasse habe ich schließlich auch geschafft. Ich war kein besonders guter Schüler, hatte aber immerhin den Ehrgeiz, nicht sitzenbleiben zu wollen. Wenn es wieder eng zu werden drohte, wurde die „Schlagzahl" erhöht und es reichte dann auch immer. Richtig Spaß machte mir der Kunst-Unterricht. Da belegte ich in der 13. sogar freiwillig eine nicht obligatorische Arbeitsgruppe bei Herrn Hesse. Die schriftlichen Arbeiten zum Abitur fanden im Frühsommer 1961 statt. Es gab kein Punktesystem o. Ä., frühere Noten zählten nur als Vorzensur, es kam wirklich auf die Arbeiten an. Ein Nichtbestehen des Abiturs war durchaus eine reale Möglichkeit.

Mit diesen Unsicherheiten gingen wir in die letzten großen Sommerferien. Für den September waren die mündlichen Prüfungen angesetzt. Das Fach Russisch machte mir die größten Sorgen. Man musste Russisch bis ins Abitur durchhalten, obwohl aufgrund der politischen Antipathie überhaupt keine Motivation zum Erlernen der Sprache vorhanden war. So hatte ich über die Jahre immer nur das Allernotwendigste getan, um mit einem „Ausreichend" im Zeugnis über die Runden zu kommen.

Aber jetzt waren erst einmal Ferien. Damals war es noch nicht üblich, dass man sich schon im Jahr vor dem Abitur für eine Lehrstelle bewarb oder auf den Numerus clausus abstellte, um das gewünschte Fach studieren zu können. Es ging noch nach dem Motto: Ein Schritt nach dem anderen. Ich machte mir zwar Gedanken, mehr war aber auch nicht notwendig. Erst einmal das Abitur schaffen und dann geht es weiter, war die Devise.

Nun waren die Bertha-von-Suttner-Schule und die Zeit der 13. Klasse für mich nicht nur schulisch interessant, sondern auch emotional. Eine Schülerin der 9. Klasse hatte mich sehr beeindruckt. Da wir streckenweise den gleichen Schulweg hatten, begegneten wir uns hin und wieder. Das Interesse schien gegenseitig zu sein. Später behauptete sie, dass ich ihr so imponiert hätte, weil ich zur Schule ohne Schultasche unterwegs war. Es muss aber schon ein wenig mehr gewesen sein, denn wir sind heute noch verheiratet. Jedenfalls waren die Aussichten auf angenehme Ferientage mit einer festen Freundin ein schönes Gefühl. Das ergab einen Ausgleich für die Vorbereitung auf das mündliche Abitur.

Im Frühjahr und Sommer 1961 war der Flüchtlingsstrom aus dem Osten immer stärker geworden. Es war zu ahnen, dass etwas passieren würde, um ihn zu stoppen. Die Grenzen zwischen der DDR und der Bundesrepublik waren damals schon hermetisch abgeriegelt. An der Grenze DDR/Ostberlin wurde immer schärfer kontrolliert, um potentielle Flüchtlinge abzufangen. Aufgrund des Vier-Mächte-Abkommens für ganz Berlin war Berlin in einer besonderen politischen Situation. Die westlichen Besatzungstruppen hatten das Recht zu einem ungehinderten Zugang auch nach Ostberlin. Fahrzeuge der westlichen Alliierten passierten regelmäßig die Grenzen. Ich war damals der Ansicht, dass man die Kontrollen weiter verschärfen und den Zugang aus der DDR nach Ostberlin weiter einschränken würde. Die dann erfolgte totale Sperrung der Sektorengrenze am 13. August 1961 mit dem folgenden Bau der Mauer hatte ich mir nicht vorstellen können.

Die Absperrung erfolgte in der Nacht von Sonnabend auf Sonntag, ein Zeitpunkt, an dem man auch auf einer Veranstaltung oder einer Party in Westberlin hätte sein können. Waren wir aber nicht, und so war die schöne Ferienzeit plötzlich vorbei. Der Gedanke an Flucht war natürlich sofort da. Die Grenze war aber weiträumig abgesperrt und von bewaffneten Grenztruppen, verstärkt durch Betriebskampfgruppen bewacht. Eine Flucht über die Grenze in Berlin erschien aussichtslos oder zumindest lebensgefährlich. Außerdem hatten wir irgendwie noch die Hoffnung, dass die westlichen Alliierten sich die Verletzung des Vier-Mächte-Vertrags nicht so einfach gefallen lassen würden. Aber außer Panzer bis an die Sektorengrenze zu fahren und diplomatischen Protesten passierte nichts, was uns hätte helfen können.

Die östlichen Behörden wurden dann rasch aktiv. Alle Grenzgänger – es gab ja auch Ostberliner, die in Westberlin arbeiteten – mussten sich melden. Bei mir stellte die Behörde den Sachverhalt fest: Schulbesuch in Westberlin bis zum schriftlichen Abitur. Sehr schön, aber das zählt jetzt nicht mehr. Auf das falsche Pferd gesetzt. Bewährung war das Stichwort, am besten in der sozialistischen Produktion, wie wäre es mit einer Maurerlehre? Alternative war eine ungelernte Tätigkeit als Hilfsarbeiter.

Da ich im Februar 1961, kurz nach meinem 18. Geburtstag, den Führerschein gemacht hatte, war auch eine Tätigkeit als Fahrer in einer staatseigenen Spedition erreichbar. Ich dachte, wenn ich jetzt dem System ausgeliefert bin, dann wenigstens Geld verdienen und nicht als Lehrling auf dem Bau für praktisch nichts arbeiten. Anfang September ging es dann schon los mit der Arbeit bei der Spedition. Der Fahrleiter nahm mich in Empfang und meinte, ich solle doch vielleicht im Büro arbeiten, da gebe es für mich eine bessere Aufgabe. Ich wurde also eingewiesen in die Disposition und Abrechnung der Fahrten.

Eine Kontaktaufnahme nach Westberlin war schwierig, wenn nicht unmöglich. Telefonverbindungen waren nicht herzustellen. Internet gab es nicht. Die Schule hatte uns aber nicht vergessen und so kam plötzlich ein bekanntes Gesicht die Wilhelm-Pieck-Straße entlang. Meine Lehrerin, Frau Dr. Wellmer, erkundigte sich, wie es ginge und was ich machen wollte. Natürlich wollte ich in den Westen, zumal ich inzwischen die Perspektiven im Osten erfahren hatte. Frau Dr. Wellmer versprach Hilfe.

Die nächsten Tage und Wochen verliefen äußerst angespannt. Zunächst hoffte man, über westliche Ausweispapiere die Grenzkontrollen passieren zu können. Ausweisbilder mussten geschmuggelt werden. Diese gefährlichen Aufgaben hatten ehemalige Schüler oder Studenten übernommen. Es bestand immer die Gefahr, dass man bei der Kontaktaufnahme beobachtet wurde und die allgegenwärtige Stasi Informationen erhielt.

Der Osten bekam natürlich über die Fluchtwege auch Kenntnis und so wurde es ein Kampf gegen die Zeit. Die bereits produzierten Ausweise konnten nicht mehr benutzt werden, weil die Kontrollen verändert worden waren und Westberliner überhaupt keinen Zugang nach Ostberlin mehr erhielten. Zum Glück gab es aber Studenten mit Wohnsitz in der Bundesrepublik oder im Ausland, die den Kontakt erneut aufnahmen. Natürlich musste ich auch jeden Tag den Weg zur Spedition antreten, um nicht aufzufallen. Jetzt war schon der 10. September und wir hörten immer wieder von aufgedeckten Fluchtmöglichkeiten.

Über die in Westberlin vorliegenden Pläne der Abwasserkanäle wurden neue Fluchtwege eröffnet. Das Kanalnetz kannte keine Trennung zwischen

Ost- und Westberlin, man musste nur wissen, welcher Kanal bis in den Westen führte. Wir bekamen eine Information, uns in der Nähe der Bornholmer Straße zu versammeln und in der Nacht in den Kanal einzusteigen. Es war eine Gruppe von vielleicht 10 Personen, darunter weitere Schüler der Bertha-von-Suttner-Schule. Auch meine Freundin hatte den Mut, sich dieser Gruppe anzuschließen. Die Gefahr, verhaftet zu werden, war uns schon bewusst, aber wahrscheinlich hatten wir damals das notwendige Alter, um dieses Risiko einzugehen.

Der bezeichnete Kanaleinstieg lag auf dem Bürgersteig der Straße Esplanade an einer Grünanlage. Während der Erste den Kanaldeckel öffnete, versuchten sich die anderen in der Grünanlage möglichst unsichtbar zu machen. Es war gegen zwei Uhr und in den umliegenden Häusern schien alles ruhig, trotzdem konnte jederzeit eine Streife der Grenztruppen auftauchen, die Grenzanlagen begannen in wenigen hundert Metern Abstand. Und wir bekamen einen fürchterlichen Schreck, als wir feststellten, dass der Einstieg zu keinem Abwasserkanal führte. Entlang der Grünanlage auf dem Bürgersteig wurden nun hektisch andere Kanaldeckel geöffnet, aber alles war negativ. Die Gefahr entdeckt zu werden mit einer Gruppe mitten in der Nacht wurde immer größer. Wir mussten den Versuch abbrechen.

Auf meiner Arbeitsstelle hatte ich mich krank gemeldet. Bei längerer Abwesenheit musste mit Nachforschungen gerechnet werden. Den nächsten Tag verbrachten wir in einer konspirativen Wohnung in Pankow. Auf die Straße sind wir nicht gegangen, um nicht zufällig Bekannte zu treffen. In der nächsten Nacht wagten wir einen weiteren Versuch, nachdem uns der Einstieg genauer beschrieben worden war.

Tatsächlich war der Kanaleinstieg mitten auf der Straßenkreuzung Esplanade/Toblacher Straße. Das hatte in der Nacht zuvor niemand in Erwägung gezogen. Die Kreuzung war gut einsehbar und, wie wir fanden, sehr gut beleuchtet. Auch Wohnhäuser waren dicht dabei, aber jetzt gab es kein Zurück mehr. Der Kanaldeckel wurde hochgestemmt, und diesmal war es ein Regen- und Abwasserkanal und wir hofften, dass es der richtige und dass er nicht abgesperrt war. Die Gruppe verschwand von der Straße im Kanaleinstieg so schnell es ging, und da man den Deckel nur von der Straße wieder schließen konnte, blieb ein Fluchthelfer zurück.

Die Richtung nach Westen war klar, aber bei der nervösen Anspannung hätte das nicht jeder erkannt. Wie lange wir im zum Glück nur kniehohen

Wasser laufen mussten, kann ich nicht erinnern, aber endlich kamen wir am Sperrgitter an. Das Gitter ließ am Boden einen Spalt frei und nun mussten alle unter dem Gitter durch tauchen. Zum Glück war es ja mitten in der Nacht und Abwässer wohl nicht dabei, aber das hätte uns auch nicht mehr abgeschreckt. Hinter dem Gitter waren wir im Westen, Fluchthelfer haben uns erwartet. Wir waren überglücklich. Der Ausstieg wurde von einem Kleinbus abgeschirmt, damit man möglichst von östlicher Seite nichts sehen sollte. Dann ging es erst einmal in die Wohnung der Familie eines Schulkollegen zum Trocknen und Umziehen. Es war geschafft, der Osten lag hinter uns, ziemlich genau einen Monat nach dem 13. August 1961. Es dauerte nur wenige Tage, bis auch unser Fluchtkanal entdeckt wurde und die Grenze immer unpassierbarer wurde.

Dann hatte uns die Schule wieder. Die schriftlichen Arbeiten zum Abitur hatte ich vor dem Mauerbau geschrieben. Nun folgte der mündliche Teil und ich hatte schon Sorgen, ob die schriftliche Arbeit in Russisch gereicht hatte. Als ich zum ersten Mal wieder zur Schule kam, traf ich noch vor dem Gebäude meine Russisch-Lehrerin, die mich herzlich begrüßte, aber doch meine Sorgen fühlte und mich schnell erlöste. Meine Arbeit war mit „4" bewertet worden, das entsprach meinen Vorzensuren, da musste ich nicht in die mündliche Prüfung, mir fiel ein Stein vom Herzen.

Die Freude über die gelungene Flucht fiel nun zusammen mit der Freude, das Abitur bestanden zu haben, und es wurde kräftig gefeiert. Ich hatte mich zum Studium entschlossen und mich an der FU Berlin in Volkswirtschaftslehre eingeschrieben. Es kamen mir aber Zweifel, ob ich mich in Berlin auf ein Studium würde konzentrieren können. Die gewonnene Freiheit enthielt in Berlin Verlockungen, denen zu widerstehen mir nicht leichtgefallen wäre. Die Entscheidung, in eine fremde Umgebung zu wechseln und an der Uni Nürnberg Wirtschaft zu studieren, war sicher in der Summe der Faktoren richtig. Der Kontakt zu den Klassenkameraden ging bis auf wenige Ausnahmen verloren. Das Studium konnte ich aber in der Regelstudienzeit erfolgreich abschließen und das war damals das Entscheidende für den weiteren Lebensweg.

Heranwachsen und Schulzeit im geteilten Berlin sowie später die verbliebenen familiären Verbindungen mit Ostberlin haben mein politisches Interesse stark geprägt. Mein Verständnis für die Probleme der geteilten Stadt und dann für das wieder vereinigte Berlin wurde im rheinischen Köln, wo ich seit vielen Jahren lebe, häufig nicht geteilt.

Festlicher Rahmen für eine Schulveranstaltung

zum 200. Todestag von Georg Friedrich Händel im November 1959

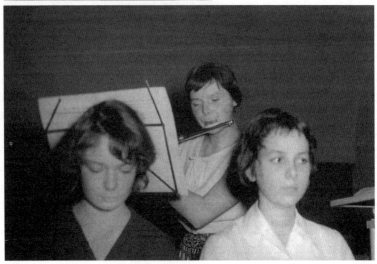

Helga Wolter

Glück gehabt

Erleichtert atme ich auf. In der Ferne naht der Bus, der nicht wieder irgendwo auf der Strecke liegen geblieben ist. Die Chance, pünktlich die Schule zu erreichen, ist gestiegen. Allerdings muss ich noch nach einem kurzen Fußweg die Grenze zu Westberlin passieren. Die Straße ist dort total abgesperrt. Nur auf dem Bürgersteig ist ein schmaler Durchlass für Fußgänger, der am Kontrollhäuschen vorbeiführt. „Ausweiskontrolle! Wohin wollen Sie?" Nachdem ich meinen Weg fortsetzen darf, erneutes Aufatmen. Heute also keine Mappen-Kontrolle.

Bald erreiche ich dann den Bus in Westberlin, der mich zur Bertha-von-Suttner- Oberschule, damals noch in der Emmentaler Straße gelegen, bringen soll. Jetzt kann ich noch einmal in Ruhe die Nase ins Buch stecken. So wiederholt sich der tägliche Schulweg. Oft genug aber geht es nicht so glatt ab, wofür die Lehrer dann bei Verspätung nicht immer Verständnis zeigen.

Zuvor – bis zum Sommer 1956 - besuchte ich die achtklassige Grundschule in Glienicke/Nordbahn im Norden Berlins. Der Ort lag auf dem Gebiet der DDR und grenzte unmittelbar an Westberlin. Man versuchte dort, bereits die kleineren Kinder für die damalige Politik zu gewinnen. Es gab Bonbontüten und Zuckerschnecken an politischen Feiertagen oder Geburtstagen von Politikern. Es war nach den Weihnachtsferien, als die Klassenlehrerin unserer dritten Klasse fragte, wer denn wohl gerade Geburtstag gehabt hätte. Voller Spannung rutschte ich schon auf meinem Stuhl hin und her, hatte ich doch gerade erst meinen Geburtstag Ende des Jahres gefeiert. Wie groß war meine Enttäuschung, dass unser damaliger Präsident Wilhelm Pieck gemeint und von meinem Geburtstag gar keine Rede war.

Am Maifeiertag mussten alle Schüler geschlossen durch den Ort gehen, sozusagen demonstrieren. Später gab es auf dem Schulhof Fahnenappelle, regelmäßig auch Versammlungen im Olympia-Kino mit Auszeichnungen vorbildlicher Pioniere oder fleißiger Lumpensammler und Abstrafung missliebiger Schüler vorne auf der Bühne vor versammelter Schülerschaft. Dieses Kino brannte übrigens kurz nach dem Mauerbau total ab, es befand sich unmittelbar an der Grenze. Als Stalin starb, spiegelte sich in der lauthals geäußerten Bemerkung eines Mitschülers „endlich is det Aas dot" vermutlich die Einstellung so mancher Elternhäuser wider. Ob diese Äußerung noch Folgen nach sich trug, entzieht sich meiner Kenntnis.

Die Fluktuation unter den Lehrern war recht deutlich zu spüren, die Nähe der Schule zu Westberlin diente offensichtlich als Sprungbrett für so manchen Ortswechsel. Wenn diese Lehrer uns zuvor auch weismachen wollten, dass im Westen gekaufte Sachen nichts taugen, warum erstanden wir Dinge, die ein paar Jahre halten sollten wie z. B. Schuhe, ausgerechnet in diesem verdammten Westen?

Ich erinnere mich sehr deutlich, dass eines Tages ein ganzer Schwarm von Schülern in unsere Klasse kam, die zuvor Westberliner Schulen besucht hatten. Man hatte die Eltern aufgefordert, ihre Kinder aus den Westberliner Schulen zurückzunehmen. Andernfalls müssten die Eltern mit Arbeitsplatzverlust oder anderen Strafen rechnen.

Meine Eltern hatten in dieser Hinsicht mehr Glück, lag der Arbeitsplatz meines Vaters, den er bereits seit Mitte der dreißiger Jahre innehatte, im inzwischen Westberliner Hermsdorf. Man wurde zwar nun als „Grenzgänger" abgestempelt, aber vor Arbeitsplatzverlust brauchte sich mein Vater wenigstens nicht zu fürchten. So besuchten meine beiden älteren Geschwister bereits Schulen in Westberlin, obwohl mein Vater immer wieder aufgefordert wurde, seine Kinder auf DDR-Schulen zu schicken, und auch mehrfach persönlich von den zuständigen Kreisämtern vorgeladen wurde.

Einfach war es für meine Geschwister manchmal auch nicht. Meine ältere Schwester war in der siebenten Klasse auf ein Westberliner Gymnasium gekommen und musste erst einmal zwei Jahre Englisch nachholen. Nachdem alle Zugänge von Glienicke nach Westberlin nach dem 17. Juni 1953 versperrt worden waren, mussten beide im Morgengrauen mit dem Fahrrad zum Nachbarort Schildow fahren, dort die „Heidekrautbahn" nach Berlin-Wilhelmsruh besteigen und dann mit der S-Bahn nach Berlin-Hermsdorf fahren. Die Zeit nach der Schule mussten sie häufig bei Verwandten verbringen, bis der Zug wieder zurückfuhr.

Nach einiger Zeit wurde wenigstens wieder ein Übergang für Fußgänger und Radfahrer geöffnet. Auch meine Geschwister mussten dann die Kontrollen über sich ergehen lassen. So wurde mein älterer Bruder, als er auf dem

Fahrrad und mit dem Cello auf dem Rücken auf seinem Weg zum Unterricht den Durchgang passieren wollte, aufgefordert, in die Kontrollbude zu kommen und etwas auf dem Cello zu spielen. Er folgte der Aufforderung und spielte das bekannte „Largo" von Händel, das auch bei Beerdigungen gerne als Musikstück gewählt wird. Der Kontrollfritze war wohl ganz angetan. Jedenfalls hatte mein Bruder ihn offenbar überzeugt, dass er das Instrument selbst spielt und nicht als „Schmuggelgut" ausführen wollte.

Auch meinem Vater platzte regelmäßig bei Grenzübertritten der Kragen, und oft hatten wir Befürchtungen, dass ihm das Wort „Kremlknechte" zu laut entfuhr.

Ich hatte also 1956 die achtklassige Grundschule mit Russisch als erster Fremdsprache ab der fünften Klasse beendet. So stand nun die Frage nach einer weiterführenden Schule an. Nach Einspruch meines Vaters gegen die Ablehnung, mich in die Oberschule aufzunehmen, erhielten wir den schriftlichen Bescheid mit der Begründung „mangelnde gesellschaftliche Betätigung", sprich: Nichtmitgliedschaft in der Pionierorganisation. Außerdem war ich ja auch kein erwünschtes „Arbeiter- und Bauernkind", der Status meines Vaters als „Grenzgänger" und seine Einstellung zum Staat waren sicher bekannt. Zu allem Überfluss war ich nach der Konfirmation auch noch in die „Junge Gemeinde" eingebunden, was den staatlichen Stellen sowieso ein Dorn im Auge war. Der Pfarrer der Gemeinde war oft genug bespitzelt worden, äußerte seine Meinung aber mutig von der Kanzel.

Also erkundigte sich mein Vater beim Schulamt in Westberlin und erfuhr von der Möglichkeit, eine Schule mit Klassen für Schüler mit „Ost-West-Hintergrund" zu besuchen. Das heißt, man begann die Oberschule mit der neunten Klasse, die Versetzung erfolgte im bisherigen Turnus (im Herbst), Russisch wurde als erste Fremdsprache bis zum Abitur weitergeführt und Englisch setzte erst in der neunten Klasse ein. Die nächstgelegene Schule dieser Art war für mich also die Bertha-von-Suttner-Oberschule in Berlin-Reinickendorf. Diese teilte sich damals das Gebäude mit dem Friedrich-Engels-Gymnasium, was bedeutete, dass der Unterricht der beiden Schulen im Schichtunterricht mit Früh- und Spätschichten im wöchentlichen Wechsel stattfand.

Mein erster Klassenlehrer dort war Dr. Klinkott, ein schon etwas älterer freundlicher Lehrer, der mich mit seiner gütigen Ausstrahlung und Kompetenz in den Fächern Deutsch und Erdkunde beeindruckte. Alle Schüler hatten irgendetwas mit „Ost-West-Geschichten" zu tun. Und so gab es eigentlich auch in dieser Hinsicht keine Außenseiter. Wir wuchsen als Klasse ziemlich schnell zusammen, ich fand auch bald eine „Freundin fürs Leben".

Bald wurden für uns Klassenfahrten nach Grabau bei Bad Oldesloe organisiert und von Herrn Metzlaff, unserem damaligen Klassen- und Englischlehrer, geleitet. Schüler, die wie ich auch noch auf dem Gebiet der DDR oder in Ostberlin wohnten oder sonst etwas zu befürchten hatten, wurden nach Hamburg geflogen. Wir gelangten von dort aus zu unserer Ferienunterkunft, einer größeren Villa im Park. Vormittags wurden die Fächer der jeweils begleitenden Lehrer unterrichtet. Wir lernten Lübeck kennen und Schleswig und erkundeten auf weiteren Ausflügen die Umgebung.

Einmal baten wir Mädchen Herrn Metzlaff beim Gute-Nacht-Sagen ins Zimmer, damit er uns etwas aus seinem Leben erzähle, was er auch tat. Mr. M. saß also auf einem Schemel mit gerötetem Kopf (oder bildeten wir uns das nur ein?) inmitten des Raumes und erzählte uns davon, was er vor seiner Zeit als Lehrer, ich glaube u. a. auf See, erlebt hatte. Das fanden wir auch prima.

Beim Schulleiter Dr. Lehmann hatten Uta, ich und ein Schüler der Oberstufe mit einem Trio aus Klavier, Flöte und Cello einen Stein im Brett. Wir umrahmten nämlich öfter Schulveranstaltungen musikalisch. Ein Orchester gab es damals noch nicht. Andere Mitschüler engagierten sich beim Theaterspiel, im Chor oder bei sportlichen Veranstaltungen.

Da konnten einem auch Bemerkungen von Lehrern, ob man nicht Zeitung lesen würde oder ob das Turnhemd nicht weißer ginge, wenig anhaben. Man schwieg aus Schüchternheit und dachte sich nur seinen Teil. Diesen Lehrern war dabei sicher nicht bewusst, dass man das wenige Westgeld nicht für Waschpulver ausgeben oder öfter neue Turnhemden kaufen konnte und auch nicht Westzeitungen über die Grenze mitnehmen durfte.

Das Abitur näherte sich 1961, die schriftlichen Arbeiten waren überstanden, die mündlichen Prüfungen standen nach den Sommerferien an. Meine Eltern fuhren in den Urlaub nach Österreich und nahmen natürlich meinen jüngeren Bruder von sieben Jahren mit. Mein älterer Bruder reiste nach Erledigung von Uni-Arbeiten noch nach.

Die Reisevorbereitungen sahen dann so aus, dass man einen leeren Koffer in Westberlin deponierte und den Kofferinhalt einzeln Stück für Stück über die Grenze brachte. Dann hoffte man, auf dem Flughafen Tempelhof nicht von DDR-Leuten erkannt und später wegen eventuellen Passvergehens belangt zu werden, was sicher wenig lustig gewesen wäre. Der Flug meiner Eltern ging in diesem Fall nach München und von dort fuhren sie mit dem Zug zu ihrem Urlaubsort.

Wegen der bevorstehenden Abiturprüfung blieb ich zu Hause in Glienicke in der DDR, hütete das Haus und las mich durch den Stapel Bücher, den ich mir aus der Amerika-Gedenk-Bibliothek ausgeliehen hatte. Wir wussten ja damals meistens nicht, in welchen Fächern wir mündlich geprüft werden würden. Selbst die Bemerkung von Herrn Münzel, unserem Deutschlehrer: „Na Helga, was denken Sie denn, in welchem Fach Sie geprüft werden?" brachte mich nicht auf die Idee, dass es dann auch das Fach Deutsch sein könnte.

Vor der Abreise meiner Eltern legte mein Vater mir nahe, mich am Wochenende bei Verwandten in Westberlin aufzuhalten. Es war inzwischen in der DDR ein merkwürdiges politisches Klima. Täglich flüchteten viele Leute in den Westen, sogenannte Grenzgänger wurden öffentlich angeprangert und vieles mehr. Wenn früher Straßen nach Westberlin zeitweise abgesperrt worden waren wie nach dem 17. Juni 1953, geschah dies häufig am Wochenende.

Am Samstag, dem 12. August 1961, machte ich mich also auf den Weg zu meiner Schwester, die sich inzwischen wegen ihrer Berufsausbildung in Westberlin aufhielt. Zuvor, Weihnachten 1960, wollte sie uns zu Hause in Glienicke besuchen. Dazu passierte sie mit meinem Ausweis, den ihr mein Vater überbrachte, und tief ins Gesicht gezogenem Kopftuch die Personenkontrolle am Schlagbaum Schildow. Tagsüber traute sie sich nicht aus dem Haus und beim Klingeln flüchtete sie in Richtung Bodenkammer. Es war schon eine Zitterpartie. Ihr Aufenthalt in Westberlin galt ja als Republikflucht und war damals nicht gerade ein Kavaliersdelikt.

Nun trafen wir uns also in der Wohnung meines ein Jahr zuvor verstorbenen Großvaters in Berlin-Kreuzberg. Mein Vater hatte das Mietverhältnis erst einmal weiter aufrechterhalten. Wir standen sozusagen mit einem Bein im Osten, mit dem anderen im Westen, es war schon eine unsichere Lage.

Ich führte meine Schultasche bei mir. Darin befanden sich mein Fotoalbum, ein (!) Winterstiefel meiner Mutter, ein Band „Schiller" aus Vaters Bibliothek, meine Schildkröt-Lieblingspuppe aus der Kindheit, die ich auf dem Rückweg in Pankow reparieren lassen wollte, und ein kleines Päckchen für einen ehemaligen Schulkameraden, der sich in Ostberlin im Krankenhaus befand und dem ich ebenso auf dem Rückweg einen Besuch abstatten wollte. Für jeden Gegenstand hatte ich mir eine Begründung für die Mitnahme überlegt, falls ich am Potsdamer Platz aus dem Zug geholt und kontrolliert worden wäre, was aber zum Glück nicht der Fall war. So wäre ich sicher in Schwierigkeiten z. B. wegen Fluchtverdachts gekommen, wenn ich im Sommer ein komplettes Paar Winterstiefel mitgeführt hätte.

Abends wollte ich dann doch wieder nach Hause fahren, weil ich wegen des bevorstehenden Abiturs keine Ruhe hatte. Aber da es verkehrsmäßig immer etwas langwierig war, besonders abends wieder nach Glienicke zu gelangen, ließ ich mich von meiner Schwester überreden, doch über Nacht zu bleiben.

Am nächsten Morgen ging ich zum U-Bahnhof Gleisdreieck, um wieder nach Hause zu fahren. Die Frau im Schalterhäuschen schaute mich an und meinte: „Die U-Bahn? Die fährt nicht mehr!" Das war gewissermaßen mein Glück, denn sonst wäre ich als einzige der Familie im Osten geblieben.

Meine Schwester und ich bekamen dann also erst das ganze Ausmaß der „Bescherung", die Absperrungen am Potsdamer Platz sowie den Anfang des Mauerbaus am 13. August 1961, mit.

Natürlich waren wir darüber sehr bestürzt, waren wir doch plötzlich von unserem Zuhause abgeschnitten. Es galt nun unsere Eltern per Telegramm zu benachrichtigen, dass wir alle in Westberlin waren. Meine Eltern hatten die Nachricht über den Mauerbau in ihrem Urlaubsort inzwischen auch erfahren und machten sich über meinen Aufenthalt große Sorgen. Als das Telegramm endlich hinter den „sieben Bergen" ankam, waren sie natürlich sehr erleichtert. Wir hatten unwahrscheinliches Glück gehabt, dass unsere Familie von sechs Personen komplett im Westteil war und nicht durch den Mauerbau auseinandergerissen wurde. Wäre nicht gerade Ferienzeit gewesen, hätte es bestimmt anders ausgesehen.

Meine Eltern hatten nur ihre Sommersachen aus dem Koffer dabei. Es war für sie nicht einfach, alles zu verlieren, was sie sich aufgebaut hatten, aber am meisten zählte doch, dass alle beisammen waren.

Die Sommerferien gingen zu Ende, das mündliche Abitur nahte. Der Mauerbau hatte auch in unsere Klasse eine große Bresche geschlagen. Einige Schüler waren im Ostteil Berlins geblieben, andere waren zufällig im Westen gewesen. Unsere Lehrer halfen uns, wo sie konnten. Zunächst wurden noch einige Mitschüler über die Grenze geschleust, was in den ersten Tagen der Verwirrung weniger kompliziert war als später. Meine beste Freundin kam auch noch mit einem Pass über die Grenze, der einer Westberlinerin gehörte. Ihre Familie blieb aber zunächst noch im Ostteil zurück. Wir wurden mit Kleidung versorgt und auch sonst wurde sich rührend um uns gekümmert.

Am Abiturtag selbst wurden wir von anderen Schülern umsorgt und auch die Lehrer waren recht wohlwollend. Bald konnten wir unsere Abiturzeugnisse entgegennehmen.

Der Verlust von Hab und Gut war für meine Eltern zwar schmerzlich, aber durch unsere Westorientierung konnte das Leben nahtlos, zumindest äußerlich, weitergehen. Mein Vater hatte ja seinen Arbeitsplatz schon vorher im Westteil Berlins gehabt, meine Geschwister konnten ihre Ausbildung fortsetzen und ich konnte gleich im Oktober mit dem Musikstudium beginnen. Unsere Mitschüler im Ostteil der Stadt bekamen auch ihr Abiturzeugnis, was jedoch dort nicht ohne Weiteres anerkannt wurde, weshalb sie ihr Abitur erst - z. B. durch den Besuch der Abendschule - nachholen mussten.

Erst fast dreißig Jahre später war der „Ost-West-Spuk" vorbei. Als ich nach dem Fall der Mauer vor dem Fernseher vor Freude heulte, schaute mich mein Sohn ziemlich entgeistert an: „Was hast Du denn?"

Da ich ja zwanzig Jahre meiner Kindheit und Jugend in Glienicke verbracht und mein Vater mit der Familie häufig Radtouren mit Zelt ins Umland, sogar bis zur Ostsee, in den Harz und nach Thüringen unternommen hatte, waren uns diese Gegenden nach dem Mauerfall gleich wieder vertraut. Und wir waren glücklich, dass wir diese und andere Teile Deutschlands wieder ohne Schikanen an den Grenzen besuchen konnten.

Es fehlen Roland und Klaus
Christian weilt in Amerika

Abiturfoto der Klasse m1 mit ihrem Klassenlehrer Hans Münzel
(Deutsch, Geschichte)

Im Osten geblieben

Als ich 1961 im letzten Schuljahr nach den schriftlichen Abiturprüfungen in die Sommerferien ging, ahnte ich nicht, dass ich meine Schulkameraden für eine sehr lange Zeit und meine Schule in Berlin-Reinickendorf für 28 Jahre nicht mehr wiedersehen würde. Einige meiner Mitschüler hatten im Verlauf der fünf Schuljahre (1956 - 1961) den ehemaligen Wohnort in der DDR bzw. Ostberlin aufgegeben und waren mit ihrer Familie nach Westberlin übergesiedelt oder unter Zurücklassung aller Besitztümer geflüchtet, andere waren ohne ihre Eltern geflohen und lebten in Schülerheimen. Viele wohnten trotz Schulbesuchs in Westberlin gemeinsam mit ihren Eltern weiterhin in Ostberlin.

So war es auch bei mir. Mein Vater hatte bereits seit den 50er Jahren eine feste Stelle im Westberliner Großhandel, war also Grenzgänger und fuhr jeden Tag mit der S-Bahn von Pankow nach Moabit zur Arbeit und nach Feierabend wieder nach Hause. Sein Gehalt bekam er zu 40 % in DM-West- und zu 60 % in Ostmark. Wir hatten in Pankow eine schöne große Altbauwohnung, mein Vater war in seinem Job keinem politischen Druck ausgesetzt und unsere materielle Situation war für damalige Verhältnisse recht zufriedenstellend.

Als Kind aus der Familie eines Grenzgängers war ich jedoch für die DDR-Behörden nicht geeignet, nach Beendigung der Grundschule in Ostberlin eine Oberschule zu besuchen, ein entsprechender Antrag wurde ohne Begründung abgelehnt. Meine Eltern hatten aber gehört, dass es in Westberlin eine Möglichkeit gab, ab der 9. Klasse in speziellen „Ostklassen" die Schulausbildung fortzusetzen, und meldeten mich erfolgreich in der Bertha-von-Suttner-Oberschule im Bezirk Reinickendorf an.

Dort begann ich im September 1956 mit vielen anderen, die ein ähnliches Schicksal hatten, in der 9m1 den weiterführenden Unterricht zur Erlangung des Abiturs. Ähnlich wie mein Vater fuhr ich nun jeden Tag entweder mit dem Fahrrad oder im Winter mit der S-Bahn von Pankow nach Gesundbrunnen und dann mit dem Bus zur Emmentaler Straße bzw. - nach dem Umzug der Schule - zur Reginhardstraße. Dabei überquerte ich die Grenze mit dem Fahrrad an der Klemkestraße genau dort, wo heute ein großes Holzkreuz an den Tod von Horst Frank (Jahrgang 1942) erinnert, der am 29.04.1962 im Kugelhagel der Grenzsoldaten verstarb.

Die Ostberliner Grenzkontrolleure kannten uns schon, wir grüßten uns und auf dem Rückweg ließen sie sich manchmal unsere Schultaschen wegen des Mitführens von unerlaubtem „Propagandamaterial" (Zeitungen oder auch bestimmte Bücher) zeigen. In der S-Bahn fand die Kontrolle auf dem letzten Bahnhof im Ostsektor statt, d. h. die Zöllner stiegen Bahnhof Pankow ein und Bornholmer Straße wieder aus, jeweils zwei Mann pro Wagen. Es sollte natürlich besonders auf Leute geachtet werden, die dabei waren, ihre wertvolleren Habseligkeiten in Vorbereitung der Übersiedlung nach Westberlin schon dorthin zu bringen. Teilweise war die S-Bahn morgens so voll, dass die Zöllner in der kurzen Zeit zwischen den beiden Stationen gar nicht durch den Wagen kamen, es wurde gedrängelt und geschubst, bis sie resigniert wieder abzogen.

Trotzdem haben wir auch sehr oft erlebt, dass Personen zu intensiveren Kontrollen mitgenommen wurden. Wir Schüler haben das Austricksen der Zöllner mehr als Sport genommen und so wanderte mancher begehrte Kunstbildband und manche Schallplatte in unseren Schultaschen in den Westen.

Die Oberschulzeit habe ich gegenüber der Grundschulzeit als sehr befreiend empfunden. Leider war ich kein guter Schüler, einmal kam sogar ein blauer Brief. Besonders geschätzt habe ich das Heranführen an die Literatur durch unseren Deutschlehrer, den Kunst- und Sprachunterricht und die vielfältigen außerschulischen Aktivitäten - Theater-, Konzert- und Ausstellungsbesuche – sowie die Fahrt ins Schullandheim nach Schloss Grabau (Schleswig-Holstein), wo man uns in Ostberlin Ansässige nicht über die Transitwege schickte, sondern mit einem Flugzeug der BEA (British European Airways) von Berlin-Tempelhof nach Hamburg beförderte. Für den Rückflug kam eine umgebaute Militärmaschine zum Einsatz. Das war schon ein unvergessliches Erlebnis.

Dennoch blieb mein Lebensmittelpunkt immer in Pankow in meinem Kiez, dem Klausthaler Platz. Dort hatte ich meine Freunde (und Freundin) und war aktiv in der „Jungen Gemeinde" der Evangelischen Kirche. Sehr verbunden war ich auch mit meinen Großeltern, die ein kleines Haus in Berlin-

Grünau hatten, in dem heute unsere Tochter mit ihrer Familie lebt. Dort verlebte ich sehr oft die Wochenenden auf der Dahme, einem Nebenfluss der Spree, wo mein Großvater eine Zeit lang bei der Ausflugsschifffahrt arbeitete.

Im Jahre 1961 nahm die Fluchtbewegung aus der DDR und Ostberlin dramatisch zu. Jeden Tag wurden in den westlichen Medien steigende Zahlen veröffentlicht. Es war uns eigentlich allen klar, dass es so nicht weitergehen konnte, nur wie die Lösung konkret aussehen sollte, haben zu diesem Zeitpunkt nur wenige geahnt. So gingen wir alle relativ unbeschwert in die verdienten Ferien und merkten erst zu spät, dass Ulbricht mit seiner Aussage in seiner Rede am 15. Juni 1961 „... niemand hat die Absicht, eine Mauer zu bauen" genau dieses Ereignis angekündigt hatte. Als wir am Morgen des 13. August 1961 aufwachten - der Sonntag war für diese einschneidenden Maßnahmen natürlich der einzig geeignete Tag -, wurden wir von den Nachrichten überrascht, dass die Grenze zu Westberlin und dem Bundesgebiet dicht gemacht worden war.

Große Ratlosigkeit herrschte bei uns und befreundeten Kollegen meines Vaters, die in der gleichen Situation waren. Gemeinsam wurde ein Erkundungsgang in Richtung Wollankstraße unternommen, um zu sehen, was sich dort tat. Weit kamen wir nicht, die Grenze war weiträumig durch Posten abgeriegelt, im Hintergrund sah man bewaffnete Grenzsoldaten und Kampfgruppenangehörige an Zäunen und Mauern arbeiten.

Die Situation war für unsere Familie sehr ernst, mein Vater konnte nicht mehr zu seiner Arbeit, ich wusste nicht, ob ich mein Abitur noch zum Abschluss bringen konnte. Uns war aber auch klar, dass wir in dieser überhitzten Situation nicht irgendetwas Unüberlegtes tun würden. So warteten wir ab, was der Arbeiter- und Bauernstaat für uns geplant hatte. Am nächsten Tag stand es in der Zeitung. In allen (Ost-)Stadtbezirken gab es Arbeitsvermittlungen, bei denen man sich melden sollte. Man empfahl mir, eine Berufsausbildung zu beginnen, um dann später studieren zu können.

Inzwischen setzten unsere Schule, Lehrer, Schüler und Eltern eine mutige Hilfsaktion in Bewegung, um die im Osten Verbliebenen mit Pässen und auf unterirdischen Fluchtwegen in den Westen zu holen. Auch ich hatte so ein Angebot erhalten. Ich habe es aus verschiedenen Gründen nicht genutzt. Als einziges Kind wollte ich meine Eltern und Großeltern nicht verlassen, keiner wusste ja, wann man sich wieder sehen würde. Hinzu kam die Angst, dass die Aktion auch hätte schief gehen können; meine Eltern haben mir damals die Entscheidung selbst überlassen, mir weder zu- noch abgeraten.

So stand ich dann im September 1961 als Lehrling am Schraubstock des VEB Bergmann-Borsig und lernte die Grundlagen der Metallbearbeitung. Nach dem Abschluss der Lehre im Jahre 1964 und dem in der Zwischenzeit an der Abendschule abgelegten Ost-Abitur (mit wesentlich besseren Noten als bei dem mir nachträglich ausgehändigten West-Abitur) bekam ich ohne Probleme einen Studienplatz in einer technischen Fachrichtung.

Die Jahre nach 1961 in der DDR waren von völliger Abschottung gegenüber dem Westen gekennzeichnet. Wir sollten nun ohne Störungen von außen den „Sozialismus" aufbauen.

Aber es gab auch so etwas wie die wilden 60er Jahre im Osten. Ich kann mich an heftige private Kellerpartys erinnern, wo sich Gleichgesinnte trafen und neben Musik und Tanz auch intensive Gespräche stattfanden. Die „Junge Gemeinde" war in dieser Zeit auch ein Ort, wo wir uns sehr aufgenommen fühlten. Und nicht zu vergessen: das wirklich sehr gute Angebot an Theater-, Konzert- und Opernaufführungen, die für wenig Geld besucht werden konnten.

Für meine Schulkameraden der BvS war ich trotzdem nicht abgeschrieben. Es gab vielfältige Kontakte, Besuche, Post und Pakete über all die Jahre. Nach dem Passierscheinabkommen fanden sogar regelmäßige Besuche in Form von Miniklassentreffen statt. Dabei sind mir einige sehr schöne Unternehmungen in Erinnerung wie z. B. die Fahrt in den Spreewald oder zum Kloster Chorin und zum Schiffshebewerk Niederfinow.

1968 wurde das zarte Pflänzchen des Prager Frühlings mit Gewalt beendet und natürlich spürten wir in der DDR auch die Auswirkungen. In diesem Jahr habe ich geheiratet, wir beendeten unsere Studien, die Arbeit, die Erziehung der Kinder, später Grundstück und Hausbau - es war nicht viel Zeit zum Nachdenken. Reisebeschränkungen, mangelnde Versorgung und Gängelei nervten uns. Wir hätten uns alle einen anderen Staat gewünscht. Dennoch hatten wir als Ärztin und Ingenieur eine gewisse berufliche Unabhängigkeit. Das Privatleben spielte sich mit Freunden auf unserer "Ranch" ab, die Gartenfeten sind unvergessen, wir lebten mit Gleichgesinnten ein bisschen wie in einer Kommune.

1984 musste wieder einmal Druck aus dem Kessel DDR abgelassen werden, einige unserer Freunde verließen uns in Richtung Westen. Das waren traurige Abschiede. Und dann: 1986 war der Beginn der Reiseregelungen für DDR-Bürger in bestimmten Familienangelegenheiten und wir machten unsere ersten aufregenden Westreisen. Damit war das Volk in zwei Gruppen gespalten: in eine, die reisen durfte, und in eine andere, die keine Aussicht auf solch eine Reise hatte, weil ihnen die entsprechende Verwandtschaft im Westen fehlte. Der Unmut stieg. Die Kommentare zu den Ereignissen auf dem Platz des Himmlischen Friedens und der Ausgang der Kommunalwahl 1989 waren auch für uns das Zeichen, dass sich etwas ändern musste und dem verkalkten Regime nicht mehr zu helfen war. Alle, die wir kannten, machten ihre Wahlzettel ungültig, trotzdem kamen die gewohnten 99,8 % heraus.

Ende Oktober 1989 setzten wir unseren Sohn, damals 18 Jahre, auf seinen eigenen Wunsch in Schönefeld in ein Flugzeug nach Budapest, von wo er über die grüne Grenze nach Westdeutschland fliehen wollte. Er stand nun vor der gleichen Entscheidung wie ich damals vor 28 Jahren. Keiner konnte ahnen, wann wir uns wieder sehen würden, und keiner konnte damit rechnen, dass das schon so kurze Zeit später sein würde.

Als wir dann (es müssen fast alle Ostberliner gewesen sein!) am 4. November 1989 bei einer Großkundgebung auf dem Alexanderplatz standen, herrschten eine Euphorie und ein Staunen, dass eine solche Versammlung möglich geworden war.

Und als wir dann am 10. November aufwachten und die Nachricht vom Fall der Mauer in den Nachrichten hörten (ein Telefon gab bis zu diesem Zeitpunkt nicht in unserem Haushalt!), waren wir sehr aufgeregt, aber auch ein bisschen traurig, dass unsere Kinder nicht bei uns waren. Unsere Tochter war auf einer Klassenfahrt in Kiew und hörte dort etwas später von dem Ereignis. Unser Sohn traf über Wien und Stuttgart erst einige Tage später - noch als politischer Flüchtling - in Westberlin ein.

Ein paar Tage nach dem Mauerfall war dann die ganze Familie wieder vereint und wir saßen zusammen mit Utas Familie bei einem Italiener in Berlin-Moabit und haben kräftig gefeiert.

Dann begann die neue Zeit!

„DDR Das ist die Zukunft Deutschlands"

Die graue Realität - Marx-Engels-Platz in Berlin-Mitte
mit Tribüne für die Abnahme von Staatsparaden

Christian Brinkmann

Ab in den Westen - aber wie?

Vorgeschichte in Wernigerode/Harz

Der 2. Weltkrieg hinterließ seine Spuren, wir kamen aber glimpflich davon. 1943 wurde meine Mutter mit meinen zwei älteren Geschwistern und mir als Baby aus Berlin evakuiert in die Waldmühle vor den Toren von Wernigerode, das Elternhaus meines Vaters, eine Ausflugsgaststätte und Pension, die bis weit in DDR-Zeiten hinein recht erfolgreich von meiner Tante weiter geführt wurde.

Mit weißer Fahne in der Hand meiner Mutter flüchteten wir in den letzten Kriegstagen in die umliegenden Berge, ich wohl am Rockzipfel meiner Mutter und meine Geschwister mit "schwerem Gepäck". Scharmützel zwischen vorrückenden Amerikanern und sich in die Harzer Wälder zurückziehenden SS-Einheiten am Ende des Krieges fanden quasi vor der Haustür statt, während wir noch in Decken eingehüllt und voller Angst im staubigen Keller saßen. Das Kindermädchen hatte in der Aufregung den falschen Sack mit Lumpen erwischt. Heilfroh waren wir trotzdem entkommen zu sein, blieben zwei Nächte im Freien und kamen anschließend in ein Notquartier. Das weiß ich nur vom Hörensagen.

Meine Erinnerung beginnt so richtig erst in einer heute wieder prächtigen Fachwerkvilla in Wernigerode, in die wir nach dem Krieg vom Wohnungsamt eingewiesen worden sind. Die uns zur Verfügung gestellte Drei-Zimmer-Wohnung mit Balkon und Blick auf das Schloss konnte sogar in Teilen an Sommergäste untervermietet werden – mit Ausweichquartier für uns auf dem Dachboden. Da raschelte es nachts mitunter schrecklich, wenn sich Mäuse über unsere Vorräte her machten. Wir Kinder nahmen aber auch gern kleine Belohnungen an, wenn wir Gäste und Gepäck mit selbst gebasteltem Karren vom Bahnhof abgeholt hatten.

Bis 1955 besuchte ich in Wernigerode die Thomas-Münzer-Grundschule. Da herrschte durchaus Zucht und Ordnung, Hände schön gefaltet auf dem Tisch der Schulbank. Meine letzte Ohrfeige habe ich mir wohl in der vierten Klasse eingefangen – von einer gestandenen und weitgehend geschätzten

Klassenlehrerin, die noch aus alten Zeiten stammte. Da war ich wohl mal wieder zu zappelig oder vorlaut gewesen. Russisch ab der 5. Klasse war für alle mühsam, zumal die frisch in der Sowjetunion ausgebildete Junglehrerin auch so ihre Schwierigkeiten hatte, weniger sprachlich als pädagogisch. Kaum zu vergessen die ersten Anläufe: „Nina, Nina, tam kartina äto traktor i motor", mit kyrillischen Buchstaben natürlich – kann man auch ohne Russischkenntnisse verstehen.

Prima fanden alle ein Ferienlager in Warnemünde – eigentlich ein Lager der „Jungen Pioniere", der Jugendorganisation in der DDR, der ich nicht angehörte; aber so genau nahm man das damals in der Grundschule nicht. Und die Pferdebouletten, die zum 1. Mai auf dem schönen Marktplatz von Wernigerode als Anreiz zum Mitmarschieren verteilt wurden, schmeckten uns jedenfalls köstlich. Die Versorgungslage war ja immer noch so angespannt, dass wir in der Schule als kostenlose Schulspeisung (oder mussten wir 5 Pfennige zahlen?) regelmäßig trockene Frühstückssemmeln und Milch erhielten.

Von vielen der damaligen Schwierigkeiten bekam ich wenig mit – sollte wohl auch so sein. In den umliegenden Feldern übrig gebliebene Kartoffeln nachlesen („Kartoffelstoppeln"), Milch mühsam aus den Dörfern rundherum mit dem Fahrrad herbeischaffen, sofort nach Harzer Käse anstellen, wenn es mal wieder welchen gab, Brennholz und Bucheckern für eine Ölmühle sammeln oder auch Pferdeäpfel auflesen für den kleinen Garten am Haus – das war für uns ganz selbstverständlich. Wenn ich eine Bewunderung für die „Trümmerfrauen" der Nachkriegszeit habe mit all ihrer Aufopferung und Kreativität bei der Lösung schier unlösbarer Probleme, gilt dies auch für meine Mutter, wenn auch nur im übertragenen Sinne: Trümmer gab es im weitgehend kriegsverschonten Wernigerode kaum.

Wir freuten uns, als zusätzlich zum verhassten Lebertran auch Fischkonserven und zu Weihnachten Apfelsinen da waren. Wie die so daher kamen, wussten wir Kinder nur vage. Meine Mutter war zeitweilig ganz rege in Tauschgeschäfte über die nahe gelegene grüne Grenze des Harzes hinweg in die Westzone eingebunden. Schleichwege führten über das Brockenmoor oder am Rande des Nordharzes über Stapelburg; teils ging es zu Fuß, teils mit dem Fahrrad. Nicht ungefährlich, insbesondere auch wegen der zunehmend dichter werdenden Kontrollen an der Zonengrenze.

Bei diesen Geschäften half natürlich, dass auf der Westseite des Harzes in Grenznähe mein Onkel seine Landarztpraxis hatte. Damals nicht, aber später wurde kolportiert, dass mein Vater und er, eineiige Zwillinge und auf manchen Bildern auch für mich kaum zu unterscheiden, in der frühen Nachkriegszeit mehrfach und sogar über Wochen hinweg „Bäumleinwechseldich" gespielt und Kontakte auf der anderen Seite der Zonengrenze gepflegt hatten. Die meisten Verwandten lebten im Westen, unsere Orientierung ging von Anfang an dorthin.

Aber dann lief es schief: Meine Mutter musste als „Schieberin" ins Gefängnis. In dieser Zeit half meine Großmutter uns Kinder zu hüten, denn meine Eltern hatten sich zwischenzeitlich scheiden lassen - Spätfolge von kriegsbedingten Trennungen, Kriegsgefangenschaft und Nachkriegswirren, irgendwann nicht mehr zu heilen. Ein Umzug in das weitgehend zerstörte Berlin war ohne Arbeitsplatz dort nicht möglich. Das gemeinsame Haus in Westberlin wurde vermietet und später verkauft. Nach Abzug von Hypotheken und Spesen blieb für beide Seiten ein kleines, aber feines finanzielles Polster – auf einem „Sperrkonto" in Westberlin. Über das Konto konnte zunächst nur mit Genehmigung einer „Währungsüberwachungsstelle" in Westberlin verfügt werden, die sich um die fällige Ausgleichsabgabe (Lastenausgleich) im Wesentlichen zu Gunsten von Flüchtlingen aus den ehemaligen Ostgebieten kümmerte und dubiose Grundstücksgeschäfte bzw. Finanztransfers verhindern sollte. 1954 zog mein Vater wie etliche mit uns befreundete Familien in den Westen, wo er als Bankbeamter wieder Beschäftigung fand.

Vor diesem Hintergrund bereitete meine Mutter auch für uns die Übersiedlung in den Westen vor. Von uns Kindern hatte eigentlich nur meine Schwester eine starke eigene Motivation zu diesem Schritt: Auf der Gerhard-Hauptmann-Oberschule in Wernigerode wurde es für kirchlich orientierte und systemkritische Schülerinnen und Schüler immer enger. Eine Freundin, obwohl Klassenbeste, verließ nach vielen Schikanen als unbeirrbare („unbelehrbare") Christin die Schule.

Nach dem Ost-Abitur zog meine Schwester mit 18 Jahren - und damit nach DDR-Recht volljährig - im Sommer 1954 von Wernigerode nach Westberlin, um dort zusammen mit einer Klassenkameradin Aufbaukurse für das West-Abitur zu besuchen und dann zu studieren, mit Unterstützung und Rückendeckung der Familien natürlich. West-Ost-Kuriosität am Rande: Die beiden Freundinnen durften und mussten zunächst ganz alleine in Westberlin leben und zur Schule gehen, obwohl nach West-Recht damals noch nicht voll-jährig. Aberkannt wurde ihnen die von der DDR verliehene rechtliche Eigen-ständigkeit aber nicht.

Viele schöne Geschichten gibt es, wie die beiden sich in dieser Zeit - wohlgemerkt als Westberlinerinnen - meisterhaft im Ost/Westberliner „Dschungel" relativ frei bewegten und ihren kargen Lebensunterhalt (Senats-stipendium) im Osten aufbesserten sowie Konzerte, Opern und Theater in Ost wie West genossen. Kontakte mit Freunden aus Wernigerode und kirchlichen Stellen in Ostberlin ließen sich pflegen. Und bei allem half der für sie - aber nicht für die Ostberliner - günstige inoffizielle Wechselkurs von einer West-mark zu vier bis fünf Ostmark. Dieser Umtauschkurs wurde vom Osten als „Schwarzmarkt-Kurs" gebrandmarkt: Offiziell wurden Ost- und Westmark damals in vielen Zusammenhängen 1 : 1 verrechnet. Zu erinnern ist aber auch der von Ostberliner Bauarbeitern ausgehende, später die ganze DDR erfassende Arbeiteraufstand in der DDR. Ich habe ihn als 11-Jähriger in der Form erlebt, dass etliche sehr bedrohlich aussehende und auf dem Kopfstein-pflaster dröhnende russische Panzer das für die DDR-Produktion wichtige Elektromotorenwerk Wernigerode abriegelten und alle auf Distanz hielten. Es wurde von Verhaftungen der „Rädelsführer" gemunkelt. Nach wenigen Tagen war für uns der unmittelbare „Spuk" vorbei – verstärkt hatten sich aber Miss-trauen gegenüber den Machthabern und unser Drang in Richtung Westen.

Der komplizierte Weg in den Westen

Wie sollte nun meine Mutter den „Absprung" für sich selbst, meinen Bruder und mich organisieren? Ihr neuer Partner wurde zum Ehemann erko-ren – wohl mehr eine Vernunftehe, um auf dem Wege der Familienzusam-menführung in den Westen zu gelangen. Er war bereits von Wernigerode nach Westberlin gezogen, zu seiner Tochter, die dort eine nicht schlecht lau-fende Kneipe in Moabit betrieb.

Also bereiteten wir unsere damals noch mögliche Ost/West-Familienzusammenführung vor. Das hieß konkret: Meine Mutter und ich zo-gen 1955 für ein Jahr nach Sachsenhausen, Kolonie Friedental, in das kurz vor dem Krieg eher schlecht als recht gebaute Häuschen meiner zwischen-zeitlich verstorbenen Großmutter mit viel märkischem Sand rundherum und kaum befestigten Straßen - aber mit S-Bahn-Anschluss von Oranienburg nach Berlin.

Westberlin lag nur ein paar S-Bahnstationen entfernt, begann in Frohnau, bald danach war Ostberlin, danach Gesundbrunnen (Westberlin) und schließlich wieder Ostberlin mit dem Dreh- und Angelpunkt Friedrichstraße. Kontrollen waren damals eher lasch; der Aufstand vom 17. Juni 1953 lag noch nicht lange zurück, hatte sich insoweit aber nicht ausgewirkt. Das gilt auch für die Übergänge von Berlin in das einfach „Zone", „Ostzone" oder SBZ genannte Umland, obwohl Westberliner damals bereits nicht mehr ohne Genehmigung in die Vororte reisen durften. Auf dem Grenzbahnhof Frohnau kauften wir ganz selbstverständlich wie viele andere aus dem Umland auch noch schnell die im Osten geschätzte Margarine Sanella oder eine Tafel Schokolade Marke Karina – und weiter ging es mit der S-Bahn nach Oranienburg.

Ich besuchte ein Jahr lang die Grundschule in Sachsenhausen bis zum Abschluss der 8. Klasse. Derweil gab es natürlich rege Kontakte nach Westberlin zu meiner Schwester und zum Stiefvater. Mein Bruder war in Wernigerode geblieben und absolvierte derweil sein drittes Lehrjahr im dortigen Elektromotorenwerk mit „Fernbetreuung" durch meine Mutter. Zur Unterstützung war ja auch noch unsere Tante in der Waldmühle vor Ort.

Keine Skrupel hatte ich nunmehr, als „Junger Pionier auf Abruf" (wegen des anstehenden Umzugs) meinen richtig ordentlichen Grundschulabschluss in Sachsenhausen „abzufedern" und mich dabei auch nützlichen Aktivitäten zu widmen wie Einsammeln von Altflaschen und Altmetall - viel mehr habe ich außer unvermeidlichen Fahnenappellen in diesem Zusammenhang nicht in Erinnerung.

Fahnenappell hieß in Reih und Glied antreten, zu besonderen Gelegenheiten mit weißem Hemd und dem blauen Pionierhalstuch, Aufziehen der Fahne der DDR, kurze mobilisierende Ansprache im Hinblick auf die vermeintlich allgegenwärtige Bedrohung durch „die Kapitalisten" in der „BRD", Vasallen der Amerikaner und somit Feind Nr. 1 (zur Diffamierung wurde Bundeskanzler Adenauer in der Plakat-Propaganda z. T. auch „Adenower" geschrieben - entsprechend Dwight D. Eisenhower, oberster Kriegsveteran und Präsident der Vereinigten Staaten), und schließlich dann die Aufforderung durch den Vorsprecher „Seid bereit!" – mit der allfälligen Antwort aller „Immer bereit". Dabei wurde der rechte Arm von vorn nach hinten über den Kopf gezogen. Rituale also, die ziemlich nahtlos an die Nazi-Vergangenheit anknüpften, ohne dass dies uns Kindern damals bewusst sein konnte.

Drei Ferienreisen krönten meinen letzten Sommer in der DDR. Zunächst fuhr ich im Rahmen einer Betriebsferienreise nach Usedom; da hatten wohl private Kontakte den Zugang ermöglicht. Es war wunderschön, aber dann wurde es auch sehr beängstigend. Bei einer Bootsfahrt im Haff hörten wir plötzlich Schüsse: Fischerboote waren zu dicht an die „Deutsch-Polnische-Friedensgrenze" geraten und wurden „freundschaftlich" gewarnt.

Dann eine Fahrradtour mit meinem Bruder nach Rügen, wo wir eine herrliche Woche lang direkt am Ostseestrand zelteten und die Kreidefelsen erkundeten. Schließlich fuhr ich mit meiner Klasse in das Elbsandsteingebirge mit dem Besuch von Dresden und einer Dampferfahrt auf der Elbe.

Alles in allem: So richtig im Groll habe ich mich mit meinen damaligen persönlichen Erfahrungen eines 14-Jährigen nicht aus der DDR verabschiedet. Aber die „Großwetterlage" war eben düster und zwei Seelen in der Brust hatte damals wohl jeder.

Konfirmationsfeier auf dem Dorotheenstädtischen Friedhof

In dieser Konstellation, in Wartestellung noch vor unserer Familienzusammenführung in Westberlin, ein traditionelles Familienfest zu organisieren, war sicher eine besondere Herausforderung. Konfirmiert wurde ich in Sachsenhausen, die Westberliner durften aber nicht in die „Zone", wohl aber nach Ostberlin reisen (meine Schwester und Stiefvater samt seiner Familie). Deshalb haben wir dort die Konfirmation gefeiert, wenn auch auf ungewöhnliche Weise.

Mein Großvater pflegte zu dieser Zeit als Zubrot für seine karge Ost-Rente „Westgräber" auf dem historisch bedeutsamen Dorotheenstädtischen Friedhof in Ostberlin. Hintergrund: Die Schwägerin war mit dem Friedhofsverwalter verheiratet. Das von ihnen damals bewohnte Häuschen am Friedhofseingang steht heute noch, wenn auch nicht in gutem Zustand, in Sichtweite des an den Friedhof grenzenden Domizils von Bertold Brecht in der Chausseestraße in Berlin-Mitte, auch immer noch nicht in gutem Zustand, aber mit einem originellen Restaurant, in dem wieder nach Rezepten von Helene Weigel gekocht wird.

Dort trafen wir uns also Palmarum 1956 kurz vor unserer Übersiedlung: Die Westberliner mit uns Zonenbewohnern (meine Mutter und ich aus Sachsenhausen, mein Bruder aus Wernigerode und Freunde). Wir feierten quasi auf dem Friedhof. Und richtig schön war es, aber drängelig: Die kleine Wohn-stube war für solch einen Ansturm überhaupt nicht ausgelegt.

Alte Probleme – neue Probleme

Ein Stein fiel uns vom Herzen, als unser Möbelwagen mit nach heutigen Maßstäben spärlichem Umzugsgut im Oktober 1956 den Kontrollpunkt Rich-tung Westberlin verlassen durfte. Zuvor war mit der die Umzugsliste (5 Hem-den, 9 Unterhemden, 15 Paar Strümpfe, ein Wandregal mit zwei Trägern...) genehmigenden Kontrolleurin in Oranienburg „vereinbart" worden, dass wir ein paar „wertvollere" Stücke wie eine Zinkbadewanne doch bitte schön ein-fach stehen lassen sollen – Ansätze von Korruption im an sich preußisch-korrekten Staatsapparat der DDR. Wir hatten den legalen Umzug geschafft, und zwar fast perfekt abgestimmt mit dem Ausbildungsabschluss meines Bruders in der DDR und meinem Schulanfang in der Bertha-von-Suttner-Oberschule in Westberlin.

Zum Broterwerb hatte meine Mutter in Berlin-Konradshöhe, idyllisch zwischen Havel und Tegeler See gelegen, ein kleines Zigarrengeschäft mit Spirituosenverkauf erworben, später kam eine kleine private Leihbücherei da-zu. Sie selbst war in Berlin-Tegel aufgewachsen. Ihre Mutter hatte dort einen kleinen, aber gut auskömmlichen Kolonialwaren-Laden. Das sollte in Konrads-höhe wohl ein „Heimspiel" werden.

So ging das aber nicht aus. Die zugehörige Mietwohnung erwies sich als viel zu klein für die nun „wiedervereinigte" Familie – mit vielen Reibereien in der Folge. Mein Bruder brauchte Ruhe für Aufnahmeprüfungen und später den Besuch der Ingenieurschule. Meine Schwester studierte noch. Ich nun in der Oberschule mit neuen Herausforderungen. Und meine Mutter mit einem „Tante-Emma-Laden", der zum Teil davon lebte, dass wie beim Vorgänger außerhalb der Ladenschlusszeiten verkauft wurde und „angeschrieben" wer-den konnte, bis das nächste Geld da war.

Geldprobleme zehrten anfangs und auch später noch an unseren Ner-ven: Der Laden lief nicht so toll, Pensionsansprüche meines Stiefvaters ließen sich nicht so schnell klären, auch war die West-Rente für meinen nun in der Nähe wohnenden Großvater noch nicht bewilligt. Erst zwei/drei Jahre später entspannte sich die Lage: Meine älteren Geschwister wurden finanziell selbst-ständiger. Vor allem aber wurde meine Mutter - nach Verkauf des Ladens -

Küsterin in der Kirchengemeinde. Mit dem Erwerb eines „Hexenhäuschens" in Konradshöhe (Holzhaus aus den 1920er Jahren mit Schotterfüllung in den Wänden, ohne Keller, kleine Zimmer, aber durch Anbau doch schon mit viel mehr Bewegungsspielraum und großem Garten) kehrte Gelassenheit in die Familie zurück. Beim Anbau mussten wir selbst mit anpacken: Da durfte ich als 16-Jähriger dann auch mal in den unvermeidlichen Bierkasten langen, so etwas vergisst man nicht.

Die Bertha-von Suttner-Oberschule – der neue „Heimathafen"

Der Schulweg hatte es in sich – eine halbe Stunde mit dem Fahrrad im Sommer, bis zu einer Stunde mit Straßenbahn und Bus im Winter, aber das alles innerhalb des westlichen Bezirks Reinickendorf. Andere Schüler kamen von noch weiter her, sie pendelten täglich von Ostberlin oder aus dem Umland zur Schule und waren vielfach Schikanen bei Kontrollen an der Sektorengrenze ausgesetzt. Wieder andere lebten ohne ihre Familien in Westberlin. Wie soll da ein normaler Schulalltag entstehen und eine Klasse zusammenwachsen?

Die BvS hatte 1956 schon ein paar Jahre Erfahrung mit solchen „Ostklassen", die dem Umstand Rechnung trugen, dass in den Bezirken Ostberlins und in der DDR gute Schüler aus ideologischen oder religiösen Gründen nicht zur Oberschule gehen durften, von der Schule verwiesen wurden oder einfach das im Viermächtestatut der Stadt verankerte Recht für sich in Anspruch nahmen, ihren Schulort innerhalb Berlins selbst zu bestimmen. Oder sie waren bereits - wie ich auch - „Neubürger" im Westen. Die konnten in mehreren Oberschulen in Westberlin unmittelbar an den bisherigen Lehrstoff der östlichen Grundschule anknüpfen, was im Besonderen auch die Weiterführung von Russisch als erster Fremdsprache bedeutete.

Erfahrung der Schule und persönliches Engagement vieler Lehrer führten dazu, dass wir trotz aller Widrigkeiten den „Systemwechsel" geschafft und letztlich viele von uns auch das Abitur bestanden haben. Zu den Widrigkeiten gehörten neben dem bis 1960 andauernden Schichtunterricht (mit wöchentlichem Wechsel zwischen Vormittags- und Nachmittagsunterricht) nicht nur viele Neuzugänge und Abgänge wegen Umzugs nach Westdeutschland während des ganzen Schuljahrs, sondern auch knappe Ressourcen der Schule selbst. Sie konnte nicht verhindern, dass zeitweilig in den zusammengelegten und dann auch wieder auseinander gezogenen Klassen über 50 Schüler gleichzeitig unterrichtet werden mussten.

Das Bemühen der BvS, uns von Anfang an persönlich anzusprechen, uns als Klasse ein Zusammengehörigkeitsgefühl zu geben und darüber hinaus auch „westliche" Werte und Kulturgüter zu vermitteln, hat sich wohl am deutlichsten im kurzfristig arrangierten dreiwöchigen Aufenthalt im Schullandheim Schloss Grabau in Schleswig-Holstein noch in unserem ersten Schuljahr an der BvS, also in der neunten Klasse, niedergeschlagen.

Ein von mir damals sporadisch geführtes Tagebuch hat mir wieder vor Augen geführt, wie wir damals schon die besonderen Bemühungen unserer Lehrer und Lehrerinnen (wenigstens teilweise) wahrgenommen und gewürdigt haben. Da heißt es z. B. an einer Stelle:

„... gestern haben wir alle in der Klasse ... von unserer Russischlehrerin Frau Gürtler ein kleines russisches Buch mit handschriftlichen Vokabeln (!) bekommen, das wir in 4 Wochen durcharbeiten sollen. Was für eine Arbeit sie sich wieder gemacht hat! Wir haben es bisher bestimmt nicht verdient!"

Und nachlesen konnte ich, wie ich in den ganz normalen Alltag Westberlins hineingewachsen bin und wie trotzdem immer wieder Ost-West-Aspekte im geteilten Berlin eine Rolle spielten. Dass wir zu dieser Zeit in Ostberlin zu Lasten der Ostberliner noch Lebensmittel einkauften, weil in Westberlin zunächst selbst knapp dran, habe ich erst wieder durch das etwa 50 Jahre lang ungelesene Tagebuch ins Bewusstsein gehoben.

Eine „normale" Klasse sind wir sicher nie geworden – wie auch? Gerade deshalb hat es später immer wieder gemeinsame Aktivitäten gegeben, die uns letztlich zusammengeführt und miteinander verbunden haben; z. B. die gemeinsame Tanzstunde, die über die BvS organisiert im „Fuchsbau" gegenüber stattfand, einem Jugendzentrum des Bezirks Reinickendorf. Unser Schulleiter hatte sie uns ausdrücklich empfohlen und gesagt, es gehe ihm auch um die Vermittlung von Gemeinschaftssinn und Umgangsformen.

Unsere zunehmende Selbstständigkeit und Verbundenheit haben wir der Schule gegenüber dann auch einmal in einer Weise demonstriert, dass ihr angst und bange wurde: Wir hatten uns in der elften Klasse darauf verständigt, meine damaligen guten Beziehungen zur Kirchengemeinde Konradshöhe zu nutzen und ein gemeinsames Wochenende im Umfeld der Kirche zu verbringen, Nachtwanderung mit Baden im Tegeler See eingeschlossen. Natürlich keine offizielle Schulveranstaltung, für die BvS dann aber doch so heikel, dass alle Eltern schriftlich darauf hingewiesen wurden, dass die Schule keinerlei Verantwortung übernehmen könne. Damit nun nicht auch noch die Eltern scheu würden, haben wir vom Pfarrer eine Bescheinigung für jeden von uns erbeten und auch erhalten, dass er die Verantwortung übernehme – mit Unterschrift und Kirchensiegel!

Tatsächlich wurde von uns – ich glaube sogar ohne jeglichen Druck – für einen „sittsamen" Ablauf gesorgt: Die Mädchen schliefen alle gemeinsam im Gemeindesaal. Und auch die am Strand aus dem Dunkeln auftauchende Polizei ließ sich überzeugen, dass bei uns alles mit rechten Dingen zuging.

Der Mauerbau und danach

Zum Abitur meiner Klasse und zur Zeit des Mauerbaus 1961 war ich weit entfernt in den USA: Die BvS hatte mich für ein Stipendium vorgeschlagen, das von der Wilbraham Academy, einer amerikanischen Schule in Neuengland, vergeben wurde, und zwar speziell für Schüler aus den Ostklassen Westberliner Schulen. Ich bewarb mich und hatte großes Glück, eines der zwei Stipendien zu erhalten. In meinem dreizehnten Schuljahr besuchte ich dort die 12. Abschlussklasse, erhielt das amerikanische Highschool-Diplom, musste später dann aber in Deutschland noch eine Anerkennungsprüfung ablegen, um das Abiturzeugnis zu erlangen. Meinen Amerika-Aufenthalt konnte ich um ein weiteres Jahr mit einem Stipendium des Haverford College in der Nähe von Philadelphia verlängern.

Das war schon seltsam und subjektiv weit entrückt, wie ich den Mauerbau aus der Ferne erlebte. Für die amerikanische Politik und die NATO bahnte sich eine ernsthafte Konfrontation mit der Sowjetunion und dem damaligen Warschauer Pakt an. Die Wellen der Empörung in Europa und namentlich in Deutschland schlugen hoch und mussten eingedämmt werden, sollte ein Krieg vermieden werden...

Von all dem habe ich im amerikanischen Alltagsleben nur wenig gespürt. Das wird auch daran gelegen haben, dass ich in jenen Tagen auf großer Rundreise durch das gastfreundliche Land war. Ausländische Studenten konnten sich über eine Organisation vielerorts bei „Gasteltern" anmelden, die einen dann zwei/drei Tage betreuten, den American *way of life* zelebrierten und uns die vielfach berauschende Landschaft zeigten. Und dann: Eine amerikanische Flagge, die schon einmal auf dem Capitol geweht hatte - sicher nicht mehr als eine halbe Sekunde - wurde mir ganz unverhofft feierlich überreicht (habe ich heute noch). Dabei wurde ich, mit Augenzwinkern auf allen Seiten, auch Ehrenbürger von San Antonio, Texas!

Ich habe gleichzeitig natürlich den Ernst der Lage in Berlin mitbekommen, wie ein Teil unserer Abiturklasse in Ostberlin abgeschnitten war und wie Fluchtversuche liefen. Auch ohne Handy und Twitter gab es Informationen. Telefonieren war damals aber noch ausgesprochen teuer, Briefe dauerten ihre Zeit und im amerikanischen Blätterwald hielt sich die Berichterstattung über die Ereignisse im fernen Europa durchaus in Grenzen.

Eigentlich wurde mir erst nach der Rückkehr aus den USA, im Sommer 1962, die volle Bedeutung des Mauerbaus richtig bewusst. Ein befreundeter Mitschüler saß in Bautzen im Knast, weil er an der entstehenden Mauer protestiert und die „Grenzorgane" der DDR provoziert hatte. Andere aus unserer ehemaligen Klasse waren quasi verschollen. Erst später konnte ich zu Klaus in Ostberlin wieder Kontakte aufbauen.

Dazu war es allerdings erforderlich, dass ich durch fingierten Umzug zu meiner nun mit ihrer Familie bei Gelnhausen lebenden Schwester einen westdeutschen Pass erhielt. Nur Westdeutsche, nicht aber Bewohner der nach Ost-Terminologie „besonderen politischen Einheit Westberlin" erhielten damals Tagesbesuchsscheine für Ostberlin. Versehentlich oder angesichts der bekannten Umstände meiner Ummeldung „vergaß" man im Rathaus der kleinen Gemeinde mich an das Kreiswehrersatzamt zu melden – zur Bundeswehr bin ich jedenfalls nicht einberufen worden.

Persönlich hatte sich für mich durch den Mauerbau letztlich wenig verändert. Nur am Rande war ich unmittelbar betroffen, so z. B. anlässlich einer Transitfahrt durch die - im politischen Sprachgebrauch vom Westen immer noch abwertend „Zone" oder SBZ (Sowjetische Besatzungszone) genannte - DDR: Grenzkontrolleure entdeckten bei Durchsicht meines Adressbuches die Anschrift (politisches) Gefängnis Bautzen.

Los ging das mit der eher ungezielten Frage: „Was haben Sie in dieser Tasche?" Da steckte nun mal mein Adressbuch. Fündig geworden winkten sie mich samt Wagen raus aus der Reihe in eine Warteschleife. Ein so „brisantes" Fundstück hatten die jungen Uniformträger wohl lange nicht in ihrer Hand.

Das wurde dann stundenlang nach weiteren möglicherweise versteckten Hinweisen auf subversive Aktivitäten hinterfragt, bis die DDR-Staatsorgane höheren Ortes, telefonisch mehrfach konsultiert, eine akute Gefährdung ihrer Sicherheitslage ausschlossen und uns weiterfahren ließen. Die halbe Nacht war dann aber schon vorbei.

An der Freien Universität (FU) in Berlin studierte ich ab 1963 Soziologie. Befürchtungen über einen möglichen Einmarsch „der Russen" bestanden weiterhin, ideologische Auseinandersetzung und Kalter Krieg gingen unvermindert weiter. Mein Schulfreund Horst aus Zepernick bei Berlin, ebenfalls an der FU, überzeugte mich in die „Freiwillige Polizeireserve" (FPR) einzutreten. Die FPR sollte „im Falle eines Falles" für den Schutz wichtiger öffentlicher Gebäude in Westberlin eingesetzt werden mit begrenzten Befugnissen auch zum Gebrauch von Waffen. Sie sollte die reguläre Polizei entlasten, die dann zur Abwehr den Westalliierten unmittelbar unterstellt worden wäre. So konnte ich doch noch (ohne Bundeswehr) eine Woche lang den Umgang mit einem Gewehr üben und dabei ein richtiges Feindbild aufbauen: Wie sich später herausstellte und in der Presse auch kritisch hinterfragt wurde, war die Freiwillige Polizeireserve durchaus ein Hort für „Kalte Krieger" aus dem Westen.

Mit Beginn der 1968er Studentenunruhen bin ich dann zusammen mit Horst und anderen unter öffentlichem Protest aus der FPR wieder ausgeschieden. Der Protest richtete sich gegen den „repressiven Polizeiapparat" und erfolgte kurz nach den auch für die damalige Entwicklung fatalen Todesschüssen auf den Studenten Ohnesorg, der sich an einer Demonstration gegen den im Iran autoritär regierenden Schah von Persien beteiligt hatte. Es dauerte mehr als vier Jahre, bis ich unaufgefordert eine schriftliche Bestätigung meines Ausscheidens erhielt. Meinem späteren Beamtenstatus hat diese Episode offenbar nicht geschadet.

Ironie am Rande: Das von mir damals zu schützende große und bedeutende Objekt in Berlin-Zehlendorf war so bedeutsam, schützenswert und geheimnisumwittert, dass keiner von uns (Fußvolk) es übungshalber jemals betreten durfte – wir sahen es nur von der Straße, und auch von dort aus war es kaum zu sehen ...

Dem westdeutschen Geheimdienst - im geteilten Berlin ebenso eifrig zu Gange wie der ostdeutsche und die Geheimdienste der Siegermächte - war ich während meiner Studentenzeit auch auf andere Weise noch einmal zu Diensten, ohne es gleich richtig zu merken. Ich schickte mit meinem unverfänglichen Absender Bücher an Studenten der Humboldt-Universität (HU) in Ostberlin und an kirchliche Stellen im Osten. Auch für meinen Freund Klaus in Ostberlin durfte ich Bücher aussuchen und offenbar über nicht von der DDR kontrollierte Wege verschicken. Ermöglicht wurde dies von einer Stelle, deren Zugang von Mund zu Mund und wohl nur an „Berufene" weitergegeben wurde. Man kann das als Teil der damaligen „ideologischen Kriegsführung" oder auch harmloser sehen. Bei einem privaten Treffen mit einigen dieser HU-Studenten konnte ich merken, dass diese – anders als ich – das Spiel bereits durchschaut hatten.

* * *

Rückblickend auf den damaligen „Heimathafen" Bertha-von-Suttner-Schule stelle ich fest, dass die Schule weit über die Schulzeit hinaus meinen Lebensweg geprägt, Chancen eröffnet und vor allem Orientierungen mit auf den Weg gegeben hat, um in einer „offenen Gesellschaft" bestehen zu können – menschlich, sozial, politisch, beruflich.

Eigentlich geht es um das kritische Hinterfragen in allen Zusammenhängen, besonders aber in der Politik. Ideologische „Kriege" der damaligen Zeit haben mich und andere jedenfalls nicht zur Politikverdrossenheit geführt, sondern zur kritischen Auseinandersetzung und zu dem Versuch, rationale Lösungen zu finden, uns einzumischen und einzubringen, wo immer möglich. Genau das also, was uns damals in Schule und Organisationen der DDR nicht vermittelt wurde. Dies gilt vor allem für den späteren Lebensweg, denn bei uns Schülern stand vielfach der ganz banale Wunsch im Vordergrund, vom materiellen Glanz des „goldenen Westens" etwas abzubekommen und einen Platz zu finden in der lockenden Konsumgesellschaft.

Darüber hinaus hat es die BvS vor allem dank des großen Engagements und der persönlichen Ansprache unserer Lehrer geschafft uns als Klasse zusammenzuführen, die sich auch nach dem Abitur noch zusammengehörig fühlte. Das ist nicht selbstverständlich angesichts der vielen widrigen Umstände, denen wir damals ausgesetzt waren. Ein herzliches Dankeschön also an die Bertha-von-Suttner-Oberschule in Berlin-Reinickendorf und unsere damaligen Lehrer.

Der „antifaschistische Schutzwall" in Berlin

Detlef Rohde

Mein Weg ins freie Berlin

Geboren wurde ich in Meiningen/Thüringen. Mein Vater war Arzt und hatte sich schon bald nach dem Krieg wissenschaftlich betätigt. Er war besonders motiviert durch eine Erkrankung mit Poliomyelitis, welche er im Jahre 1944 in amerikanischer Gefangenschaft in Tunis bekommen hatte. Sie war Ursache einer schweren Gehbehinderung. An der Universität Jena wurde er bald Leiter einer „Forschungsstelle für neurotrope Viruserkankungen". Von staatlicher Seite wurde die gewachsene Bedeutung solcher Forschung anerkannt und sie sollte deshalb ausgebaut und in Berlin zentralisiert weitergeführt werden. Mit meinen Eltern verzog ich deshalb 1956 von Jena nach Ostberlin und kam dort in die Händel-Oberschule in Friedrichshain. Das war möglich, weil mein Vater als Wissenschaftler einen Einzelarbeitsvertrag mit besonderen Privilegien erhalten hatte, der seinen Kindern den weiterführenden Schulbesuch garantierte.

Damals war schon längst zu erkennen, dass sich die Lebensverhältnisse im Westen bereits entscheidend gebessert hatten. Die DDR-Führung wollte wohl damit die nicht der Staatspartei angehörenden Wissenschaftler davon abhalten, sich deshalb in diese Richtung abzusetzen.

Ich blieb in dieser Schule bis Ende 1958 (11. Klasse). Mehr oder weniger genötigt, wurde ich auch Mitglied der FDJ. Im Laufe des Schuljahres wurde der politische Druck auf die Mitglieder immer stärker. In meinem Fall kam es zum Eklat, als ich mich weigerte, in einem „Westeinsatz" zusammen mit einer Lehrerin Wahlpropaganda für die SED(West) im Stadtteil Wedding zu machen. Ich wurde deshalb auf einer Schul-Vollversammlung aus der FDJ ausgeschlossen.

Auf dieser Versammlung hatte ich mich geweigert, meine zuvor in meiner Eigenschaft als Klassensprecher (FDJ-Klassengruppensekretär) gemachte Aussage zurückzunehmen, dass ich der Hoffnung sei, dass es in der FDJ noch einen „Funken von Demokratie gebe", der auch mir eine persönliche Entscheidungsfreiheit gestattet.

Es folgten anhaltende kontroverse Diskussionen, auch im Unterricht, die letztlich dazu führten, dass ich im November 1958 von der Schule verwiesen wurde. Wegen der meinem Vater eingeräumten Privilegien durfte ich dann die Andreas-Oberschule im Bezirk Friedrichshain besuchen. Als ich mich in dieser Schule vorstellte, trug ich am Jackett-Kragen das Abzeichen der evangelischen „Jungen Gemeinde" Der neue Direktor forderte mich ultimativ auf, dieses Zeichen zu entfernen, wenn er seine Schule besuchen wolle. Das tat ich auch bis zum Beginn der Weihnachtsferien, fasste jedoch den Entschluss, diesen Staat so bald als möglich zu verlassen, weil er meine Meinungsfreiheit so unerträglich einschränkte.

Meine Eltern hatten zu diesem Zeitpunkt noch keine eigenen Fluchtpläne. Trotz wissenschaftlicher (auch internationaler) Reputation meines Vaters waren seine Möglichkeiten, sich beruflich zu verändern, ja aus gesundheitlichen Gründen sehr begrenzt. Meine vier Jahre jüngere Schwester ging noch zur Grundschule.

Nach den Weihnachtsferien ging ich nicht wieder in die Schule nach Friedrichshain, sondern fuhr mit der U-Bahn nach Marienfelde ins Notaufnahmelager für DDR-Flüchtlinge. Zuvor hatte ich schon einige mir wichtige persönliche Dinge zu Freunden meiner Eltern nach Westberlin gebracht.

Im Lager erfuhr ich zu meiner freudigen Überraschung, dass man mich nicht nach Westdeutschland ausfliegen würde, sondern dass ich in Westberlin bleiben könne. Ich sollte mich beim Senator für Schulwesen danach erkundigen, wo ich in Berlin weiter zur Schule gehen könne.

Meine Unterbringung in einem vom Deutschen Roten Kreuz betriebenen Schülerwohnheim in der Lutherstraße 17, Berlin-Schöneberg, wurde organisiert. Dort zog ich in einen Raum mit Doppelstockbetten, den ich mit elf weiteren Mitbewohnern teilte, die in ähnlicher Lage und in meinem Alter waren. Das war gegenüber meinem Zimmer in der elterlichen Wohnung ein Rückschritt.

Die drangvolle Enge des Zusammenlebens und gelegentlich aufkommende Aggressionen untereinander verlangten Selbstdisziplin und Toleranz. Mit einigen Mitbewohnern gelang es, auch Freundschaften zu knüpfen und gemeinsam sich darum zu bemühen, die persönliche Lage zu verbessern. Jeder Heimbewohner erhielt damals 10 DM Taschengeld und 9,50 DM für eine Schüler-Monatskarte der BVG. Da davon auch für unseren persönlichen Bedarf an Kleidung, Kosmetika und Sonstiges zu sorgen war, gab es immer Geldmangel. Ein Kino-Besuch oder der einer Tanzveranstaltung war damit kaum noch möglich.

Wir besserten den Etat mit kleinen Jobs auf. Da wurden Zeitungen verkauft und gelegentlich putzten wir in Kolonne bei PANAM in Tempelhof die Flugzeuge. Das war eine tolle Sache, denn wir lebten den Tag über von übrig gebliebener Bordverpflegung und konnten jede Menge Bohnenkaffee trinken. Den Verdienst teilten wir uns und fuhren abends wegen des Kaffees mit Herzklopfen zurück ins DRK-Heim „Wilhelm Tell". Dort war die Verpflegung so, dass wir bisweilen lieber am Bahnhof Zoo bei „Aschinger" Erbsensuppe aßen. Das war nicht teuer, man war mit 0,30 DM dabei und konnte von den kostenlos bereit stehenden kleinen Brötchen so viel essen wie man wollte. Schon mein Großvater hatte vor vielen Jahren als Student diese „soziale Einrichtung" Berlins nutzen können.

Vom „Senator für Schulwesen" hatte ich die Adresse der Bertha-von-Suttner-Schule in Reinickendorf bekommen, wo ich mich zum Unterricht melden könnte. Ich hatte zwar das halbe 11. Schuljahr in Ostberlin bereits hinter mir, jedoch ohne Englisch als zweiter Fremdsprache. Deshalb sollte ich erst einmal bis Ostern in eine 10. Klasse gehen. Dort kam ich gut zurecht und durfte dann in die 11m2 wechseln. Leider schaffte ich es nicht, die Lücken in den Fremdsprachen bis zu den Sommerferien zu füllen und musste deshalb im Herbst zurück in die alte Klasse. So kam es, dass mein Abitur doch erst ein Jahr später als gehofft stattfand.

An die Schulzeit habe ich also Erinnerungen aus beiden Klassen und damit auch solche an das Lehrerkollegium. In einigen Fächern gab es für mich sehr positive Erfahrungen, die besonders den Stil angingen, wie hier Unterricht weniger frontal, sondern eher interaktiv ablief. Dabei möchte ich besonders die Fächer Deutsch und Geschichte hervorheben, die für mich immer mit dem Namen Dr. Ruth Wellmer verbunden bleiben werden. Sie schaffte es, mir das Gefühl mitzugeben, dass es sich gelohnt hat, für solche Lernmöglichkeiten ein gesichertes Elternhaus aufzugeben. Sie weckte in mir Interesse für Dinge, die in der DDR nie zum Unterrichtsstoff gehörten.

Viel Spaß machte mir z.B. die Teilnahme an der von ihr geleiteten Arbeitsgemeinschaft Philosophie. Besonders das Buch die „Aphorismen des Marc Aurel" empfahl sie uns. Es beeindruckte mich sehr und ich kaufte es mir bald von meinem wahrhaft kargen Taschengeld. Auch die Fachkompetenz einiger Naturwissenschaftler wie zum Beispiel der Herren Stürzebecher und Dr. Strehlow war eindrucksvoll.

Eine Zeit lang habe ich mich an gelebter Demokratie beteiligt und wurde zweiter Schulsprecher. Als Vertreter meiner Schule nahm ich an Sitzungen des Berliner Schülerparlaments teil. Im Schöneberger Rathaus saßen wir auf Plätzen, die an anderen Tagen den Abgeordneten dienten. Es war für mich eine besondere Erfahrung, in frei formulierter Rede meine Meinung zu einem Thema vortragen zu können, kam ich doch aus einem Staat, in dem das nicht einmal die Spitzenpolitiker taten, die ihre Texte meist vom Blatt ablasen (was wahrscheinlich vorher vom „großen Bruder" genehmigt worden war).

1961 – in diesem Jahr wurde auch ich endgültig von meiner Familie im Osten Berlins abgeschnitten. Zuvor hatte ich noch gelegentlich die Eltern besucht. Ostern 1961 hielt ich mich während der Ferien allein in deren Wohnung auf. Das wurde offenbar von der Stasi beobachtet, denn am Samstagabend tauchte an der Tür ein Unbekannter auf, der sich als Mitarbeiter des Ministerium des Inneren (MDI) auswies und mich zu sprechen wünschte. Ihm war mein Wohnort im Westen bekannt und ebenso, dass ich dort mein Hobby als Funkamateur betrieb. Somit war klar, dass ich abgehört worden war.

Der MDI-Mann versuchte, mich mit Druck zu einer informativen Mitarbeit zu überreden, um „Schwierigkeiten" für meinen Vater zu vermeiden. Mir wurde ein Treffen nach den Feiertagen in seinem Büro in der Klosterstraße vorgeschlagen. Um ihn erst einmal loszuwerden, sagte ich mein Kommen zu. Danach fuhr ich schleunigst nach Tempelhof ins Polizeipräsidium und gab dort bei der politischen Abteilung mein Erlebnis zu Protokoll. Den Ostsektor betrat ich nicht wieder.

Den Mauerbau selbst erlebte ich wie viele Westberliner direkt am Brandenburger Tor, wo ich mich in einer Gruppe protestierender Berliner befand. Da mein Abitur durch den häufigen Klassenwechsel um ein Jahr aufgeschoben worden war, erlebte ich diese Tage nicht mit der gleichen Dramatik wie die Schüler, mit denen ich vorher in einer Klasse gewesen war (und die in diesem Buch berichten. Anm. d. Redaktion).

Insbesondere an den Fluchthilfeaktionen für Mitschüler habe ich nicht teilgenommen, von einigen Aktionen sogar erst bei späteren Klassentreffen erfahren. Wie alle damaligen Mitschüler bewegt mich auch heute noch der Tod von Dieter Wohlfahrt bei einem seiner Versuche, anderen zu helfen, den Unrechtsstaat DDR zu verlassen.

1961 lud mich meine Karlsruher Patentante (eine Studienfreundin meiner Eltern) ein, gemeinsam mit ihrer Familie die Sommerferien auf der Nordseeinsel Langeoog zu verbringen. Dort erlebte ich eine schöne Zeit mit allerlei Abwechslung. Die Tante gab mir auch Gelegenheit, mal einen Tanzabend zu besuchen. Auf der Insel sah ich bei einer flüchtigen Begegnung eine junge hübsche Frau, die mit Kindern gut umgehen konnte. Sie hatte zwei an der Hand und eines auf dem Arm. Das hatte mein Interesse geweckt und ich konnte mich darüber freuen, sie schon bald wieder zu sehen. Dabei sprach ich sie an und fand heraus, dass sie noch keine eigene Familie hatte.

Ich schaffte es, mich mit Erika für gemeinsame Unternehmungen zu verabreden und für den Rest der Ferien waren wir verliebt und glücklich. Zurück in Berlin, sie nahe Osnabrück, schrieben wir uns viele Briefe. Auch für mein Funk-Hobby konnte ich sie begeistern. Mit viel Energie erwarb sie bald eine Funklizenz. Bei einem befreundeten Osnabrücker Funkamateur hatte sie zuvor mit mir in Berlin sprechen können und war beeindruckt von der Möglichkeit, über weite Entfernungen drahtlose Verbindungen aufzubauen. Ein Telefon gab es auf beiden Seiten nicht. Wir beschlossen bald, dauerhaft zusammen zu bleiben.

Eine tiefe Zuneigung, ja Liebe, war entstanden und Weihnachten 1961 verlobten wir uns. Ich durfte das Fest mit ihr und ihrer Familie in ihrem Elternhaus feiern. Meine persönliche Situation, als von der elterlichen Familie abgeschnittener Heimbewohner, hatte in mir den Wunsch entstehen lassen, selbst eine Familie zu gründen, um einen Ziel- und Ankerpunkt für mein Leben zu haben. Schon kurz nach Erikas Lehrabschluss als Goldschmiedin zog sie nach Berlin, und ich half ihr, eine Unterkunft und Arbeitsstelle zu finden. Da es im Jahr nach dem Mauerbau eher einen allgemeinen Trend der Bevölkerung in Richtung Westdeutschland gab, war das letztere nicht so schwer, denn viele West-Berliner fürchteten, dass es durch sowjetischen Einfluss mit der Freiheit auch hier bald zu Ende gehen könnte. Viele Firmen verlagerten deshalb ihren Betriebssitz in den Westen und die Mitarbeiter gingen mit. Der Berliner Senat steuerte gegen und warb Arbeitnehmer aus dem Westen an, zum Beispiel mit Umzugsbeihilfen. Auch die „standhaften" Berliner wurden belohnt. Wer hier blieb, erhielt eine Zuwendung von 100 DM. Man nannte es damals „Zitterprämie".

Davon hatte ich mir schon im Sommer 1962 ein kleines Hauszelt kaufen können. Mit meinem Banknachbarn in der 11m2 der BvS, Dietmar Petrich, hatte ich noch in den Sommerferien davor eine Radwanderung durch Norddeutschland gemacht und Gefallen am Zelten gewonnen. Um von Berlin dorthin zu gelangen, mussten wir als Ostflüchtlinge zunächst die Flugverbindung nach Hannover benutzen. Mit unseren Fahrrädern gelangten wir hin und radelten noch am selben Tag bis nach Ostfriesland. Ein Komfort-Urlaub war dies keineswegs, denn wir mussten mit schmaler Kasse und mangelhafter Ausrüstung auskommen. Spaß gemacht hat es dennoch.

An eine baldige Hochzeit dachten Erika und ich zunächst nicht, denn ich hatte ja noch nicht mal einen Schulabschluss. Begegnungen junger Menschen, die einander lieb hatten, waren in dieser Zeit viel strenger mit gesetzlichen Beschränkungen belegt als heute. Eine gemeinsame Wohnung gar, ohne Trauschein, kam nicht in Betracht. Ein möbliertes Zimmer zu finden war schwierig, denn auch im Westsektor gab es Wohnungsnot.

Schon bald nach dem Abitur im November 1962 heirateten wir, denn eine andere Möglichkeit enger beisammen zu sein, war nicht zu finden. In Berlin-Moabit konnten wir ein möbliertes Zimmer mieten. Im WS 1962/63 begann ich mit dem Studium der Elektrotechnik an der TU. Schon im Jahr darauf kam unsere Tochter Iris zur Welt und wir waren eine kleine Familie. Diese vergrößerte sich bald: Michael kam 1964 und Katrin 1965.Wir waren froh, davor ein paar Straßen weiter im Bezirk eine kleine Altbau-Wohnung gefunden zu haben.

Erst während der ersten Passierscheinaktion konnten wir gemeinsam mit einem etwas klammen Gefühl wieder in den Ostsektor fahren, um meine Eltern zu besuchen. Noch immer gab es ja die Furcht vor der Staatsmacht, die „Republikflüchtlinge" einsperrte. Da ich ja bereits vor dem Mauerbau

Westberliner geworden war und als solcher die Grenze bereits mehrfach passiert hatte, machte ich mir zwar weniger Sorgen, hatte jedoch noch Bedenken wegen der damals nicht eingehaltenen Verabredung mit dem Stasi-Besucher. Alles ging jedoch gut und wir haben die Eltern noch öfter besuchen können, immer jedoch verbunden mit allen Berlinern bekannten Begleiterscheinungen wie Warten am Kontrollpunkt, teilweise schikanösen Kontrollmaßnahmen, Mindestumtausch usw.

Nach dem Fall der Mauer haben wir auch unsere Stasi-Akten einsehen können. Diese waren sehr umfangreich, vom Inhalt jedoch keineswegs immer authentisch. Da haben die „Schlapphüte" manchmal wohl auch fabuliert. Ich habe mich dennoch erschrocken, wie weit sich diese „Krake" in mein Leben fressen konnte.

Da war ich in guter Gesellschaft, wie sich auch heute noch zeigt. Die Bürgerrechtlerin Bärbel Bohley verkehrte auch in der Familie meiner Eltern, sie war mit meiner Schwester befreundet. Wie sie und unser Klassenkamerad Klaus, hatten viele die Hoffnung, etwas ändern zu können, wenn man in der DDR bliebe.

Diese Hoffnung hatte ich nicht und bin noch heute froh, die Weichen für mein Leben früh anders gestellt zu haben.

Die Zeit an der Bertha-von Suttner-Schule hat mir geholfen, ein mündiger Bürger zu werden, der offen seine Meinung äußert, auch wenn dies Unbequemlichkeiten zur Folge hat. Auf mein Abitur kann ich wegen einiger „Schwachpunkte" nicht besonders stolz sein, bin aber mit dem bis dahin erworbenen Basis-Bildungsstand ganz gut im Leben zurecht gekommen und habe vor allem nicht aufgehört, neugierig zu sein.

Den Fall der Mauer konnten meine Eltern leider nicht mehr erleben. Für mich aber stellt er das bisher am stärksten empfundene positive Erlebnis dar, das ich neben der Partnerschaft zu meiner Frau und dem Glück eigener Kinder gehabt habe.

Vor einigen Wochen ging ich wieder einmal zu einem „Weinfest" in unserer alten Schule, einem informellen Angebot für alle „Ehemaligen", sich dort zu treffen. Leider werden mit den Jahren die bekannten Gesichter dort immer weniger. Die wirklich gute Klassengemeinschaft, die wir einst hatten, hat letztlich den Zentrifugalkräften von Teilung und Mauer nicht standhalten können, es hat uns schnell in alle Winde zerstreut.

Das ist jedoch eine auch in anderen Schulklassen so auftretende Erscheinung. Man kann sich aber darüber freuen, dass die besondere Situation des 1961'er-Abiturjahrgangs doch einige engere Bande geschaffen hat.

Die Nachkriegssituation in Deutschland hat sicher besonders die Berliner und auch die Menschen in der DDR nachhaltig geprägt. Einige unserer Freunde wurden mit der Belastung nicht fertig und sind noch heute traumatisiert. Die Ehefrau eines Freundes aus Jenaer Zeit beging Suizid. Meine persönliche Schlussfolgerung lautet: Letztlich ist nur wichtig, dass es endlich gelang, dieses Joch abzuschütteln. Wir sollten darauf achten, dass wir als Volk nie wieder in eine solche Lage geraten.

Für mich ist der Mauerfall noch immer ein Grund zu besonderer Freude. Ein Stück aus der Mauer am Brandenburger Tor habe ich eigenhändig heraus gehämmert.

Ich bin froh darüber, dass es nach 1989 keine weiteren Opfer gab, die Wende zur Freiheit für alle Deutschen friedlich geschah und ich es noch erleben durfte. Allen die daran mitwirkten, bin ich zutiefst dankbar. Verachtung empfinde ich nach wie vor für die Helfershelfer der gestürzten braunen und roten Diktaturen.

Der Hürdenläufer:

Spagat zwischen Schule im Westen und Sport im Osten

Roland Exner

Die letzte Hürde

Sommer 1961 ... Etwa 1000 Menschen verließen täglich die DDR für immer, man sah es in den überfüllten Zügen und an den Reaktionen der Staatsmacht, die Kontrollen nahmen ständig zu ... Ich wohnte in Röntgental bei Berlin, der tägliche Schulweg nach Westberlin zur Bertha-von-Suttner-Schule in Berlin-Reinickendorf dauerte etwa eine Stunde; nach Hause kam ich meist aber erst etwa drei Stunden nach Schulschluss, weil ich fast täglich trainierte. Mein Sportverein, der SC Einheit Berlin, war in Ostberlin im Friedrich-Ludwig-Jahn-Sportpark, etwa 10 Fuß-Minuten vom S-Bahnhof Schönhauser Allee entfernt. Unter normalen Verhältnissen wäre bei mir eine Sportkarriere vorgegeben gewesen. 1958 war ich in der Altersklasse B „DDR-Jugendmeister" im 90-m-Hürdensprint gewesen, mit 12,0 Sekunden Jugendrekord, der, glaube ich, Bestand hatte, bis die Distanz etwa 10 Jahre später auf 100 Meter geändert wurde; 1959 in der Altersklasse A Jugendmeister über 110 Meter Hürden. 1960 wechselte ich zum Westberliner OSC. Aber mein letzter Lauf fand dann doch in Ostberlin statt, am 13. August 1961, allein gegen die Staatsmacht, ganz in Nähe des Stadions des SC Einheit Berlin, von der U-Bahnstation Dimitroff-Straße (heute Eberswalder Straße) bis fast zum S-Bahnhof Schönhauser Allee, und diesen Lauf verlor ich.

Jahrzehnte später hat der Hans-Boldt-Literaturverlag einige Geschichten von mir veröffentlicht. Hans Boldt äußerte in Briefen die Vermutung, ich hätte das Gefängnis noch nicht verarbeitet. Ich selbst hielt das für übertrieben ... drei Jahre Knast vor Jahrzehnten ... Wenngleich der Schock damals wohl gewaltig war, aber vierzig oder fünfzig Jahre lassen so ein Ereignis doch schrumpfen. 2003 erschienen die WINSENER HEFTE Nr. 17, Titel „Flüchtige Begegnung". Im Vorspann zitiert Hans Boldt einen Brief von mir:

> *„Es sieht so aus, als sei ich noch dabei, das Gefängnis zu verarbeiten, aber ich glaube, das ist nicht der zentrale Punkt. Der ‚Knast‘ ist ein starkes Symbol für alle Beschränkungen, vor allem die negativen Gedanken. Je mehr man darin gefangen ist, desto stärker wirkt vielleicht das ‚Gefängnis‘ als Symbol, vielleicht als verstärkendes Element in einem Teufelskreis. Die eigenen inneren*

Beschränkungen und Einengungen sind ein Problem, mit dem, glaube ich, viele Menschen konfrontiert sind, auch wenn sie nie im ‚eigentlichen' Gefängnis waren. Insoweit ist es ein Symbol."

Das hatte ich im Juli 2001 geschrieben, und es erscheint mir heute wie eine düstere Vorahnung. Denn zwei Monate später begann ich, eine Mauerwelt für mich und meine Familie zu bauen, aus der es scheinbar kein Entrinnen mehr gibt. Im September 2001 kam der Bagger auf das ein Jahr zuvor gekaufte Grundstück, wenig später war die Bodenplatte fertig, Ende Oktober der Rohbau samt Dach. Wenige Tage später regnete es heftig und der Keller stand knöcheltief unter Wasser, und auch andere zahlreiche schwerwiegende Mängel waren erkennbar, die wir allesamt nicht mehr los werden. Damals dachte ich, am besten wäre es, den weiteren Ausbau zu stoppen und diesen Rohbau erst einmal als Verlust zu buchen. Aber unser Häuschen in der Ahornallee war verkauft, wir waren unter Zugzwang, ich ließ das Haus weiter ausbauen in der Ahnung, dass alles Schrott wird. Im Juni 2002 zogen wir ein.

Ich höre immer wieder, das hätte jedem passieren können. Wenn Architekt, Baufirma und andere gemeinsam betrügen, habe man kaum Chancen, der Misere zu entkommen. Und je größer die Schäden, desto mehr sind die Übeltäter zusammengeschweißt.

Hätte das tatsächlich jedem passieren können? Oder bin ich in dasselbe schwarze Loch gefallen, wie damals, am 13. August 1961? Die Farbe des neuen Hauses ist gelb, passend zu dem „gelben Elend", wie das Zuchthaus Bautzen auch genannt wird. Und ich selbst habe die Farbe gar nicht ausgesucht, ich hatte nur zugestimmt. Die Fenster haben Kreuze, die – wenn auch etwas entfernt – Gittern ähneln. Der Keller, das Wasser, der Schimmel … als ob das nicht genug wäre. Die Kellerfenster sind unter der Erde, davor Lichtschächte - wie vor den „Fenstern" der Arrestzellen. Warum solche Kellerfenster? Die Baubeschreibung „beschreibt" keine solchen Schächte.

Aber gab es in der Jugend nicht auch diese Leichtigkeit, die mir in Träumen Flügel verlieh und mich sanft über Landschaften gleiten ließ? Das Laufen über Hürden … Hindernisse, die nicht Hindernisse sind, sondern Medien, die Flügel verleihen? Die Aufhebung der Schwerkraft vor dem Hindernis, eine Schrittlänge von über drei Metern, was ich damals schon nicht verstand, wenn ich meine Spuren auf der Aschenbahn betrachtete; das „lief" nicht mit dem Verstand, sondern mit der Explosion der Sinne. Ist das alles verloren?

174

Ich lese gerade ein Buch, das zu lesen ich mich zunächst weigerte: „Glücklich beschädigt" von Hans-Dieter Schütt, ehemals Chefredakteur der „Jungen Welt", also ein ehemaliger ideologischer Kampfhund der SED. Aber kein typischer Wendehals, denn er vertuscht offenbar nichts. „Der einstige Scharfmacher nun als Reue-Knäuel ..."; „... er leidet unter einem Schreibzwang und hat sich selber als letzten Stoff entdeckt ...", so zitiert er seine Kritiker. Er fragt: „Passte ich mich wirklich früh an?" Und die Antwort: „Eher nicht, denn Anpassung setzt das Bewusstsein voraus, sich durchaus anders verhalten zu können, diese Distanz zum Geforderten aber aus bestimmten Gründen gezielt aufzugeben. Ich spürte zu nichts einen Gegensatz." Beim Lesen dieser Zeilen fragte ich mich umgekehrt: Was passte bei mir von Anfang an nicht? Wieso werden die Hürden, über die ich so locker laufen kann, immer wieder zu scheinbar unüberwindlichen Mauerwelten?

Ist das problemlose Hineinwachsen oder die Neigung, sich an der Umwelt zu reiben, in den Genen begründet? Es scheint so zu sein, dass weder das eine noch das andere auf Dauer glücklich macht. Widersetzte ich mich – im Gegensatz zu Schütt – von Anfang an einer Anpassung? Die Antwort ist auch hier ein klares Nein. Schütt zitiert in seinem Buch den österreichischen Schriftsteller Franz Schuh, der von Menschen schreibt, „die pflanzlich ins Leben wachsen ...". Genau dies habe er erlebt. Er wuchs hinein in die Verhältnisse und fühlte sich wohl. Ich wollte zwar auch in die Verhältnisse hinein wachsen, fand es aber ganz normal, wenn ich mich dabei nicht immer wohl fühlte und oft auch starke innere Abwehr gegen die von der Staatspartei geprägte Umwelt empfand.

Ich lebte seit 1953 mit meiner Großmutter in dem Häuschen in Röntgental. Mein Vater war 1942 – fünf Monate nach meiner Geburt – in Russland gefallen. Mein Großvater und andere Verwandte waren in den Nachkriegsjahren gestorben. Nach 1950 hatte meine Mutter im Westen den Schmuck verkauft, den wir über die Kriegs- und Nachkriegswirren hatten retten können, und meine Großmutter hatte für 2000 Ostmark das Grundstück in der Ahornallee gekauft. Der Erlös aus dem Verkauf des Schmucks hatte auch noch für den Bau des Häuschens gereicht: zwei kleine Zimmer, Küche und Bad. Von der Küche aus konnte man über eine Falltür in den Kellerraum gelangen. Nach der Zwangsaussiedlung aus Schlesien und verschiedenen Zwischenstationen endlich ein richtiges Zuhause, ein kleines, aber solides Haus, von ordentlichen Handwerkern erbaut. Ab 1953 konnte meine Mutter aber nicht mehr in den Osten kommen, also auch nicht mehr in unser Häuschen – es war bekannt geworden, dass sie in Westberlin ihren Lebensunterhalt durch Handel mit Ost- und Westgeld verdiente, und das war aus Sicht der DDR-Justiz verboten. In Westberlin gehörte es zum Alltag, allerdings musste man den Verdienst steuerlich korrekt verrechnen – daran dachte meine Mutter überhaupt nicht, in den Nachkriegsjahren hatte sich niemand um so etwas gekümmert. Sie wurde von einem Kripo-Mann verhaftet, der dann später mein „Onkel Willi" wurde ... Es gab eine Gerichtsverhandlung, drei Monate Gefängnis ohne Bewährung und Schlagzeilen in der Boulevard-Presse. Große Berichte über einen kleinen Fall – um, wie ich denke, über die wirklich großen Fälle gnädig den Mantel des Schweigens hüllen zu können.

Zu Hause wurde nicht viel über Politik geredet. Durch die öffentliche, allgegenwärtige Propaganda war bei mir eine starke Abneigung gegen die „DDR" entstanden. Ich weiß nicht, wie es möglich ist keinen Gegensatz zu spüren, wenn sogar die Lehrer in der Schule ständig Lobeshymnen auf Partei und Staat in die Köpfe hämmern. Wahrscheinlich „entstand" die Abneigung gar nicht, sie war einfach da, von Anfang an. Eine Erinnerung aus der Vorweihnachtszeit 1950, die DDR war gerade mal ein Jahr alt, und ich war acht: Meine Mutter fuhr das erste Mal mit mir nach Westberlin, Gesundbrunnen, von Röntgental aus die erste Station im Westen. Dann liefen wir die Badstraße runter, es war noch hell, trotzdem viele Lichter. Wir gingen auf eine Litfaßsäule zu; ein Plakat mit einem Weihnachtsbaum und zwei Worten, an die ich mich erinnere: WEIHNACHT und FRIEDEN. Ich zeigte auf das Plakat und FRIEDEN. „Mutti", sagte ich, „du hast doch gesagt, wir sind hier im Westen, aber das Wort ist doch aus dem Osten?"

„Frieden" war für mich ein schlechtes Wort, es wurde dauernd von der Ostpropaganda und auch von den Lehrern in der Schule eingehämmert und dabei suggeriert, dass nur die DDR rechtmäßiger Eigentümer des Begriffes sei.

In der Schule empfand ich Distanz zu den Lehrern, aber keine Opposition. Ich mochte die Rabauken, die den Unterricht manchmal zum Hexenkessel machten, überhaupt nicht. Ich wollte einen möglichst normalen Unterricht und die Schule mit ordentlichem Abschluss beenden. Trotzdem war ich es und nicht irgendein anderer Schüler, dem eines Tages öffentlich mit „Erziehungsanstalt" gedroht wurde. Ich sollte „nachsitzen", war aber an diesem Nachmittag mit meinem Onkel „Willi" in Westberlin vor dem Botanischen Garten verabredet. Er hätte also dort vergeblich auf mich warten müssen. Aus diesem Grunde bat ich den Lehrer, das Nachsitzen einen Tag zu verschieben, aber er lehnte ab. Das verstand ich nicht ... Weil meine Mutter mit ihrem Willi in Westberlin war? Weil der Botanische Garten in Westberlin war? Bloße Lust am Machtmissbrauch? Um mir meine ausweglose Lage deutlich zu machen, schloss mich der Lehrer in den Klassenraum ein. Ich fragte mich, was nun mit meinem „Onkel Willi" sei, öffnete das Fenster, sah etwa fünf Meter hinab. Wie sollte ich da hinunter kommen? Das Regenfallrohr ... Ich warf die Schulmappe hinunter, stieg aufs Fensterbrett, machte einen Luftsprung zum Fallrohr, hing dort, in die Tiefe schauend, eine bange Minute und kletterte langsam hinab. Dann ging ich wie üblich nach Hause und fuhr zum Botanischen Garten ...

Etwa fünf Jahrzehnte später stand ich wieder vor dieser Schule und betrachtete voller Grausen den damaligen Fluchtweg. Ich dachte auch an die Dachrinne an meinem neuen Haus – wollte da jemand am Regenfallrohr hinab klettern, würde er mitsamt der ganzen Konstruktion abstürzen. Ein Lob den Handwerkern jener Zeit!

Die Lehrer hätten eigentlich froh sein müssen, dass ich unverletzt geblieben war. Aber sie empfingen mich unfreundlich. Ich wurde zum Direktor geschickt, aber nicht in sein Büro, sondern in eine Klasse - eine Mädchenklasse. Damals gab es nur Jungen- oder Mädchenklassen ... Der Direktor saß an seinem Tisch, ohne auch nur einmal den Kopf zu mir zu wenden. Ich ging zu ihm hin und blieb neben ihm stehen, während er zu der Klasse schaute und über mich redete – was ich am Vortag getan hatte ... ob ich nicht reif sei für die Einweisung in eine Erziehungsanstalt ... Offensichtlich wollte er mich vor all den Mädchen demütigen, doch er bewirkte das Gegenteil. Ich sagte kein Wort, fühlte mich aber absolut im Recht, das erste Mal richtig „in Opposition" und das strahlte ich auch aus.

Das war im Herbst 1955 zu Beginn der achten Klasse. Ein paar Monate später, im Frühjahr 1956, sah ohnehin alles ganz anders aus. Ich war plötzlich der schnellste Läufer der Schule und wurde auf Anhieb auch Kreismeister im 75-Meter-Lauf. An sich war ich doch jetzt ein ganz guter Junge – aber mit einer Mutter, die im „kapitalistischen Westen" lebte. Ich selbst kam nicht auf den Gedanken, nach Westberlin zu ziehen, mir gefiel es am Rande Berlins und ich konnte ja auch jederzeit „rüberfahren". Ich lebte in Röntgental, wollte dort bleiben und offenbar „pflanzlich ins Leben" wachsen, auch wenn der Boden nicht ganz der rechte war. Und daher bewarb ich mich für die Oberschule in Bernau. Aber die Schulverwaltung lehnte mit fadenscheinigen Begründungen ab. Nach einem Einspruch kam dann der Klartext: Weil meine Mutter in Westberlin lebte, war ich abgelehnt worden. Mit der Mutter in Westberlin war ich gewissermaßen kapitalistisch infiziert und zum unsicheren Kandidaten geworden. Meine Mutter erfüllte dann auch gleich die Prognose, einen bösen kapitalistischen Einfluss auszuüben. Die kleine „Kapitalistin", die einen Unterhalt für die Überlebenden der Familie verdienen musste, die das sozialistische System bedrohte, weil sie mit Ost- und Westmark handelte, meldete mich in Westberlin zur Oberschule an.

Einige Monate später - die Abschlussprüfungen in der Grundschule waren schon vorbei, die Zeugnisse ausgeteilt – merkte man von Staats wegen, dass hier etwas schief gelaufen war. Der Klassenlehrer lud mich zu sich nach Hause ein. Es gab Kaffee und Kuchen und er redete und redete. Ich saß da und beobachtete sein Gesicht: eine gelbliche Blässe, Sommersprossen, rötlich-brauner Haarkranz um eine spiegelglatte Glatze. Je länger er redete, desto mehr Schweißperlen rollten von seiner Glatze herab. Schließlich nahm er ein großes weißes Tuch zur Hand und tupfte sich ständig ab. Heute weiß ich nur noch einen seiner Sätze: „Du musst bedenken, dass du in den kapitalistischen Westen gehen willst." Er bot an, ich könne auf die Realschule gehen und dann später immer noch zur Oberschule wechseln. Doch ich hatte kein Mitleid mit seinen Schweißperlen, ich lehnte ab.

Zwei Jahre später kam es zu einem ähnlichen Gespräch. Bei den DDR-Jugendmeisterschaften 1958 in Halberstadt sprachen mich auf dem Sportplatz zwei junge Männer an und versuchten, ohne Kaffee und Kuchen, mich zu einem Wechsel zu überreden - auf die DHfK-Leipzig, die „Deutsche Hochschule für Körperkultur und Sport", wollte man mich delegieren. Eigentlich war das ein Karriereangebot, wie es besser nicht hätte sein können, mit Zielrichtung Olympiade. Was war dagegen schon die betuliche Bertha-von-Suttner-Oberschule in Westberlin? Aber ich wollte keinen Wechsel, ich wollte nicht wieder in eine Schule, wo das Denken und Reden ständig auf die Staatspartei ausgerichtet wird. Von Doping wusste ich damals nichts, aber mein Instinkt „wusste" vielleicht davon. „Körperkultur" ist ein schönes Wort, passend in sozialistisches und nationalsozialistisches Vokabular, was ich damals nicht bewusst einordnete, aber in meinem Kopf hallte es wider wie ein Warnsignal. Ich lehnte ab, wohnte aber weiter in der DDR und blieb auch zunächst noch im SC Einheit Berlin. Die Pflanze wuchs weiter in zwei Bereichen auf, keine Chance, so ohne Weiteres ganz ins Leben zu wachsen.

1958, 59, 60, 61 – die aufsteigenden Jahreszahlen symbolisieren zugleich eine wachsende Spannung zwischen den beiden großen politischen Lagern. Das Leben wurde zum Spagat: Schule im Westen, wohnen im Osten, Sport im Osten. Die Versammlung im Sportverein: Sportler, die ganz normale Menschen zu sein schienen, ergriffen das Wort und erbrachen den Einheitsbrei, der ihnen von der Staatspartei vorgekaut worden war.

Ich hatte keinen Vater und über diesem Vakuum schwebte „Vater Staat", aber nur der im Osten, den im Westen nahm ich als solchen damals gar nicht wahr. „Vater Staat" - und alles, was dazu gehörte: DDR-Rundfunk, die politischen Transparente, die Träger der Uniformen. Und dieser fleischlose Übervater wurde unerträglich. Als ich 18 war, fing ich an in der Nacht mit einer Spitzhacke Löcher in Transparente zu schlagen. Die erste Aktion war die riskanteste. Bei uns in der Straße hing eines Tages quer über die Fahrbahn in über drei Metern Höhe ein Transparent: VOM SOWJETISCHEN BRUDERLAND LERNEN war der ungefähre Sinn, in weißer Schrift auf rotem Grund. Das provozierte mich ... Ich stand mitten in der Nacht auf und ging mit der Spitzhacke spazieren ... Am nächsten Morgen sah ich die Zerstörung schon aus Hunderten Metern Entfernung: Vom SOWJETISCHEN BRUDERLAND schien nichts mehr übrig. Und Gorbatschow war noch in weiter Ferne ...

Ich genoss diesen Anblick etwa 14 Tage lang, bis das transparent gewordene Transparent entfernt wurde. Auch von der vorbeifahrenden S-Bahn hatte man das Riesenloch im roten Grund sehr gut sehen können.

Das Risiko wurde dann noch erhöht, als meine beiden Schulfreunde Horst und Hartmut die Idee hatten, Flugblätter zu verteilen, passiver Widerstand war die Parole. Es folgten Nacht- und Nebel-Aktionen in relativ weit entfernten Orten von Horst, Hartmut und mir.

Im Sommer 1961, wenige Wochen vor der Schließung der innerdeutschen Demarkationslinie, vor dem „Bau der Mauer", wie man später sagte, hatte ich einen Traum:

Ich war auf irgendeiner Straße in Berlin. Ich sah viele Menschen, aber nicht in unmittelbarer Nähe. Drei, vier Meter von mir entfernt stand ein fleischloser Geselle ... ein Gespenst ... richtig weiß, wie es sich gehört für ein Gespenst, aber nicht irgendwie leuchtend, *sondern einfach weiß; es war ja helllichter Tag. Und es hatte stilechte, sehr große, ovale schwarze Augen. Ich dachte: `Lächerlich! Gespenster gibt's nicht!´ Ich scharrte kurz mit den Hufen, nahm Anlauf und rammte das Ding mit aller Kraft mit meiner rechten Schulter. Es wankte ein wenig, das reichte mir nicht, ich wollte es irgendwie weg haben – nahm wieder Anlauf, rammte es wieder und wieder. Plötzlich ... war es riesig, so groß wie ein Wolkenkratzer, und es hatte mich am Kragen gepackt und riss mich mit ...*

♦

13. August 1961. Etwa 9 Uhr morgens. Die Großmutter sagte, ich solle Radio hören ... Die Grenzen waren zu ... Willy Brandt hielt eine Rede, er rief zur Besonnenheit auf, versuchte gleichzeitig Hoffnung zu vermitteln. Ich war fassungslos ... enttäuscht, gleichzeitig war mir klar, dass Brandt das Richtige gesagt hatte. Den DDR-Rundfunk hörte ich nicht, diesen Erklärungen konnte man sowieso nicht entgehen. Ein paar Wochen später bekam ich sie vom Stadtgericht „Gross Berlin, Strafsenat 1b – 101 b BS 36.61", in mein Urteil geschrieben. Das hohe Gericht verfügte über keine Schreibmaschine mit einem „ß", vielleicht war das typisch für die Schreibmaschinen, die es in der DDR zu kaufen gab:

„Die Regierung unseres Arbeiter- und Bauern-Staates hat am 13. August 1961 - gestützt auf das Vertrauen aller friedliebenden Bürger unserer Republik und des gesamten sozialistischen Lagers - Massnahmen zur Sicherung unserer Staatsgrenze vorgenommen, um den Kriegstreibern, die zwei Weltkriege mit unermesslichem Elend auf dem Gewissen haben, die Fackel aus der Hand zu schlagen, mit der sie nach den Wahlen in Westdeutschland im September, von Westberlin aus offen zu einem Angriff gegen die Deutsche Demokratische Republik vorgehen wollten."

Die Großmutter sagte, ich solle lieber zu Hause bleiben, aber irgendwoher hatte ich schon die Berliner Adresse, wo sich alle Schüler aus den beiden 13. Klassen treffen sollten. Ich sprang von unserem Häuschen aus die fünf Stufen hinunter und dachte: Jetzt ist es entschieden ... Ein paar Wochen zuvor die gleichen Sprünge diese kleine Treppe hinab und ich hatte gedacht: Nicht jeder sollte abhauen, es ist nicht gut, wenn jeder, der diesen Staat ablehnt, abhaut. In der Zwischenzeit hatte es auch noch ein anderes Angebot für eine Rückkehr gegeben: „Schorsch", mein früherer Trainer vom SC Einheit Berlin, hatte mich eingeladen und angeboten, mich für die Olympiade zu trainieren, Laufstrecke: 400 Meter Hürden. Dieses Angebot wirkte nicht so bedrohlich und bot auch mehr Freiräume als die DHfK-Leipzig. Ich hatte nicht zugesagt, aber auch nicht abgesagt ...

Jetzt war die Linie, die im Osten Staatsgrenze und im Westen Demarkationslinie hieß, geschlossen worden. Es hatte in der Luft gelegen und doch mochte man es nicht glauben. Ich schaute zurück, die Großmutter stand auf der Treppe und winkte zaghaft. „Pass auf dich auf!", sagte sie. „Ja, ja!", antwortete ich unwirsch, lachte dann aber und winkte zurück. Drei Monate später, im Zuchthaus Bautzen, würde ich sie wiedersehen. Einen Kopf kleiner als an jenem Tag, nach vorn gebeugt, die Haare schlohweiß, nicht wissend, dass sie so viel kleiner geworden war, mich von unten her anschauend, ganz überrascht: Du bist ja größer geworden!

Heute mische ich die Zeit, als wären die Monate oder die Jahre Karten. Der Gedanke, freiwillig in der DDR zu bleiben, blühte später noch einmal im Gefängnis auf, das war vielleicht etwas mehr als ein Jahr nach diesen gedankenschweren Sprüngen von unserer Treppe, mitten im Kalten Krieg, nur wenige Wochen vor der Kuba-Krise.

Unter der allgegenwärtigen Aufsicht der Staatssicherheit entwickelte sich plötzlich ein kleiner Bautzener Frühling, ein winziger Vorläufer des späteren berühmten Prager Frühlings: Unser Arbeitskommando war in einen gesonderten Gefängnistrakt verlegt worden; er war kleiner als die anderen Trakte: Nur Parterre und eine Etage darüber – und nach der Arbeit und teilweise an den Wochenenden blieben die Zellentüren bis 20 Uhr geöffnet. Man konnte sich also täglich für ein paar Stunden völlig frei in dem Trakt bewegen. Wir waren „nur" noch in einem Haus gefangen, nicht mehr nur zu Dritt in einer zwei mal drei Meter oder zweieinhalb mal dreieinhalb Meter engen Zelle mit Scheißkübel ... Man konnte sich bewegen, andere Gefangene besuchen, man konnte auf eine Toilette mit Wasserspülung gehen ...

In mir erwachte da sogleich der Instinkt, die kleine Freiheit zu nutzen. Ich meldete mich beim Kommandoleiter, ein Leutnant war es wohl, und bat um eine Schreibmaschine, ich wolle einen Aushang am Schwarzen Brett schreiben ... Ich solle eine schriftliche Eingabe machen, erklärte er. Hoffte ich wirklich, dass ich eine Schreibmaschine bekäme? Ich glaube nicht, aber ich wollte mich irgendwie artikulieren, zumindest artikulieren, dass ich mich artikulieren wollte. 14 Tage später hatte ich die Schreibmaschine samt Papier, wahrscheinlich auch eine ohne „ß", und ich beschrieb auf drei oder vier Seiten, dass Marktwirtschaft und Sozialismus sich nicht ausschließen. Die Arbeiter sollten Eigentümer der Betriebe werden und völlig frei wirtschaften können ... Eigentlich war das Häresie, ein Mitglied des ZK der SED hätte damals so etwas nicht sagen dürfen, aber ich war ein Westberliner Oberschüler, der ganz naiv eine Synthese suchte.

Ich glaubte natürlich nicht, dass man einen solchen Artikel ans Schwarze Brett hängen würde, aber das kleine Wunder geschah - ich fasse es heute immer noch nicht. Aber es war genau das, was ich im Kopf hatte, als ich ein Jahr zuvor die Treppe hinunter gesprungen war und gedacht hatte, ich solle vielleicht in der DDR bleiben, um wie eine winzige kleine Wurzel in das scheinbar undurchdringliche Gemäuer hineinzuwachsen, um irgendwann einen Beitrag leisten zu können, diese Mauern bewohnbar zu machen ... Es klingt ähnlich wie das Zitat, welches Schütt heranzieht – „pflanzlich ins Leben wachsen" - aber doch mit einem entscheidend anderen Sinn: Nicht nur eine Pflanze, die wächst und sich dabei vollständig der Umgebung anpasst, sondern eine, die auch die Umgebung verändert. Und eigentlich ist das auch das Wesen der Pflanze: Bodenständig, zugleich aber den Boden verändernd.

Hätte dieser Aushang am Schwarzen Brett der Anfang sein können? Sicher ist, die Geduld mit winzigen Wurzeln ins kalte Gestein zu wachsen, um dann über viele Jahre an Stärke zu gewinnen, war mir nicht angeboren. Im Gegenteil ... und dann war da noch Klaus K., der bald begann das kleine Pflänzchen mit ganz anderer Nahrung zu versorgen. Er war in diesem Gefängnistrakt Kalfaktor mit der Aufgabe, Essen auszugeben, sauber zu machen, aber auch Fäkalien zu kübeln (das war immer noch notwendig, weil die Zellen ja von 20 Uhr bis zum frühen Morgen und teilweise am Wochenende verschlossen waren). Klaus wollte mich unbedingt zu seinem Hilfskalfaktor machen. Das lehnte ich ab. Allein der Gedanke, jeden Tag Kübel voller Fäkalien zur Toilette zu tragen und dort auszuschütten ... und ich hielt es auch für anrüchig, Helfer im Gefängnis-System zu werden. Aber Klaus ließ nicht locker. Nach ein paar Wochen vergeblichen Werbens ließ er mich vom Gefängniswärter aus der Zelle schließen und zu sich in die Küche bringen. Offenbar ein bewusster Schachzug mich zu einer Zeit, da die Zellen verschlossen waren, „heraus schließen" zu lassen, eine kleine „Machtdemonstration": Schau, was ich alles kann! Aber woher hatte er diese „Macht"?

Es lief nichts ohne die Stasi und in dieser Hierarchie gab es mit Sicherheit auch unterschiedliche Meinungen, Intrigen, Tricks. Dieser für Bautzener Verhältnisse sehr freie Strafvollzug mit einem Schwarzen Brett, an dem schon wochenlang mein Pamphlet für einen freiheitlichen Sozialismus hing, war vielleicht irgendeinem Stasi-Offizier ein Dorn im Auge. Dieser Gedanke kommt mir erst heute, da ich diese Zeilen schreibe ... Damals dachte ich, Klaus hätte den Gefängniswärter um den Finger gewickelt und deswegen jede Menge Privilegien. Ich wurde in der Küche fürstlich bewirtet und es dauerte etwa zwei Stunden, bis ich wieder in meine Zelle geschlossen wurde. In dieser Zeit hatte mir Klaus einen detaillierten Fluchtplan offenbart, dem ich nicht widerstehen konnte, und so wurde ich sein Hilfskalfaktor – vielleicht aber auch unfreiwillig Hilfskalfaktor einer Fraktion der Staatssicherheit, die den Hauch Bautzener Frühlingsluft nicht mochte.

Der wesentliche Teil des Fluchtplans war, Arbeitsmittel so zu präparieren, dass sie zur Flucht genutzt werden konnten. Der Zellentrakt, in dem das Arbeitskommando untergebracht war, lag in der einen Hälfte des Gebäudes. In der anderen Hälfte waren zwei Arbeitshallen, eine untere Halle, die zweite in der ersten Etage, außerdem gab es Kellerräume. Zellentrakt und Arbeitstrakt waren durch einen Treppenflur getrennt. Der Trick bestand nun darin, Rollbehälter, die mit eingestapeltem Leergut (kleinen Pappkartons) gefüllt waren, Freitag nach Arbeitsschluss „zum Abtransport für Montagmorgen" auf den Treppenvorplatz vor der Arbeitshalle zu stellen und am Wochenende als Versteck umzubauen. Dazu wurden die Kartons in der Mitte der Ladung entfernt und der so entstehende Hohlraum mit einem Pappdeckel versehen, auf den leere Kartons geklebt wurden, so dass es aussah, als sei der Rollbehälter mit Leergut voll gestapelt.

Zugang zu dem Treppenhaus erhielten wir am Wochenende, indem Klaus dem Wärter erklärte, die Treppen müssten von unten bis oben gesäubert werden. So wurden wir einen ganzen Sonntag in den Treppenflur geschlossen und konnten in aller Ruhe zwei Rollbehälter für die Flucht präparieren.

Der Plan klappte – fast ... Als der LKW Montagmittag zum Aufladen für das Leergut vor dem Arbeitstrakt wartete, meldete uns Klaus vom Arbeitsplatz ab, um „dringend benötigtes Werkzeug aus dem Keller zu holen." Wir kletterten blitzschnell in unser Versteck – und wurden tatsächlich auf den abfahrbereiten LKW gestellt. Seltsam, dass nun der Brigadier in den Laderaum kam und an den aufgeklebten Pappschachteln „meines" Rollbehälters herumfummelte, bis der selbst gebastelte Deckel nachgab und er mit einer Hand in meinen Haarschopf griff. Er schien allerdings überrascht, riss die Augen auf, wich ein paar Schritte zurück und noch einen Schritt, als dann auch noch Klaus plötzlich in voller Größe aus seinem Karton hervorquoll.

Es folgten Verhöre, wir sagten aus, dass es nicht Absicht gewesen sei, in den Westen zu fliehen, „versuchte Republikflucht" wäre ja strafbar gewesen. Fluchtversuche aus dem Gefängnis wurden nicht mit dem Strafgesetz geahndet, nur mit der Disziplinarordnung der Anstalt, mit Begründungen wie „unerlaubtes Benutzen von Arbeitsmitteln" und „unerlaubtes Entfernen vom Arbeitsort". Die Strafe: Drei Wochen schwerer Arrest, anschließend noch drei Monate Einzelhaft im Kellertrakt, Fenster mit Lichtschächten.

Später erfuhr ich, dass sofort nach Entdeckung unseres Fluchtversuchs das Experiment der „offenen Gefängniszellen" beendet worden war. Und natürlich war auch mein Pamphlet sofort vom Schwarzen Brett entfernt worden. Ich fühlte mich schuldig, vielleicht auch mit der leisen Ahnung, dass ich benutzt worden war. Ich hatte sogar etwas Angst, wieder mit den anderen Gefangenen zusammen zu kommen, weil ich Vorwürfe erwartete, aber ich hörte nie ein böses Wort. Ich kam aber auch nie mehr auf den Gedanken, in der DDR ein kleines Pflänzchen sein zu wollen, dass mit seinen dünnen Wurzeln in dicke Mauern eindringt.

♦

An jenem 13. August 1961, als die Grenzlinien mit Stacheldraht überzogen wurden, war es mir nicht möglich, klare Gedanken zu fassen. Ein brodelndes Hin und Her der Gefühle. Wir waren etwa ein Dutzend Schüler, die sich konspirativ und fluchtwillig in der Ostberliner Wohnung trafen. Wir wollten eine Lücke in der frisch verriegelten „Grenze" suchen, ein Friedhof war schon in Augenschein genommen worden, dessen hintere Mauer genau auf der „Grenzlinie" lag, dort wollten wir in der Nacht rüber. Und das schafften auch alle meine Klassenkameraden, die sich an jenem Tage zusammengefunden hatten. Ich weiß nicht mehr, in welcher Straße die „konspirative Wohnung" war, auf jeden Fall ganz in der Nähe der Schönhauser Allee. Noch am Vormittag ging ich mit Horst und Hartmut zu den Absperrungen, gegen Mittag machten wir uns auf den Weg zurück in diese Wohnung, plötzlich wollte ich aber noch einmal zur „Grenze". Horst sagte beim Abschied: Pass auf – das ist heut nicht unser Tag ...

Aber es war mein Tag. Ich hatte das Gefühl, ich müsse herausfinden, was ich wollte. Das Stadtgericht von „Gross-Berlin" beschreibt das in seinem Urteil so:

> „Er begab sich sofort von Zepernick in das demokratische Berlin, um den Versuch zu unternehmen, nach Westberlin zu gelangen. Dabei kam der Angeklagte auch in die Oderberger Strasse und sah, dass die Angehörigen der Kampfgruppen die Sicherungsmassnahmen durchführten. Der Angeklagte, der mit diesen Sicherungsmassnahmen nicht einverstanden war, setzte sich nun unmittelbar vor der gebildeten Sperrkette auf die Erde. Der Aufforderung, sich zu erheben, kam er freiwillig nicht nach und es musste Gewalt angewendet werden. In diesem Zusammenhang wurden die Personalien des Angeklagten festgestellt und er wurde wieder entlassen mit dem Hinweis, sich nach Hause zu begeben."

Weiter hinten, etwa 400 Meter entfernt, war die Grenzlinie mit Stacheldrahtrollen belegt, davor standen Grenzsoldaten. Dazwischen war es fast menschenleer. Die zweite Linie bestand aus Betriebskampfgruppen. Wenn die Menschenansammlung zu groß wurde und zu sehr brodelte, rückten sie immer ein paar Meter vor. Ich setzte mich auf die Straße. Ich wollte da bleiben, ich wollte nicht weg, aber ich war auch gegen das, was da passierte. Vier Mann ergriffen mich und wollten mich hinter die Absperrung ziehen und verhaften. Ich zog die Männer aber in die Gegenrichtung - jetzt, im Alter von 68, ist es, als wäre ich im Körper eines anderen Wesens gewesen, was war das für eine Kraft in den Beinen, ich spielte mit dem Gespenst, ich nahm dieses fleischlose Wesen auf die leichte Schulter, alle schrien und jubelten. Die vier Männer ließen mich los, notierten aber die Personalien. War jetzt nicht alles klar? Ich musste über die Absperrungen, nach Hause konnte ich nicht mehr. Was tat ich nun aber? Das „Stadtgericht von Gross Berlin" beschreibt das mit seiner seltsamen Schreibmaschine auch sonst sehr fehlerhaft:

> „Der Angeklagte hat sich aber nur ein kurzes Stück von der Absperrkette entfernt und ist dann wieder zurückgekehrt. Zu dieser Zeit hatte sich bereits eine Menschenmenge von 300 bis 400 Personen angesammelt, die gegen unsere Sicherungskräfte in verschiedener Form hetzten. Diese Provokateure ballten sich in verschiedenen Gruppen zusammen. Der Angeklagte begab sich

nun immer von einer Gruppe zur anderen und gebrauchte dabei u. a. folgende hetzerische Äusserungen: 'In der DDR ist alles Sch. ... wir wollen freie Wahlen. Hier gibt es nur 250 gr. Butter und zwei kg. Kartoffeln wöchentlich.' Auf den Hinweis eines Bürgers, dass er bisher immer genügend Butter erhalten habe, erklärte der Angeklagte in provokatorischer Form, dann wäre er - gemeint war der Bürger - wohl Mitglied der SED, denn die SEDisten bekommen ja mehr Butter. Ausserdem erklärte der Angeklagte, Stalin habe mit Hitler einen Pakt geschlossen und gemeinsam hätten sie Polen überfallen. Alle diese Äusserungen des Angeklagten wurden von den Umstehenden - die zu 90 % aus Jugendlichen bestanden - mit Zustimmung und Gejohle begrüsst...."

Die Spitzel gaben die Diskussionen nicht ansatzweise richtig wieder, vermischten nur Wortfetzen, die sie von überall her aufgeschnappt hatten. Wenngleich ich auch hin und wieder Worte und Sätze wie bei einem Speerwurf zusammen schweißte und auf jene schleuderte, die von der Staatspartei auf die Straße geschickt worden waren, um die *„Sicherungsmassnahmen"* zu rechtfertigen. Eines der Gesichter werde ich nie vergessen; ein Mann, ohnehin mit kränklicher Blässe, wurde totenbleich, als ich ihn als Vertreter eines Verbrecherstaates kennzeichnete; er erstarrte mit halb geöffnetem Mund, die vielen Falten wie aus Wachs. Hatte ich ihn im Innersten verletzt? Oder tat ich ihm leid? Dachte er, ich hätte nun mein Leben verspielt?

Und ich hatte mich nicht „nur ein kurzes Stück von der Absperrkette" in der Oderberger Straße entfernt; ich kehrte natürlich nicht dorthin zurück. Ich hatte mich von der Absperrung langsam entfernt, hinter der ersten Ecke ein Sprint von 100 Metern, wieder um eine Ecke, das ein paar Mal wiederholt ... Es wäre kaum möglich gewesen, mir unbemerkt zu folgen. Ich schlenderte über eine Stunde lang auf der Schönhauser Allee herum, rief auch Hartmuts Eltern in Zepernick an, sie sollten meine Großmutter informieren, ich könne nicht mehr nach Hause kommen, würde aber in der Nacht nach Westberlin abhauen ... lief scheinbar ziellos herum, aber dann zogen mich die Absperrungen und die Menschenmassen doch wieder an, in welche Straße, weiß ich nicht mehr, denn dieser Vorgang wird in den Gerichtsakten nicht erwähnt.

Ich wusste nicht genau, was ich wollte, jetzt diskutierte ich nicht, ich protestierte nicht, ich ging einfach in einen Hauseingang, als die Uniformierten die Menschen wieder einmal 10 oder 15 Meter zurück drängten, und plötzlich war ich hinter der Linie in der fast menschenleeren Zone. Ich schlenderte ganz langsam und scheinbar gelangweilt Richtung Grenzlinie, bis ich nur noch etwa 15 Meter vom Spanischen Reiter entfernt war. Links und rechts von mir waren Grenzsoldaten, ich sah sie schemenhaft in den Augenwinkeln ... Ich taxierte den ausgerollten Stacheldraht ... In Gedanken fiel ich in den Fallstart, ein blitzschneller Start aus dem Stand, vielleicht zwei und ein paar Zehntel Sekunden bis zu diesem Draht, dann mit Hürdensprint darüber. Ich wusste, das würde ich schaffen, eh´ einer der Grenzer überhaupt das Gewehr hochreißen könnte. Aber ich zögerte und da stand auch schon ein Grenzer neben mir und wies mir den Weg zurück. Ich ging sehr langsam, leicht wiegender Gang, halbstark, wie es sich mit schwarzer Lederjacke und engen Jeans gehörte. Die Jeans wären bei dem Hürdensprint zerrissen, die hielten blitzschnelle, meterlange, fliegende Schritte nicht aus − wie ich dann wenig später merkte.

Plötzlich kam mir der Gedanke, ich müsse zum Brandenburger Tor. Gewissermaßen mitten in die Schlacht. Ich nahm erneut Anlauf, um das lächerliche Gespenst mit der Schulter zu rammen − ohne daran zu denken, dass es von einer Sekunde zur anderen zum Riesen werden konnte. Ich war gerade vor den Stufen zur Hochbahn, damals hieß die Station Dimitroffstraße, heute Eberswalder Straße. Plötzlich kam ein Mann von rechts, ein anderer von links. Der eine sagte: „Sie sind verhaftet. Kommen Sie mit oder wir machen von der Schusswaffe Gebrauch."

Ich drehte mich blitzschnell um, Fallstart, keine zwei Sekunden später war ich über 10 Meter von den beiden weg, dann 50, 100 Meter. Ich schaute mich um, die beiden waren weit entfernt, aber sie hatten irgendetwas geschrien, ich hörte Trillerpfeifen, von der Seite kamen Vopos auf mich zu, später folgte noch ein Polizeiauto. Ich rannte die Schönhauser Allee entlang, wollte zum S-Bahnhof, der hat zwei Zugänge, dort wollte ich die Treppen hinunter, an der anderen Seite wieder hoch, um so die Verfolger abzuschütteln ... Aber etwa 50 Meter vor dem Bahnhof sprangen drei Vopos aus dem Polizeiauto. Einer griff mich locker am Oberarm und sagte: „Kommen Sie, steigen Sie ein."

Das Stadtgericht beschreibt in seinem Urteil den Vorgang ab Dimitroffstraße so:

„Der Angeklagte wurde nun von den Zeugen Stechow und Ronne

gestellt, es gelang ihm aber, sich loszureißen, wobei der Zeuge Ronne mit voller Wucht mit dem Kopf gegen einen auf dem Bürgersteig stehenden Telefonmasten geschleudert wurde. Der Angeklagte flüchtete nun und es gelang erst, ihn nach längerer Verfolgung und unter Zuhilfenahme eines vorbeikommenden PKW's der Volkspolizei in der Nähe des S-Bahnhofs Schönhauser Allee einzuholen."

Die Wahrheitsfindung ist eine schwierige Sache, das ist keine DDR-typische Erscheinung. Unter der Hochbahn gab es keine Telefonmasten und die beiden Herren hatten mich überhaupt nicht berührt. Die Staatsanwaltschaft hatte zuvor noch weit mehr Fantasie entfaltet:

„Er schlug auf die VP-Angehörigen ein, so dass der Zeuge Ronne eine Verletzung erlitt. Auch in einem Fahrzeug der Volkspolizei leistete er aktiv Widerstand, wodurch eine Scheibe im Auto zersplitterte. Dabei erlitt ein weiterer VP-Angehöriger Verletzungen.

Bei dem Beschuldigten handelt es sich um einen jungen Menschen, der in Auswirkung der ständigen Hetze, der er ausgesetzt war, handelte."

Während der Gerichtsverhandlung sagte ich zu dem Richter, ich sei sicherlich ein guter Sportler, aber wohl nicht so gut, dass ich mich mit vier Volkspolizisten im Auto schlagen könne, ohne die geringste Verletzung davon zu tragen ... Die spiegelglatte Glatze des Richters wurde von einer Sekunde zur anderen knallrot ... unter normalen Umständen hätte ich an der aufflammenden Kopfhaut mit sarkastischen Bemerkungen weiter gezündelt, aber ich sagte nichts und kappte alle Impulse, die eine Regung im Gesicht hätten auslösen können. Den Anklagepunkt „Körperverletzung" ließ der Richter dann nach kurzer Beratung fallen.

Das Urteil, dreieinhalb Jahre Zuchthaus, war dann fast eine Erleichterung, auch wenn es im ersten Moment seltsam klingen mag. Das hat zwei wesentliche Gründe. Einmal der Schock nach der Verhaftung. Nach einigen Tagen in verschiedenen überfüllten Zellen auf Polizeistationen war ich in irgendeinen Keller gesperrt worden, eine dicke Eisentür, keine Fenster, nur eine 15-Watt-Birne, auf den blanken Ziegeln waren viele Namen eingekratzt, dahinter Haftzeiten, 8 Jahre, 10, 12, 15 Jahre. Ob echt oder nur ein Psycho-Trick der Stasi: Ich dachte, es sei meine Zukunft, viele Jahre eingesperrt in einem fensterlosen Keller zu bleiben. Ich weinte nicht, ich war nicht verzweifelt, ich richtete mich darauf ein das auszuhalten. Es war wie eine „Gehirnwäsche", wie ein Trance-Zustand, der vielleicht eine halbe Stunde dauerte, vielleicht eine Stunde oder zwei oder drei: Die Mauern verloren ihre Starre, bewegten sich langsam auf mich zu, wichen etwas zurück, um dann aber noch näher zu kommen, als wollten sie eins werden mit mir. Als bekäme ich von diesem steinernen Hohlraum die Weihe für die nächsten Jahrzehnte.

Nach acht oder zehn Tagen wurde ich in eine höhere Etage verlegt, in eine Zelle mit einem Fenster aus Glasbausteinen. Das war eine Erleichterung, aber mir scheint heute, diese Kellermauern blieben wie eine feinstoffliche Substanz an mir haften – und sind immer noch nicht verschwunden.

Das Urteil schien zunächst die Gefahr einer wirklich „endlosen" Gefangenschaft zu begrenzen und es zeichnete sich auch ab, dass es keine 15-Watt-helle Dunkelhaft werden sollte, wenngleich ich hier hinzufügen muss, dass die unterschwellige Angst nie ganz verschwand. Nach etwa zwei Jahren in Bautzen ließen mich zwei Herren der Staatssicherheit in eine hübsche Zelle bringen; sie war viel größer als die üblichen zweieinhalb mal dreieinhalb Meter, da waren Möbel drin und es gab wieder einmal Kaffee und Kuchen. Ich sei jung, ein guter Sportler, wenn ich mich weiter so verhielte, wäre es sehr schade um mich. Ob ich denn mein ganzes Leben im Gefängnis verbringen wolle ... Ich zuckte mit den Schultern. Natürlich wolle ich nicht im Gefängnis leben, erwiderte ich. Aber ich wisse nicht, wie ich mich anders verhalten solle. Ich sei einfach so.

Danach sagten sie nichts mehr, oder nur Belangloses. Ich glaube, dass meine Worte nicht das Entscheidende waren. Ich war „in Opposition", und das strahlte ich auch aus. Es war eine freundliche Unterhaltung, aber wie wirkt eine freundliche Drohung, lebenslang eingesperrt zu bleiben? Wie ein Fluch, den man nicht mehr los wird? Kaffee und Kuchen und ein fensterloses Kellerloch mit einer 15-Watt-Birne schienen nicht weit voneinander entfernt.

Der zweite Grund, warum das Urteil „fast eine Erleichterung" war: Das Urteil gegen den Mitangeklagten Erwin Sulitze, geboren am 26. 11. 1910. Es war ein Sammelverfahren, drei Angeklagte, alle unanhängig voneinander im Bereich um die Schönhauser Allee wegen staatsgefährdender Hetze verhaftet. Wahrscheinlich musste man in dieser Weise Verfahren zusammenlegen, weil es nach dem 13. August einfach zu viele waren. Die sechs Jahre Zuchthaus, die gegen Erwin Sulitze verhängt wurden, führten mir vor Augen, dass ich noch „Glück" hatte. Hier ein Auszug aus dem Urteil des Stadtgerichts von „Gross-Berlin" gegen den Mitangeklagten:

„Der 50jährige Angeklagte Sulitze hat den Beruf eines Bautischlers erlernt und war in diesem Beruf ... bis zum Jahre 1939 beschäftigt. Von September 1939 bis zur Zerschlagung des Faschismus war der Angeklagte Soldat, mit letztem Dienstgrad eines Obergefreiten. An Auszeichnungen erhielt er das EK erster und zweiter Klasse, das Sturmabzeichen und die Nahkampfspange in Bronze. 1945 geriet der Angeklagte in englische Gefangenschaft, aus welcher er Anfang 1946 entlassen wurde. Bis zu seiner Inhaftierung hat der Angeklagte - zwar in verschiedenen Betrieben - aber immer regelmässig gearbeitet. Seine letzte Arbeitsstelle war die Firma Ernst Voigt im demokratischen Berlin. Dort ist der Angeklagte seit 1958 zuletzt bei einem monatlichen Verdienst von ca. 700,- DM netto beschäftigt. Er ist kinderlos verheiratet.

Auch der Angeklagte Sulitze erfuhr am 13. August 1961 von den Sicherungsmassnahmen unserer Regierung. Er begab sich gegen 1o.oo Uhr zur Eberswalder Strasse. Dort bemerkte er eine starke Menschenansammlung und schimpfte über die eingeleiteten Sicherungsmassnahmen. Obwohl der Zeuge Scheel die Worte nicht verstehen konnte, die der Angeklagte gebrauchte, entnahm er aus dessen Verhalten, dass er sich gegen die Sicherungsmassnahmen wendete und durch sein Verhalten dazu beitragen würde, die sich immer mehr ansammelnden Bürger gegen unsere Sicherungskräfte einzunehmen.

Der Zeuge Scheel forderte den Angeklagten jetzt bereits auf, ruhig zu sein und nach Hause zu gehen. Trotz dieser Aufforderung blieb der Angeklagte aber weiterhin an dieser Stelle. Da die randalierende Menge bereits auf ca. 300 bis 400 Personen angestiegen war und die Gefahr bestand, dass es zu ernsten Ausschreitungen kommen konnte, musste die Eberswalder Strasse an dieser Stelle gesäubert werden. Der Angeklagte befand sich in der ersten Reihe und wurde nun gleichfalls von unseren Sicherungskräften abgedrängt. Dabei geriet er an einer Baustelle auf einen Schutthaufen und stand nun in erhöhter Stellung für jeden gut sichtbar. Von dieser Stelle aus hat der Angeklagte dann gegen die

Volkspolizisten gehetzt und unter anderem die Äußerungen gebracht „ihr Russenhunde, ihr Schweine schiesst auf Arbeiter" und mit dem Ruf "Hängt die roten Hunde auf" und „nehmt ihnen die Waffen ab" forderte er die randalierende Menge zum aktiven Eingreifen gegen unsere Sicherungskräfte auf. Dieser letzte Ruf veranlasste einige Provokateure dazu, den Versuch zu unternehmen, die Volkspolizei zu entwaffnen. Da kein Zweifel daran bestand, dass der Angeklagte als aktivster Hetzer in Erscheinung trat, erfolgte seine Festnahme..."

Erwin Sulitze war lungenkrank, schon damals während der Verhandlung. Nach meiner Entlassung hatte ich ihn bei den Behörden als politischen Gefangenen gemeldet und er wurde nach vier Jahren Haft nach Westberlin entlassen. Tja, er hatte am 13. August auf einem Schutthaufen gestanden und Dampf abgelassen und alles, was der Spitzel in dieser Umgebung hörte, und alles, was er dort sah, wurde Erwin Sulitze angehängt. So hat er es jedenfalls mir erzählt. Und warum zählt der Generalstaatsanwalt alle militärischen Auszeichnungen des Angeklagten auf? Militärische Auszeichnungen während des Krieges an der Ostfront gegen das sowjetische Brudervolk - das passte gut, um ihm den Ausruf „Russenhunde" und den Aufruf: „Nehmt ihnen die Waffen ab!" unterzuschieben.

◆

Etwa Mitte August des Jahres 1964 fuhr ich zusammen mit anderen Häftlingen in einem Gefangenentransporter von Bautzen nach Berlin. Die Sitzplätze waren nicht komfortabel, aber die Türen der sonst engen, dunklen Zellen waren geöffnet. Während der langen Fahrt gab es sogar eine Pause, in der wir uns die Füße vertreten und pinkeln konnten. Wir wussten, dass wir entlassen werden – in den Westen. Es folgten noch 14 Tage in einem Stasi-Gefängnis, ich weiß nicht mehr wo. Normalerweise musste man dort den ganzen Tag aufrecht und bewegungslos auf der Pritsche sitzen. Wir aber durften uns herum lümmeln und bekamen Bücher. Am 27. August wurden wir von Offizieren befragt, ob wir in den Westen wollen. Einen Tag später, nach drei Jahren und 15 Tagen Haft, stieg ich zusammen mit 30 oder 40 anderen Gefangenen in den Bus, der mit uns Richtung Frankfurt/Main fahren sollte, begleitet von Rechtsanwalt Wolfgang Vogel, der Unterhändler der DDR für die so genannten Häftlingsfreikäufe. Die „Freikäufe" von politischen Gefangenen hatten begonnen. Ich glaube, ich war im zweiten Transport. Wie fühlte ich mich damals? Ich weiß es nicht mehr. Ich weiß ungefähr, was alles passierte, aber nicht, wie ich mich fühlte. Mir hatten Mitgefangene in Bautzen geraten: Dreh dich nicht um, wenn du durch das Tor gehst.

Ich hatte mich umgedreht ... Fast 50 Jahre ist das alles her. Was sind die stärksten Erinnerungen an jene Tage? Vielleicht das innere Ringen um die eigene Zukunft in dieser gegensätzlichen Ost-West-Welt, das ohne wirkliche Entscheidung blieb und dann ein Trauma wurde, das nie endete? Die Strecke ist quälend lang und die letzte Hürde steht noch vor mir.

HINTER DER MAUER

Bevor ich sterbe
möchte ich noch einmal frei atmen
dir in die Augen sehen
dich umarmen
ohne die Schwere der gelb verputzten Steine
ohne den Modergeruch von Büchern
in die einst
Gesetze geschrieben wurden.

Ich habe Sehnsucht nach einem Land
HINTER DER MAUER
das in den Sagen
die Freie Welt genannt wird.

Karin Albert

Flucht und Tod eines Freundes

„Der Fluchthelfer untergräbt buchstäblich die Übermacht einer menschenverachtenden Diktatur, er führt willkürlich auseinander gerissene Familien und Paare wieder zusammen und rettet die vom Regime Verfolgten in die Freiheit."

Aus dem Klappentext des Buches „Ein Loch in der Mauer"
von Marion Detchen; Verlag Siedler 2005

In der letzten Juniwoche 2008 entstand für die Deutsche Welle in der Reihe „ Hauptsache rüber" unser Film „Durch den Kanal in den Westen". Vorangegangen waren Wochen des Überlegens und des Zweifels. Wollen wir, mein Mann Karl-Heinz und ich, mit unseren Erlebnissen wirklich in die Öffentlichkeit gehen?

Es war nicht nötig unsere Erinnerungen zu wecken, sie waren immer lebendig. Das erste Gespräch mit der Autorin des Films machte uns deutlich, dass es nur einen Grund gab unsere Flucht zu erzählen: Wir wollten dazu beitragen Erinnerungen an unsere Fluchthelfer wach zu halten - Studenten der FU (Freie Universität Berlin) aus der Gruppe Girrmann, Thieme und Köhler und vor allem an Dieter Wohlfahrt, der unter anderem als Kurier und „Deckelmann" arbeitete.

Ich lernte Dieter im Schuljahr 1958/59 in der Klasse 11d bei Herrn Waehner an der Bertha-von-Suttner-Schule kennen. Damals hatte ich mich selbst vom humanistischen Gymnasium „Zum Grauen Kloster" in Ostberlin abgemeldet mit der Begründung, von nun an würde mein Vater in Westberlin meine Erziehung und Ausbildung übernehmen. Eine Antwort erhielt ich nie. Es gab aber auch keine Repressalien.

Erst vor Kurzem las ich in einem Lebenslauf über Dieter, dass er ebenfalls etwa zur gleichen Zeit auf dem „Grauen Kloster" war, dort rebelliert hatte z. B. gegen militärische Übungen, Fahnenappelle und Kontrolle der politischen Gesinnung, die durch den Genossen FDJ-Sekretär, zur Schulleitung gehörend, in die Ausbildung der Schüler hineingetragen wurde.

193

Heute bedauere ich es sehr, dass wir alle damals nicht über unseren Weg in den Westen und die damit verbundenen Herausforderungen gesprochen haben. Aber wir dachten wohl auch, dass wir durch den Weggang nach Westberlin endgültig mit dem politischen System der DDR gebrochen hatten und dass es hinter uns lag.

Zu seinem 18. Geburtstag lud Dieter die ganze Klasse zur Feier ein. Erst hier erfuhr ich, dass Dieter bei seiner Tante in der Hildegardstraße wohnte und seine Mutter mit zwei Geschwistern in Hohen Neuendorf bei Berlin lebte. Sein verstorbener Vater war Österreicher und somit besaß Dieter einen österreichischen Pass. Eineinhalb Jahre später wurde ich in die Klasse 12m2 von Herrn Stürzebecher versetzt. Dieter machte mit seiner Klasse im Frühjahr 1961 das Abitur und begann an der Technischen Universität Berlin (TUB) mit dem Studium der Chemie. Erst Ende September 1961 sah ich Dieter wieder.

Sieben Wochen waren seit dem Mauerbau vergangen. Mein Vater hatte uns am Abend des 13. Augusts verlassen müssen, weil er Westberliner war. Für alle offiziellen Stellen in Ostberlin lebten meine Eltern getrennt. Mein Vater war im Bezirk Neukölln (Westberlin) und meine Mutter mit den Kindern im Bezirk Lichtenberg (Ostberlin) bei ihren Eltern angemeldet. Die Zusammenführung der Familie wurde vor dem Mauerbau immer wieder hinausgeschoben, weil wir in Westberlin keine bezahlbare Wohnung fanden und bei den Großeltern ein eigenes Grundstück hatten.

Von nun an waren die Tage ausgefüllt mit der intensiven Suche nach einer Fluchtmöglichkeit und der Neuorganisation unseres Lebens. Mein Vater konnte noch drei- bis viermal nach Ostberlin kommen und uns in Westberlin umgetauschtes Ostgeld zum Lebensunterhalt bringen. Um unsere Mutter finanziell zu unterstützen, suchte sich mein Bruder, der im Sommer gerade Abitur in Ostberlin gemacht hatte, eine Arbeit in einer Schlosserei. Ich fand eine Anstellung als Pflegekraft im St. Hedwig Krankenhaus. In unserer Freizeit liefen wir immer wieder möglichst unauffällig Grenzbereiche ab, um eine Lücke zu entdecken, die eine Fluchtmöglichkeit bot.

Welch eine Freude, als Dieter vor der Haustür stand. Er war der erste Besuch aus Westberlin. Dieter erzählte, dass er einen österreichischen Pass habe und daher als „Ausländer" leicht nach Ostberlin fahren könne. Fast täglich mache er mit seinem Motorrad Besuche in Ostberlin. Er berichtete anschaulich von seinen Möglichkeiten, in Zusammenarbeit mit Kommilitonen einen Fluchtweg zu planen und auch für uns zu organisieren, wenn wir bereit wären das Risiko einzugehen. Karl-Heinz und Dieter verstanden sich sofort. Mehrere Stunden verbrachten sie zusammen bei der Sondierung des Weges und dem Ablauf der Flucht für unsere Gruppe, insgesamt sechs Personen.

In der Nacht vom 2. zum 3. Oktober 1961 gelang uns dank Dieters Hilfe die Flucht durch einen Abwasserkanal. Eine Welle des Glücks trug uns unbeschwert durch die nächsten Wochen.

Karl-Heinz und Dieter sahen sich häufiger. Jetzt waren wir in der Pflicht, uns für Freunde und Bekannte einzusetzen. Karl-Heinz gewann nach und nach das Vertrauen der Fluchthilfeorganisatoren und wurde an Aktionen beteiligt. So war es selbstverständlich, dass er Dieter zusagte, bei einer Flucht durch Zaun und Stacheldraht am 9. Dezember 1961 in der Bergstraße in Staaken mitzuwirken.

Gegen 19.30 Uhr passierte das Entsetzliche: Dieter starb in einem Kugelhagel, liegend auf DDR-Gebiet, aber nur fünf bis sechs Meter von der Fähnchenschnur entfernt, die die Grenze zu Westberlin markierte.

Nach der Wiedervereinigung legten Militär- und Stasipapiere offen, dass die DDR-Grenzpolizei über die Flucht informiert gewesen war und einen Hinterhalt gelegt hatte. In den neunziger Jahren wurde gegen den Zugführer und Untergebene ermittelt. Ein Strafverfahren konnte nicht eröffnet werden, weil nicht mehr festzustellen war, wer den tödlichen Schuss von hinten in den Rücken abgegeben hatte.

Wir mussten lernen, mit dem schmerzlichen Verlust umzugehen. Schauen wir heute im Alter zurück, spüren wir, dass der Schmerz zur Ruhe gekommen ist. Aber vergessen können und wollen wir nicht und tiefe Traurigkeit befällt uns, wenn wir an Dieter denken, dem so früh das Leben genommen wurde.

◆

Der im Auftrag der Deutschen Welle entstandene Film „Durch den Kanal in den Westen" wurde im Rahmen der Dokumentarfilmreihe „Hauptsache rüber" am 18. 10. 2008 gesendet und kann über die Deutsche Welle erworben werden. 3Sat hat die Filmreihe am 13. August 2011 erneut gesendet. Auch über 3Sat ist der Film erhältlich.

Es fehlen Karin, Gerd-Eckard und Heinrich
Dietmar wird von Hartmut verdeckt , Helga war im Krankenhaus

Abiturfoto der Klasse m2 mit ihrem Klassenlehrer Heinz Stürzebecher
- halbverdeckt in der hinteren Reihe

Petra Aufenanger

Mauerkinder

Den Bau der Berliner Mauer am 13. August 1961 habe ich in Rothenburg ob der Tauber in einer Jugendherberge zusammen mit kichernden Amerikanerinnen erlebt. Als Entsetzen oder mehr noch Ungläubigkeit abklangen, stand für mich fest, dass nicht sein konnte, was nicht sein durfte – die Amis würden das schon richten, in ein paar Tagen sei bestimmt alles vorbei.

Von einem Tag auf den anderen war ein Ort, der Zusammengehörigkeit demonstrierte, demontiert worden. Aber das mit der Zusammengehörigkeit war ja schon lange vor dem Bau der Mauer so eine Sache. Vollmundig vor allem von westdeutschen Politikern strapaziert, vom Volk in beiden Teilen Deutschlands sicherlich auch gewollt, sah die Realität doch anders aus. Denn auch damals gab es durchaus die Ossis und die Wessis, auch wenn die Namensgebung noch eine andere war.

Berlin als scheinbar noch funktionierende Insel deutscher Einheit war doch zugleich Schauplatz für den Alltag stetig wachsender Unterschiede. Haben wir das schon vergessen - der Umtauschkurs von Ost- und Westmark, der den Einkauf im Westen zum Luxusakt werden ließ, wenn's im Osten mal wieder keinen Kaffee gab (zu Spitzenzeiten bezahlte man für eine Westmark bis zu 5 Ostmark). Und all die demonstrierte Mildtätigkeit gegenüber „denen aus dem Osten"! Gegen Vorlage des DDR-Ausweises durfte man da für 50 Westpfennige in Matineevorstellungen gehen, in denen man fast ausschließlich Vorkriegsproduktionen zu sehen bekam. Und wenn's Kino aus war und man eben noch schnell aufs Klo wollte, gab's gegenüber eine öffentliche Toilette, in der man ein Kabäuschen für Ostgeld benutzen durfte.

Ich vergesse auch nicht den gelegentlichen Neid der westlichen Verwandten, wenn meine Mutter sich mal neue West-Klamotten spendiert hatte: Da siehste mal, die armen Leute aus dem Osten!

Nein, so weit her war das nicht mit der Einheit in unseren Herzen. Und ich kann mich erinnern, dass unsere Flucht in den Westen, als sie denn im August 1958 unvermeidlich geworden war, durchaus nicht von Hoffnung beflügelt, sondern von einer tiefen Beklommenheit begleitet war. Aber eine andere Lösung gab es nicht, die Alternative wäre Sibirien für meinen Vater gewesen (dort durften politische Häftlinge aus der DDR und der Sowjetunion brüderlich miteinander schuftend sich vom unvermeidlichen Sieg des Sozialismus überzeugen lassen). Der Schulverweis vom Gymnasium für meinen Bruder und mich sowie viele andere Restriktionen hätten uns das Leben zur Hölle gemacht.

Das Wort Flucht ist angesichts der damals noch offenen Berliner Sektorengrenzen dennoch angebracht. „In den Westen gehen" stand, denke ich, ganz unten auf der Liste der Handlungsalternativen meiner Eltern. Auch 13 Jahre nach der Teilung Deutschlands und der Existenz zweier deutscher Staaten hatte die Situation nichts von ihrer Absurdität verloren. Die nur schlecht zu vertuschende desolate Wirtschaftslage der DDR konnte nach menschlichem Ermessen nur zu deren wie auch immer gearteten Auflösung führen – so dachten viele und blieben. Sollte man sich unterkriegen lassen? Das Mauer-Ass im Ärmel als letzten Trumpf zur Erhaltung der DDR hätte man damals nicht einmal gedacht, zumal die Amerikaner schon einmal mit der Luftbrücke während der Blockade Westberlins durch die Russen die Wichtigkeit dieses freien Teils der Stadt demonstriert hatten.

Mein Vater gehörte damals, also 1958, zu den „Projektierern" des Assuan-Staudamms, zuständig für die stromerzeugende Maschinenausstattung. Weil die DDR aus Devisenmangel jedoch die nötigen Rohstoffe zur Herstellung der Maschinen nicht rechtzeitig ankaufen konnte, ergaben sich Terminüberschreitungen, die mit hohen Konventionalstrafen in internationaler Währung belegt zu werden drohten. Und was macht man dann in zentral gesteuerten Staaten? Man sucht einen Schuldigen, denn nicht das (fraglos unfehlbare) System hat Schuld, sondern der Einzelne – man klagt ihn wegen Wirtschaftssabotage an, ein Verbrechen, das damals so manchen buchstäblich den Kopf gekostet hat.

Mein Vater wusste die Zeichen zu deuten: das abgehörte Telefon, die Ledermanteltypen, die nachts unser Wohnhaus beobachteten, tollpatschig wie in einer Politsatire die Fassade abends ableuchteten, die wiederholt überreichten Anträge zur Aufnahme in die SED, sogar geflüchtete Ex-DDRler sollte er zur Rückkehr notfalls mit physischer Gewalt bewegen.

Als meine Mutter dann den für Notfälle verabredeten Anruf aus Westberlin bekam, dass die Tante schwer erkrankt sei und er deshalb heute nicht mehr nach Hause käme, wusste sie, was zu tun war: „Nichts wie weg", hieß das, also zogen wir bei sommerlicher Hitze die dicksten und teuersten Klamotten an, die schleunigst aus dem Westen herbeigeeilte Tante und Cousine zogen sechs Unterwäscheschichten übereinander etc. Und dann fiel die Tür hinter uns ins Schloss, für Blicke zurück blieb keine Zeit. Jetzt war noch die Grenzüberquerung mit der S-Bahn zu überstehen, die angesichts der täglich steigenden Flüchtlingszahlen auch nicht mehr so lässig ausfiel. Unsere Helfer riskierten viel dabei ...

Die folgenden Jahre waren alles andere als rosig, wirtschaftlich gesehen sowieso, schlimmer jedoch war die Entzweiung der Familie, die es nicht schaffte, den Transfer in eine Welt, die man für die bessere gehalten hatte und die sich doch als eine viel fremdere und gelegentlich auch feindlichere herausstellte, ohne gegenseitige Schuldzuweisungen durchzustehen, zumal die beruflichen Erwartungen meines Vaters sich überhaupt nicht realisierten und ihn schließlich in eine nach seiner Ansicht subalterne Beschäftigung zwangen.

Viel später erst ist mir das Zerstörerische dieser Entwurzelung bewusst geworden, dann nämlich, als die erste Euphorie nach dem Mauerfall abgeklungen war und die Unterschiede zutage traten, die in den vierzig Jahren in beiden Teilen des Landes gewachsen waren. Plötzlich wurde deutlich, dass wir im Westen eine andere Sprache entwickelt hatten, eine andere Alltagskultur, dass wir vor allem – und das scheint mir wesentlich – so wenig voneinander wussten. Auch jetzt noch bewegen sich bei gelegentlichen Familientreffen die Gespräche überwiegend in der gemeinsamen Vergangenheit – aber die liegt zig Jahre zurück!

Als politischer Grünschnabel habe ich damals – am 13. August 1961 - die Brisanz der Situation überhaupt nicht erkannt. Im Nachhinein frage ich mich, ob es in der Familie keine Gespräche dazu gegeben hat. Dass so viele meiner Mitschüler plötzlich nicht mehr dabei waren, warum hat es mich nicht stärker erschüttert? Ich muss ein Ausbund an Gleichgültigkeit gewesen sein, apolitisch in einem Ausmaß, das mir heute unerklärlich ist. War ich möglicherweise sogar froh, dass jemand die Schublade DDR verschlossen hatte?

So ganz leichten Herzens genoss man die westliche Freiheit – ich weiß jetzt gar nicht mehr, wie ich die damals definiert hätte – ja doch nicht. Immerhin war man Flüchtling – da schwang immer auch so ein Ruch von Feigheit mit. Schließlich war man stiften gegangen und hatte die anderen sitzen lassen. So unausweichlich diese Entscheidung meiner Eltern damals gewesen sein mag, gelegentlich kommt sie mit einem Hauch von Vorwurf daher, doch den leichteren Weg gewählt zu haben. Zumal gerade die in der DDR geblie- benen Vertreter unserer Generation sich selbst gern als die Verlierer der Ge- schichte betrachten.

Dennoch: Die jungen Jahre (noch in der DDR) waren prägend für die Erwartungen an das eigene künftige Leben. In der Skala der erstrebenswer- ten Dinge ganz oben stand die Familie – da mochte gestritten, vertuscht und gelegentlich gehetzt werden, man hielt zusammen – ein bisschen Alltagsver- klärung! Die junge DDR konnte auf eine lange Tradition der Unterwürfigkeit oder zumindest des Stillschweigens als nützlichem Verhaltensmuster bauen, in der unsere Eltern während der Nazizeit groß geworden waren und die sie an uns weitergaben. Also blieb die Familie als Hort des Unverstellten, der Of- fenheit und des Vertrauens.

Draußen, in der Schule, dem Beruf oder auch nur im Laden an der Ecke trainierte man die Vorsicht: Wer hört dich, wer schaut dir auf die (West-)Schuhe? Lass dich nicht verleiten, dich an Gesprächen über West- Filme zu beteiligen. Dazu die schleichende Gehirnwäsche in der Oberschule, an der man ohnehin nur geduldet war, wenn man mit dem blauen Halstuch der „Jungen Pioniere" (der staatlich gelenkten, kontrollierten und zwangswei- se verordneten Jugendorganisation) oder später mit dem blauen FDJ-Hemd antrat. Dass die Geographie sich nur in politisch genehmen Ländern abspiel- te, nennenswerte Erfindungen und Entdeckungen ausschließlich aus den Ländern der „kommunistischen Brüdervölker" kamen, nahm man hin und ak- zeptierte diese Einseitigkeit mit den Jahren immer bereitwilliger. Schließlich war es die Generation unserer Eltern, die den 2. Weltkrieg wenn nicht ange- zettelt, so doch zumindest ermöglicht hatte.

Brechts „Stell dir vor es ist Krieg und keiner geht hin" kannten sie ja nicht. Und ihren zaghaften Widerspruch gegen das System sollte man ernst nehmen? So wurde Schillers Franz Mohr zum Vorkämpfer für den Arbeiter- und Bauernstaat – und wir fingen an, das zu glauben. Alle Deutschaufsätze, die mit dem Bekenntnis zum Sozialismus – oder was man dafür hielt – ab- schlossen, konnten mit gnädigen Bewertungen rechnen. So konnte der zu- nächst noch sanfte aber nachhaltige Einschliff der Köpfe gelingen. So schlich sich auch die Ungläubigkeit gegenüber der älteren Generation ein und stei- gerte sich gelegentlich bis zum Vertrauensverlust.

200

Dennoch, mit 17 trabte man damals noch artig hinter den Eltern her. Schließlich drohte mit der zu erwartenden politischen Verfolgung das gesellschaftliche und wirtschaftliche Abseits und – keine Frage – der goldene Westen lockte.

Und da war sie schon, die Mauer, noch ehe sie gebaut wurde: Wer in der damaligen Bedrängnis einmal die Grenze überschritten hatte, konnte nicht mehr zurück. Plötzlich war der „goldene" Westen eine neue, fremde Heimat. Die gewohnten Maßstäbe galten hier nicht, als Flüchtling war man in der Regel bitter arm und man war ein ungebetener Mitbewerber um die ohnehin raren Jobs in Westberlin, das seinen Glamour nur dank der finanziellen Unterstützung durch die Bundesregierung erhalten konnte und musste - nirgendwo begegneten sich unterschiedliche wirtschaftliche und politische Systeme so unmittelbar.

Eine niederschmetternde Erfahrung vor allem für meinen stolzen, ein wenig eitlen Vater, der es im Osten ganz ohne Parteibuch in eine hohe und verantwortungsvolle Position gebracht hatte und nun eine tägliche Demütigung erfuhr, wenn seine Frau nachts um drei Uhr quer durch Charlottenburg zur Arbeit in eine Fleischfabrik aufbrach. Nie wieder stand er weit oben auf dem Treppchen, das hat ihm seelisch das Genick gebrochen.

Rückblickend erfüllt mich tiefste Dankbarkeit für den Mut, mit dem meine Eltern die Lasten des „Auswanderns" auf sich genommen haben. Schuldig geblieben bin ich ihnen das volle Auskosten der neuen Freiheit des Wissen- und Fragendürfens, der Entscheidungs- und Gestaltungsfreiheit. Aber vielleicht waren weder sie noch ich in der Lage, die Chancen der neuen aber ungewohnten Freiheit zu nutzen, das Risiko des Scheiterns einzukalkulieren. Stattdessen: Sicherheit - lieber öffentlichen Dienst als Selbstständigkeit etc.

Wie ich jetzt weiß, verdanke ich die spaltbreite Öffnung der Tür zu eigenem Denken meinen Lehrern an der Bertha-von-Suttner-Schule in Berlin-Reinickendorf. Mit welcher Unlust bin ich dort angetreten, wie wenig nutzten mir die Denkschablonen der DDR-Oberschule, wie lange hat es gebraucht, bis ich begriff, dass es mehr als einen Blickwinkel für die Sicht der Dinge gibt, ja, dass die Vielfalt die Bedingung jeder Kreativität ist. Ich frage mich, wie haben sie es ausgehalten – meine Lehrer – mit so einem störrisch auf seiner engen Beschränktheit bestehenden und obendrein überaus faulen Wesen?

Beispielhaft sei nur die kleine (das Adjektiv ist für mich angesichts ihrer Zierlichkeit auf ewig mit ihrem Namen verbunden, obgleich sie sich später, wie ich jetzt weiß, als groß und mutig erweisen sollte) Frau Dr. Wellmer genannt: Mit sanfter und nicht nachlassender Nachhaltigkeit vermittelte sie uns, dass sie mit unserer glühenden Begeisterung für den Schulstoff gar nicht rechne, dass es aber ziemlich dämlich sei, die Tür schon zu verschließen, ehe man wisse, wer oder was davor stehe. Ihr allein verdanke ich, dass mein Lektüreniveau nicht bei Groschenheften stehenblieb und Fontanes „Stechlin" beim Lesen von der Zumutung zum Schlüsselerlebnis mutierte. Nur so konnten Literaturvermittlung und -rezension sowie Veranstaltungen rund um Literatur später zu meinen erfolgreichsten und befriedigendsten Tätigkeitsfeldern werden.

„Stürze" - auch unser Mathematik- und Physiklehrer wird sich erkennen, wenn er dies liest - dagegen hätte, auch als er sich damals sehr um mein Weiterlernen bemühte, sicherlich nie geglaubt, dass die Anwendung von Mathematik in Controlling und Statistik wesentlich für meinen Berufserfolg werden würde.

Was das mit der Mauer zu tun hat? Nun, ich bin sicher, dass es den Lehrern auf der anderen Seite der Mauer nicht vergönnt war, ihren Schülern die Chance zur Individualisierung zu geben, weil ihr Klassenziel erreicht war, wenn alles darauf hindeutete, dass die Schüler auf dem Weg zum nützlichen Mitglied der sozialistischen Gesellschaft waren. Eigenes Denken, selbstständige Urteilsfindung unerwünscht – das ist der echte Verlust der Freiheit.

Nachdem ich zwanzig Jahre nach dem Abitur wieder an einem Klassentreffen teilnahm, habe ich mich oft gefragt, ob es wohl die Mauer war – egal ob aus Ideologie oder aus Beton –, die nur einen aus der Klasse bewogen hat, die politische Laufbahn einzuschlagen und dabei an exponierter Position zu wirken. Wären unsere Erfahrungen nicht eigentlich Motivationsschub genug gewesen, die Chance zur Mitgestaltung zu nutzen? Ich weiß keine Antwort außer der, dass es vielleicht genug Kraft gekostet hat, mit all den Brüchen in eine gewisse Normalität zu finden. Vielleicht entwickeln nur wenige Menschen mehr als normale Kräfte aus den Widerständen, in die sie hineingezwungen werden.

Sie hat Spuren hinterlassen an uns „Mauerkindern" diese Teilung, Spuren in unserem Denken und Handeln, denn die Spätwirkungen kindlicher Prägung sind auch an uns nicht vorbeigegangen. Ich jedenfalls habe viel zu lange löbliches Bravsein zu einer wichtigen Maxime meines Handelns gemacht und dies sogar von anderen erwartet – hier ist nicht der Raum ausführlicher darüber nachzudenken, welche Konsequenzen dies nach sich zog. Jetzt, im etwas ruhigeren oder zumindest nicht mehr so leistungsorientierten Fluss des letzten Lebensabschnitts empfinde ich jedoch immer häufiger eine vage Sehnsucht nach der Kontinuität einer an sich doch hoffnungsvollen Kindheit und Jugend. Das schmerzt wie ein nicht eingelöstes Versprechen ...

Das Brandenburger Tor noch vor dem Bau der Mauer

Oberstudiendirektor Dr. Erich Lehmann im Gespräch

Beim Experimentieren: Heinz Stürzebecher (Mathematik, Physik)

Regina Perner

Anmerkungen zur „politischen Abstinenz"
der Ostschüler

Anlässlich der Verabschiedung des letzten Abiturjahrgangs nach dem Mauerbau, am 25.09.1965, hielten an der Bertha-von-Suttner-Schule (BvS) zwei „Ehemalige" (Christian Brinkmann und ich, Abijahrgang 1961) ein Referat über die „Assimilation der Ostschüler in die westliche Gesellschaft als Problem".

Als damalige Soziologiestudenten der FU Berlin fragten wir uns mit Unbehagen, warum Ostschüler trotz der persönlichen Erfahrungen in Ost- und Westdeutschland allgemein betrachtet kein auffallend politisches Verhalten oder Bewusstsein zeigten. Sie glichen unserer Einschätzung nach eher dem Bild westdeutscher Oberschüler. Soziologische Untersuchungen aus dieser Zeit waren zu dem Ergebnis gekommen, dass der westdeutsche Oberschüler apolitisch sei und seine Reserviertheit gegenüber politischen Parteien mit zunehmender Schulbildung wachse.

Als Erklärung verwiesen wir auf die Lebensumstände der Ostschüler mit ihren besonderen Schwierigkeiten und Problemlagen. Die uns von der BvS bereitgestellten Anmelde- und Abmeldeunterlagen (ca. 270 Fälle) erlaubten es uns, drei Gruppen von Schülern zu unterscheiden:

1. Mit Eltern nach Westberlin geflüchtete bzw. umgezogene Schüler 60 %
2. „Grenzgänger", Schüler, die weiterhin in Ostberlin wohnten 25 %
3. Allein in Westberlin lebende Schüler 15 %

Zu 1. Die Anpassungsschwierigkeiten der ersten und größten Gruppe der Ostschüler verglichen wir mit denen der übrigen Flüchtlinge aus jener Zeit. Von ihnen hatten demnach nur 15 % aus politischen Gründen der DDR den Rücken gekehrt, 40 % aus familiären und 45 % aus beruflichen oder sonstigen Gründen. Dass sie nun - einem bis in die Familien hinein wirkenden politischen System entronnen - die demokratischen Rechte eher als Freiheit „von", denn als Freiheit „zu" wahrnahmen, erscheint verständlich. Außerdem mussten ihre Eltern versuchen beruflich und wirtschaftlich Fuß zu fassen und sich dem westlichen konsumorientierten Lebensstil anzupassen. Das spiegelt

205

sich wohl auch im Verhalten ihrer Kinder wider, wo folglich wenig Platz für politisches Engagement war. Ein Drittel dieser Gruppe hat das Abitur nicht erreicht.

Zu 2. Von den „Wanderern zwischen den Welten" war wegen des stets gegenwärtigen Unsicherheitsgefühls kaum politisches Engagement zu erwarten, am ehesten noch als Antihaltung im kirchlichen Raum des Ostteils der Stadt. Aus den Bindungen des sozialen Lebens im Osten zunehmend ausgegrenzt und im Westen nicht angekommen, waren diese Schüler weder im Osten noch im Westen zu Hause. Die Hälfte dieser Grenzgänger hat das Abitur nicht erreicht.

Zu 3. Von den zu Beginn allein in Westberlin lebenden Schülern wäre noch am ehesten ein deutliches politisches Engagement zu erwarten gewesen. Allerdings ist bei ihnen zu berücksichtigen, dass die Mehrzahl aus Akademiker- und Freiberufler-Kreisen (Ärzte, Rechtsanwälte, Pfarrer) stammte bzw. der Herkunft nach den kleinen Selbstständigen zuzuordnen war. Dies sind die gesellschaftlichen Schichten, die Kindern einerseits vermutlich den größten Rückhalt gegen politische Indoktrination boten, damit andererseits z. T. aber auch eine generelle Zurückhaltung gegenüber der Politik vermittelt haben dürften. Diese Gruppe von Ostschülern hatte sicherlich die größten Umstellungsschwierigkeiten und persönlichen Probleme zu bewältigen. Zwei Drittel von ihnen haben bezeichnenderweise das Abitur nicht erreicht.

Deutlicher als damals entdecken wir jetzt die fatalen Auswirkungen, die das Fehlen der Familie auf die Entwicklung junger Menschen hatte. Es kann kein Zufall sein, dass diejenigen, die am frühesten (auch schon vor dem Bau der Mauer) ohne familiäre Unterstützung und Begleitung zur eigenständigen Bewältigung ihres Alltags gezwungen waren, die größten Schwierigkeiten hatten. Erst sehr viel später konnte sich das gesellschaftliche und politische Engagement entwickeln, das wir Soziologiestudenten uns damals schon gewünscht hatten.

Eigentlich hatten die Lehrer uns damals im Vergleich zu den Westklassen als „politisch wacher" eingestuft und behandelt. Wir bedauerten im Referat trotzdem, dass es uns Ostschülern mit unseren spezifischen Erfahrungen in beiden deutschen Systemen nicht gelungen sei, „die Rolle eines produktiven Elements der Unruhe in dieser (westlichen) Gesellschaft zu spielen". Aus heutiger Sicht stellt sich unsere damalige Erwartung wohl eher als eine Überforderung jugendlicher Schüler dar.

Petra Aufenanger

Erstens kommt es anders ...

Natürlich kann jeder diesen Satz fortsetzen, denn jedem ist es schon einmal widerfahren, dass Dinge sich vollkommen anders entwickeln nicht nur als geplant, sondern sogar als je für möglich gehalten.

Beim Sammeln und Lesen der Beiträge für dieses Buch wurde sehr schnell deutlich, dass wir Schüler der „Ostklasse" 13m des Abiturientenjahrgangs 1961 der Bertha-von-Suttner-Schule eine besondere Bindung zu einigen unserer Lehrer hatten, aus der sich – vielleicht besonders auch rückblickend – große Wertschätzung und Dankbarkeit entwickelten. Schön wäre es – so die Idee – diejenigen Lehrer, die auch bei Klassentreffen ihr Interesse durch Präsenz bekundet hatten, um einen Beitrag für dieses Buch zu bitten.

Ein Anliegen, das, genau betrachtet, einer Zumutung nahekommt: Es ist 49 Jahre her seit damals, Lehrer sehen hunderte Schüler an sich vorbeiziehen, das fortgeschrittene Lebensalter steigert nicht gerade die Schreibfreude ... Dennoch, die besondere Situation im Sommer 1961 mag memorabel sein. Eine Abiturientenklasse, deren Schüler in Ost- und Westberlin verteilt leben, absolviert mit voller Klassenstärke ihre schriftlichen Prüfungen, geht in die Sommerferien mit der Erwartung, im September die mündlichen Prüfungen ablegen zu können, und wird am 13. August endgültig geteilt, als die DDR in einer nächtlichen Überraschungsaktion ihren „antifaschistischen Schutzwall" errichtet und die Westmächte sie – buchstäblich um des lieben Friedens willen – damit durchkommen lassen.

So kommt es, dass ich im Juni 2010 eine Verabredung mit meinem damaligen Mathe-Lehrer habe, ausgerechnet ich, die uns beiden in diesem Fach nicht gerade eine Kette von Erfolgserlebnissen beschert hatte. Unser Treffen war das Ergebnis nachhaltiger Verhandlungen. „Stürze" (stand damals und steht hier und jetzt für Herrn Stürzebecher) hatte unsere Anfrage nach einem Beitrag, sagen wir, mit großer Zurückhaltung aufgenommen. Meinem Vorschlag, uns zu einem Interview zu treffen, über das ich dann berichten würde, war er aber zu meiner Erleichterung gefolgt. Um nicht in Erinnerungsseligkeit dahin zu treiben, hatte ich einen strukturierten Fragebogen in der Tasche, alles in der Absicht, mit der knappen Zeit effizient umzugehen.

Und dann kam es eben „anders, als man denkt". Eine Woge wohltuender, weil als echt empfundener Herzlichkeit überrollt alle vorgefassten Interviewstrukturen. Obgleich er und seine Frau gerade aus dem Urlaub anlässlich seines 86. Geburtstags zurückgekehrt sind, werde ich zum Kaffee auf den Balkon eingeladen. Die Idee hatte Stürzes Ehefrau, deren blonde, wirblige Vitalität, herzliche Gastlichkeit, Geist, Witz und Charme mich schnell in stumme Bewunderung versetzen – keine gute Voraussetzung, ein Interview zu führen.

Aber dann kommen wir doch noch auf damals zu sprechen, die besondere Situation der „Ostklassen", deren hohe Schülerzahl und -fluktuation besondere Anforderungen an Lehrer und Schüler stellten. Die Aufnahme in diese Gymnasialklassen war zu jedem Zeitpunkt des Schuljahres möglich, ebenso verließen viele Schüler die Klassen unvorhersehbar, wenn wegen beruflicher Möglichkeiten der Eltern die Familie nach Westdeutschland umsiedelte. Deutlich erkennbar waren die unterschiedlichen Fremdsprachenkenntnisse, auf die Fachlehrer nur mit der Ermutigung zur Eigeninitiative reagieren konnten. Aber auch in anderen Fächern wurden Unterschiede in Didaktik und Lernverhalten zur Herausforderung für die Unterrichtenden. Im Gespräch wird deutlich, dass Stürzes damals typische Zurückhaltung – bei ihm menschelte es eher selten – seiner Grundhaltung entsprach, diesen jungen Menschen auch gerade in dieser besonderen Situation ein Unterrichtsangebot zu machen, das die Chance enthielt, Interesse zu entwickeln oder zumindest Kraft und Reife in sich zu wecken, die Herausforderung anzunehmen, damit man von sich sagen könne, man habe es geschafft.

Ich frage, ob man als Lehrer Prognosen über die Entwicklung einzelner Schüler anstelle. Aber nein, die hätten doch noch fast alle Möglichkeiten sich zu entwickeln. Nur ermutigen könne man, Angebote machen, Leistungsbereitschaft wecken und honorieren.

Viel Verständnis wird deutlich, was die besondere Situation der Schüler angeht, die, viel zu früh vom Elternhaus und der Familie getrennt, in die Selbstverantwortung geworfen wurden. Ganz undramatisch kommt die Erwähnung der eigenen Vertreibung und Flucht aus Schlesien am Ende des 2. Weltkriegs; das damals entmutigende Ausmaß an Zerstörung und Aussichtslosigkeit wird nicht einmal erwähnt. Zurückhaltung eben, wie gehabt.

Die prägt auch die Antwort auf meine vorsichtige Frage, ob er sich, wie andere Lehrer, in der Folge des 13. August an Fluchthilfeaktionen beteiligt habe. Nicht als Lehrer, erfahre ich, die sparsamen Ausführungen zum Thema münden in einem klaren Ja, das Verlangen nach Details ist gering, natürlich. Er ist keiner, der sich und was er tat herausstellt. Darum wohl haben wir ihn in so dankbarer Erinnerung – als jemanden, der mit großer Zurückhaltung und Konzentration auf das Sachliche Anregung und Ermutigung gibt: Die Kraft, es zu schaffen, muss man selbst in sich entdecken.

Eher beiläufig bekomme ich ein Zettelchen zugeschoben mit einer Literaturangabe, lesenswert sei das. Es entpuppt sich später – am heimischen Schreibtisch – als eine der Kolumnen, die der Journalist Ekkehard Schwerk im Berliner „TAGESSPIEGEL" schrieb. In dieser „Zum Gedächtnis" geht es um die Ermordung Dieter Wohlfahrts, der unser Mitschüler, folglich auch Stürzes Schüler war. Nachdem dieser vielen über die neue Grenze geholfen hatte, war er einem vorgetäuschten Fluchthilferuf gefolgt und dabei den Volkspolizisten direkt vor die Pistolen geraten und erschossen worden. Vielen anderen wäre dieser Literaturhinweis wohl Anlass zu ausführlichem Rückblick gewesen auf die Tragik des besonderen Falles und die Dramatik der Tage und Wochen nach dem 13. August 1961. Aber das liegt Stürze nicht. Vielmehr spiegelt sein Hinweis die Nachhaltigkeit der damaligen Erschütterung und legt nahe, dass Dieter Wohlfahrt einen Platz in diesem Buch haben müsse.

Wie die Zeit vergeht, auch ganz profan und hier und jetzt, ich muss zum Zug. Meine Gastgeber lassen es sich nicht nehmen, mich zum Bahnhof zu begleiten. Und so kommt es, dass ich – zu meiner eigenen Überraschung – meinem Mathe-Lehrer einen spontanen Abschiedskuss auf die Wange drücke, 49 Jahre nachdem er – wohl nicht ohne das gewohnte Stirnrunzeln – meine Abiturarbeit korrigiert hat.

Der Abschiedsschmatzer wird ihm nicht entsprochen haben (P. S.: Er hätt's gut ertragen können, sagt er später am Telefon, als er das vereinbarte Einverständnis zu diesem Bericht gibt.) - in solch besonderen Situationen hätte vielleicht selbst Knigge ein verzeihendes Lächeln nicht unterdrücken können.

Was das mit der Berliner Mauer zu tun hat? Ich denke, aus den verschiedenen Berichten meiner Mitschüler ist erkennbar geworden, wie nachhaltig das Zerstörerische der deutschen Teilung, zu deren Symbol die Mauer wurde, unser Leben und Denken geprägt hat. Aber es hat uns nicht zerstören können, auch weil es diese Lehrer gegeben hat, die in den Berichten nachhaltig und verdient gewürdigt wurden. Diese Menschen gehören zu unserem Leben und damit auch in dieses Buch.

Dr. Ruth Wellmer (Deutsch, Geschichte) erklärt die soziale Marktwirtschaft

Veronika Wabnitz

Mit dem Ranzen über die Sektorengrenze

Schulpolitik als Teil der innerberlinischen Systemkonkurrenz zwischen 1948 und dem Mauerbau

„Die Einrichtung aller dieser Ostklassen ist in erster Linie eine politische Aufgabe. Es muß vermieden werden, daß alle diese Schüler, die sich vertrauensvoll an Westberlin gewandt haben, enttäuscht werden. Es entsteht dabei die Gefahr, daß alle diese Schüler und ihre Familienangehörigen unseren politischen Gegnern in die Arme getrieben werden. Die für diesen Zweck erforderlichen Summen dürften geringer sein als die Ausgaben, die sich jetzt im Zuge der Lebensmittel-Hilfsaktion[1] ergeben. Die hierfür aufgewendeten Mittel dürften eine ausgezeichnete Kapitalanlage darstellen."[2]

Politische und schulpolitische Rahmenbedingungen

Berlin als „Frontstadt" des Kalten Krieges, als „Hauptstadt im Wartestand" und gleichzeitig „Hauptstadt der DDR" – dass Berlin lange Zeit nach dem Ende des Zweiten Weltkriegs im Fokus des weltpolitischen Geschehens stand, ist hinlänglich bekannt. Dass dies aber auch in ganz besonderer Weise die Schule, die Schulpolitik und natürlich auch jeden einzelnen Schüler betraf, mag demgegenüber weniger geläufig sein. Die eingangs zitierte Einlassung des Westberliner Hauptschulamtes legt davon ein beredtes Zeugnis ab und führt direkt in das Zentrum eines Konflikts zwischen Politik und Pädagogik, der in Berlin durch seine unmittelbare, innerstädtische Systemkonfrontation exemplarisch zu beobachten ist. Doch bevor das Problem der Schülergrenzgänger und die zu ihrer Unterstützung eingerichteten Ostklassen eingehender dargestellt werden, folgt an dieser Stelle erst einmal ein Blick auf die politische Großwetterlage und in einem nächsten Schritt auf die spezifisch Berliner schulpolitische bzw. schulreformerische Situation im Frühsommer und Sommer 1945.

Die Schulfrage spielte in den Planungen der Alliierten (zunächst) keine zentrale Rolle, was in erster Linie den westdeutschen Schulpolitikern im Verlauf der Jahre 1945-1949 einen immer größeren Spielraum zur Verwirklichung ihrer eigenen Pläne verschaffte. Es existierten keine für alle vier Besatzungsmächte verbindlichen Grundsätze in Bezug auf Bildung und Erziehung, schulpolitische Belange wurden insbesondere von den westlichen Alliierten „personell und strukturell nachrangig behandelt. Sie lag in den Händen weniger Offiziere, deren Gestaltungsmöglichkeiten durch mehrfache Umstrukturierungen im Zuständigkeitsgeflecht und Personalreduktion begrenzt sind."[3] Im Vergleich damit verfügte die östliche Seite über besser ausgebaute Strukturen, „[a]ber auch hier waren Schulfragen im Gesamtmaßstab der Besatzungspolitik keineswegs von herausgehobener Bedeutung, haben die Vorbereitungen von Erziehungs- und Bildungsoffizieren erst spät und überhastet begonnen."[4] Demzufolge hatte auch das Education Committee, das als Vier-Mächte-Gremium für Erziehungsfragen eingerichtet worden war, „infolge mangelnder Übereinstimmung in den politischen Zielvorstellungen der Besatzungsmächte bis 1947 kaum Bedeutung erlangt."[5]

Die schul- und bildungspolitischen Planungen der *Sowjetischen Militäradministration in Deutschland (SMAD)* beruhten nicht zuletzt auf der Arbeit deutscher Politiker und Pädagogen, die sich während der Kriegsjahre im sowjetischen Exil befunden hatten. Im Rahmen Ihrer Tätigkeit für das *Nationalkomitee Freies Deutschland (NKFD)* hatten sie während des Krieges ein Programm erarbeitet, das viele der später im Rahmen des Einheitsschulgesetzes umgesetzten Forderungen bereits vorwegnahm. Dazu gehörten etwa die Beseitigung des ´Bildungsmonopols der herrschenden Klasse´ und die Verwirklichung eines Rechts auf Bildung für alle Kinder, die Schaffung eines einheitlichen Schulsystems vom Kindergarten bis zur Hochschule, die klare Trennung von Kirche und Schule bzw. die Abschaffung konfessioneller Schulen und schließlich, als eine der wichtigsten Forderungen, die konsequente Entnazifizierung des gesamten Lehrkörpers.[6]

Ähnlich detaillierte Programme wurden auf westalliierter, vor allem amerikanischer Seite nicht ausgearbeitet. Dies gilt insbesondere für einen radikalen strukturellen Umbau des dreigliedrigen deutschen Schulsystems, der in dieser Form nicht explizit gefordert bzw. umzusetzen versucht wurde. Das zentrale Ziel bestand darin, das Demokratie-Ideal in breiten Teilen der Bevölkerung innerhalb kürzester Zeit zu verankern. Dass dies nicht erreicht wurde, lag zum einen an der mangelnden pädagogisch-fachlichen Eignung der amerikanischen Besatzungssoldaten (ganz zu schweigen von den fehlenden Sprachkenntnissen)[7], zum anderen scheiterten die amerikanischen re-education-Pläne aber auch „Ende der 40er Jahre an den inneren Widersprüchen der alliierten Nachkriegspolitik."[8] Im Zuge des heraufziehenden Kalten Krieges wurden „Schulen und Hochschulen [...] in die geistigen und politischen Auseinandersetzungen einbezogen, waren geistiges Kampffeld."[9]

Das unterschiedliche Gewicht, das die Alliierten dem Komplex Schule und Bildung beimaßen, und vor allem die Tatsache, dass keine untereinander abgestimmten, einheitlichen Pläne für ein neues deutsches Schulsystem existierten, hatten für die Deutschen in Ost und West ebenso unterschiedlich weite Planungs- und Handlungsspielräume auf bildungspolitischem Feld zur Folge. Während in der Sowjetischen Besatzungszone (SBZ) und später in der DDR die Zusammenarbeit zwischen deutschen Verwaltungen und sowjetischen Besatzungsbehörden nahezu reibungslos verlief, kam es in den westlichen Zonen zu weitaus stärkeren Auseinandersetzungen. Die in der Sowjetunion geschulten deutschen Mitarbeiter der neu geschaffenen Verwaltungen waren besser auf ihre Aufgaben vorbereitet und der bestimmende sowjetische Einfluss auf die ostdeutsche Schulpolitik wurde nicht ernstlich in Frage gestellt.[10] Demgegenüber knüpfte man im Westen an die föderale Struktur aus der Zeit vor 1933 an, die unter dem Stichwort der ´Kulturhoheit´ der Länder auch die Verantwortung für das jeweilige Schulsystem umfasste. Nachdem sich die westlichen Besatzungsmächte im Grundsatz auf die Einführung eines einheitlichen Stufenmodells geeinigt hatten, „folgten auf deutscher Seite in den drei westlichen Besatzungszonen nur begrenzte Ausführungsbereitschaft und hinhaltende Aktivitäten, bis dann mit der weiteren Ausprägung des Ost-West-Gegensatzes das Interesse westalliierter Besatzungspolitik an struktureller Bildungsreform erlahmte."[11] In der Folge konnten die konservativen Schulpolitiker das zurücknehmen, was in einigen Ländern – darunter auch in Berlin – bereits an Reformen projektiert oder verfügt worden war.

Diese Konfliktlinien, die zum großen Teil dem bereits skizzierten Zielkonflikt zwischen Politik und Pädagogik geschuldet waren, lassen sich fast idealtypisch an der Berliner Entwicklung nach Kriegsende darstellen. Nach dem Sieg der Alliierten und der Kapitulation der Deutschen im Mai 1945 übernahm zunächst die Sowjetische Militäradministration in Deutschland (SMAD) die alleinige Kontrolle über die Vier-Mächte-Stadt Berlin. Bis zum Einzug der westlichen Alliierten im Sommer desselben Jahres sollte es den Sowjets gelingen, im Zuge der Bildung des Magistrats im Mai 1945 alle zentralen Bereiche der städtischen Verwaltung mit ihren Parteigängern zu besetzen und so entscheidende Weichen für die politische Nachkriegsentwicklung Berlins zu stellen. Zu den von der SMAD als Schlüsselressorts betrachteten Behörden gehörte neben den Bereichen Sicherheit und Personal auch die Volksbildung. Im Rahmen einer radikalen sozioökonomischen und politischen Neuordnung Deutschlands, die Stalin in der Nachkriegszeit umzusetzen gedachte, spielte die tiefgreifende Umstrukturierung des traditionellen deutschen Schulsystems eine zentrale Rolle. In einem rückblickenden Bericht des Instituts für Marxismus-Leninismus (Berlin, 1959) heißt es zur Bedeutung der schulreformerischen Anstrengungen: „Die große demokratische Umgestaltung, die sich durch die Bildung demokratischer Selbstverwaltungsorgane sowie auf dem Gebiet der landwirtschaftlichen und industriellen Produktion vollzog, mußte ergänzt werden durch die Neugestaltung des geistigen und kulturellen Lebens ... Das Kernstück des großen Umerziehungswerkes bildete die demokratische Schulreform."[12] Die überkommene Bevorzugung einer bestimmten Bevölkerungsschicht durch das Bildungswesen wollte man durch die gezielte Förderung der bis dato Benachteiligten ersetzen.

Mit dem Einzug der Roten Armee am 28. April 1945 verfügte Generaloberst Nikolai Erastowitsch Bersarin als erster sowjetischer Stadtkommandant Berlins zunächst die Schließung sämtlicher Schulen. Doch bereits im Mai wurden unter Leitung der Gruppe Ulbricht erste Versuche zur Wiederaufnahme eines bescheidenen Schulunterrichts unternommen. Die von Walter Ulbricht, dem ersten Staatsratsvorsitzenden der späteren DDR, und seinen Mitstreitern gegründeten sog. Initiativgruppen oder antifaschistischen Ausschüsse bestanden aus deutschen kommunistischen Funktionären, Sozialdemokraten, Gewerkschaftern und ehemaligen politischen Häftlingen (darunter befanden sich auch bürgerliche Politiker) und hatten zunächst die Aufgabe, die materielle Not der Bevölkerung zu lindern. In ihren Zuständigkeitsbereich fielen neben der verbesserten Versorgung mit Nahrungsmitteln und Wohnraum und der Unterstützung des sowjetischen Oberkommandos bei der Besetzung von Selbstverwaltungsorganen mit zuverlässigen ´Antifaschisten´ auch die Wiedereröffnung der Schulen.

Durch dieses zunächst vielfach informelle, spontane und aus der Not des Augenblicks geborene Engagement Einzelner gelang es den Kommunisten und Sozialdemokraten im ersten Nachkriegsjahr, „über die neu geschaffene Schulverwaltung eine noch nicht gesetzlich fixierte Neuordnung unter sozialistischer Zielsetzung einzuleiten."[13] Im Sinne der von den Sowjets propagierten Volksfronttaktik strebte man danach, im Zuge der praktischen Neuordnung der Schulen und einer parallelen Reformdiskussion möglichst breiter Gesellschaftsschichten Fakten zu schaffen, die auch ohne ein mühsames parlamentarisches Verfahren Bestand haben würden.

Dem widersetzen sich jedoch die westlichen Alliierten, die sich nach ihrer Ankunft in Berlin im Sommer 1945 bereits mit zahlreichen ´Fakten´ konfrontiert sahen und machten im Einverständnis mit der Berliner SPD ein parlamentarisches Schulgesetz zur Vorbedingung weiterer Eingriffe. Die gesellschaftspolitischen Diskussionen zu Schul- und Bildungsfragen, die in den folgenden zwei Jahren in Berlin sehr viel ausführlicher, intensiver und vor allem kontroverser geführt wurden als in den westlichen Besatzungszonen, mündeten 1947 in dem sog. Berliner Schulgesetz. Dieses, mit den Stimmen von SPD, SED und LDP verabschiedete schulpolitische Reformgesetz hatte den Charakter eines sozialistischen Schulgesetzes, das seinesgleichen nur in der SBZ hatte. Die oben bereits erwähnten zentralen Punkte einer sozialistischen Neuordnung der Schule (achtklassige Einheitsschule, Abschaffung des Religionsunterrichts als ordentliches Schulfach bzw. strikte Trennung von Schule und Kirche, Verbot von Privatschulen) wurden so durch das Berliner Stadtparlament im neuen Schulgesetz verankert.

Doch noch bevor die neue Einheitsschule im Schuljahr 1948/49 implementiert werden konnte, geriet das Gesetz im Zuge der administrativen Teilung der Stadt in den Sog der ideologischen Auseinandersetzung zwischen Ost und West und es war den konservativen Westberliner Kräften (CDU und LDPD/FDP) in der Folge möglich, eine Revision dieses Gesetzes durch das Abgeordnetenhaus verabschieden zu lassen (Reduzierung der achtjährigen auf eine sechsjährige gemeinsame Grundschulzeit, Erhalt des Religionsunterrichts und der Privatschulen). Und so wurde das Berliner Schulgesetz, das zunächst wegen seiner breiten gesellschaftlichen Zustimmung und insbesondere auch aufgrund der engen Zusammenarbeit mit den Alliierten als Beispiel für gesamtdeutsche Reformen gegolten hatte, ein erstes ´Opfer´ des heraufziehenden Kalten Krieges. Dies bedeutete nicht zuletzt auch eine Annäherung Westberlins an die Situation in den meisten (west-)deutschen Bundesländern (andere Schulversuche mit einer verlängerten Grundschulzeit gab es nur noch in den Stadtstaaten Hamburg und Bremen). Diese Annäherung wurde jedoch erst durch die politisch-ideologische Auseinandersetzung zwischen den Alliierten in Folge der Berlin-Blockade und des beginnenden Kalten Krieges möglich. In den ersten Nachkriegsjahren herrschte in Berlin noch ein von den übrigen, vor allem westlichen Besatzungszonen grundverschiedenes Reformklima.[14]

Die Angleichung der Berliner Schulverhältnisse an die beiden ´Mutterstaaten´ DDR und BRD ist auch in den folgenden Jahren der deutsch-deutschen Teilung nie vollständig gelungen. In Westberlin ist die sechsklassige Grundschulzeit bis heute erhalten und auch in den Augen der SED-Führung blieb das Ostberliner Schulsystem bis zum Mauerbau „ein besonderer politischer Problemfall, insofern sich gegenüber den Schulverhältnissen in der DDR [...] immer wieder Sonderinteressen geltend machten und die politisch-administrativen Strukturen bis in die Führung hinein [...] brüchig waren".[15]

Konkrete schulpolitische Konkurrenz in Berlin am Beispiel der Schüler-Grenzgänger (sog. Ostschüler) und der Ostklassen

Die politische Situation, der sich Westberlin angesichts der unmittelbaren Konkurrenz und gefühlten Bedrohung durch den Osten ausgesetzt sah, beeinflusste das Tagesgeschäft der Parteien, Politiker und Stadtverwaltungen im Westteil ganz unmittelbar und maßgeblich. Zunächst, nach der administrativen Teilung Berlins im November 1948, galt es, neue Räumlichkeiten in den Westsektoren zu finden, zum Teil auch neue Behördenmitarbeiter einzustellen und sich mit der Realität einer geteilten Stadt vertraut zu machen. Ein Stadtgebiet, dass nicht nur durch das Verkehrsnetz, die Kanalisation oder die Handelswege für existentielle Güter wie Nahrungsmittel eng verflochten war, ließ sich nicht über Nacht „teilen". Viele Menschen machten zunächst weiterhin von ihrem Recht Gebrauch, die gesamte Stadt für sich in Anspruch zu nehmen; man ging im Westen ins Theater, im Osten zum Friseur – und eine nicht geringe Zahl von Eltern schickte ihre Kinder im Westen in die Schule, obwohl sie im Ostteil wohnten.

Letzteres stellte die Westberliner Schulverwaltung, insbesondere das Hauptschulamt, vor wachsende Schwierigkeiten. Die Flut von (Ober-)Schülern, die täglich vom Osten in den Westen pendelten, um dort die Schule zu besuchen, nahm Ende der vierziger, Anfang der fünfziger Jahre stetig zu. Laut Besatzungsstatut hatten alle Schüler des Stadtgebietes das Recht, in jedem beliebigen Bezirk eine (weiterführende) Schule zu besuchen. Und da im Osten immer mehr Kindern der Zutritt zu einer weiterführenden Schule verwehrt wurde, blieb vielen von ihnen nur der Weg nach Westberlin. Für den Westen bedurfte es daher keiner besonderen Aktionen zur Anwerbung Ostberliner Schüler. Vielmehr war man von dem immer größer werdenden Ansturm Ostberliner Schüler zunächst derart überfordert, dass das Hauptschulamt im September 1950 kurzerhand einen Aufnahme-Stopp verhängte: „Da der Zustrom von Ostsektorenschülern nach Westberlin immer grösser wird und sich Westberlin ausserstande sieht, alle diese Schüler aufzunehmen, wird beschlossen, die Aufnahme von Schülern aus dem Osten zu sperren. Aufnahmeberechtigt sind nur diejenigen, die als politische Flüchtlinge anerkannt sind und Asylrecht in Westberlin erhalten haben."[16] Bei dieser konsequenten Haltung blieb man allerdings nicht. Mit einer Konsolidierung der Haushaltslage und der Hilfe stetig wachsender Geldströme aus Bonn wurden Zuzugsgenehmigungen und auch Währungsbeihilfen für Ostberliner Schüler wieder großzügiger bewilligt.

Auf Ostberliner Seite versuchte man durch die Verabschiedung des DDR-Schulpflichtgesetzes im Dezember 1950 den Strom der Schulgrenzgänger einzudämmen. Wichtigster Punkt des Gesetzes war die Verpflichtung der Eltern, ihre Kinder im jeweiligen Wohnort (Schulsprengel) beschulen zu lassen. Auf Westberliner Seite reagierte man kurzerhand mit der Gewährung von Zuzugsgenehmigungen und Währungsbeihilfen für alle betroffenen Schüler (und Studenten) – eine solch kostspielige Maßnahme konnte die finanziell schlecht ausgestattete Senatsverwaltung für Volksbildung nur mit dem Hinweis auf die politische Notwendigkeit durchsetzen: „Westberlin hat die moralische und politische Verpflichtung, den Eltern der Ostschüler, die unter Entbehrungen und Gefahren ihren Kindern den Schulbesuch in Westberlin trotz aller Drangsalierungen erzwingen, eine wirksame Hilfe zur Sicherstellung des Schulbesuchs ihrer Kinder zuteilwerden zu lassen. Maßnahmen zum Schutz der im Osten verbliebenen Eltern zu treffen, liegt leider nicht im Bereiche unserer Möglichkeiten; es bleibt zu hoffen, daß diese leidvollen Zustände in absehbarer Zeit auf höchster politischer Ebene ihr Ende finden."[17]

Der östlichen Seite, sowohl den DDR-Behörden als auch den zuständigen Ostberliner Verwaltungen, gelang es durch dieses Gesetz letztlich jedoch nicht, die Schülerwanderung in den Westen merklich einzudämmen. Denn durch Schikanen bei der täglichen Grenzüberquerung oder den Entzug finanzieller Zuwendungen wie Halbwaisen- oder Waisenrenten ließen sich die meisten Schüler und Eltern nicht zu einem Schulbesuch im Osten zwingen (umso mehr, als der Westen – wie oben erwähnt – die entstandenen Verluste durch Währungsbeihilfen etc. aufzufangen versuchte).[18] Und die härteren Strafen wie Geldbußen oder sogar Freiheitsentzug, die das Gesetz durchaus vorsah, wurden zwar angedroht, aber nach derzeitigem Wissensstand nicht vollstreckt.

Im Juli 1951 wandte sich der Westberliner Senator für Volksbildung, Joachim Tiburtius, an das Bundesministerium für Gesamtdeutsche Fragen in Bonn. Er regte die Bildung spezieller Klassen für die Schülergrenzgänger an, denn „eine Übernahme dieser Schüler auf die regulären Oberschulen Westberlins [ist] wegen Überfüllung fast aller Klassen nicht möglich".[19] Es sei nicht vertretbar, die betroffenen Schüler abzuweisen, da ihnen der Besuch einer Oberschule in Ostberlin verweigert worden sei. Weiter heißt es: „Ich sehe es als eine politische Aufgabe an, dass Westberlin diesen Kindern hilft, indem es sie zumindest schulisch betreut."[20] Doch obwohl der Hinweis auf die besondere politische Lage der geteilten Stadt verschiedentlich dazu geführt hatte, zusätzliche finanzielle Mittel aus dem Bundeshaushalt zu erhalten, blieb der Minister in diesem Fall zunächst ablehnend. Die von Tiburtius beantragten Zuwendungen für die Bildung von vier Ostklassen mit insgesamt acht Lehrern wurde nicht gewährt. Was für das Schuljahr 1951/52 noch nicht möglich war – wie ursprünglich von Tiburtius angestrebt –, wurde aber schon für das darauf folgende Schuljahr umgesetzt: Zunächst wurden an drei Schulen sog. 9. Ostklassen für diejenigen Ostschüler eingerichtet, denen aus politischen Gründen der Zutritt zu einer Ostberliner Oberschule verwehrt worden war oder die als politische Flüchtlinge in Westberlin anerkannt waren. Ab dem Schuljahr 1953/54 gehörte auch die Bertha-von-Suttner-Schule zu den Bildungseinrichtungen, die spezielle 9. Ostklassen einrichteten.[21]

Schwieriger noch als die Einrichtung sog. Ostklassen gestaltete sich die Frage nach der richtigen Betreuung der Ost-Abiturienten. Bis 1951 galt für Schüler mit einem Ost-Abitur, die sich in Westberlin um Aufnahme an einer Universität bewarben, dass sie sich einer sog. Ergänzungsprüfung unterziehen mussten. Nachdem mit dem Schuljahr 1951/52 in Westberlin wieder ein 13. Schuljahr eingeführt worden war, stellte sich auch die Frage eines 13.

Schuljahres für Ost-Abiturienten. Bereits im Sommer 1952 beantragte der Senator für Volksbildung die Schaffung spezieller Ost-Abiturklassen, um diesem Problem zu begegnen. Sein Kollege aus dem Ressort Finanzen lehnte diesen Vorschlag allerdings entschieden ab, denn ein solches 13. Schuljahr für Ostschüler sei nur dann sinnvoll, wenn diese auch nach Beendigung der Schulzeit in Westberlin oder Westdeutschland bleiben würden. Da die betroffenen Schüler keine Aufenthaltsgenehmigung für die Bundesrepublik bekämen, würden sie versuchen, in Westberlin zu bleiben, was der Senator für Finanzen mit dem Hinweis auf die 30.000 erwerbslosen Jugendlichen für unverantwortbar hielt.[22] Nachdem sich der Entscheidungsprozess bis Ende 1952 hingezogen hatte und die betroffenen Schüler bereits mehrere Monate ohne schulische Betreuung – und oftmals auch getrennt von ihrem Elternhaus – in Westberlin lebten, wurde beschlossen, sie zunächst als „Gäste" in die zwölften Klassen Westberliner Schulen aufzunehmen. Es war geplant, dass sie im Frühjahr 1953 in die entsprechenden 13. Klassen übernommen werden und im Juni 1953 das Abitur ablegen sollten. Das Hauptschulamt betrachtete dies aber bestenfalls als „Notlösung"[23] und der Schriftwechsel mit dem Kämmerer der Senatsverwaltung für Finanzen spitzte sich im Laufe des Jahres 1952 und mit Beginn des folgenden Jahres zu. Alle Einwände wurden mit dem politischen Argument zu entkräften versucht:

> „2. Mit der Erschwerung der Zulassung von Ostabiturienten erreicht man in politischer Beziehung genau das, was die Ostregierung will: nämlich ein Zurückdrängen der Ostdeutschen von unseren westlichen Hochschulen. Man sollte dem politischen Gesichtspunkt bei Regelung dieser Frage das nötige Gewicht beimessen. Der Ostdeutsche, der zu uns kommen will, muß zunächst sein Abitur wiederholen. Das ist für manchen tüchtigen Ostabiturienten entwürdigend. Dann wird er im Gegensatz zu seinen westdeutschen Brüdern einer Zulassungsprüfung unterworfen.
>
> Die ostdeutsche Bevölkerung muß schließlich den Eindruck gewinnen, man wolle sie mit allen Mitteln von westdeutschen und westberliner Hochschulen fernhalten. Man darf sich nicht wundern, wenn mancher junge Mann gegenüber den genannten Schwierigkeiten kapituliert und auf ostdeutsche Hochschulen geht, die ihn unter dem scheinheiligen Vorwand der Förderung der Wissenschaften in großzügiger Weise auch finanziell unterstützen."[24]

Nachdem sich 1953 die Lage der Ostschüler dramatisch verschlechtert hatte – Anfang des Jahres führte Ostberlin an allen Schulen eine Aktion gegen die Junge Gemeinde durch und auch nach dem 17. Juni wurden die Schikanen an den Grenzübergängen noch einmal verschärft –, stimmte die Finanzverwaltung der Bildung von sechs Ost-Abiturklassen schließlich zu.

Die Auseinandersetzung über die Bildung der 13. Klassen für Ost-Abiturienten zeigt, dass das Engagement der Westberliner Verwaltung für Volksbildung bei den anderen Senatoren nicht immer auf Zustimmung stieß. Neben dem Senator für Finanzen – dem man qua Amt eine Ablehnung jeglicher Ausgabenwünsche zugestehen mag – traten insbesondere auch die Senatoren für Arbeit und Inneres den Plänen zur Unterstützung der Ostschüler wiederholt entgegen. Trotz allem lässt sich jedoch festhalten, dass angesichts der prekären Haushaltslage mit dem politischen Argument, d. h. der besonderen Situation Westberlins als „Frontstadt im Kalten Krieg", vieles erreicht bzw. zusätzliche Mittel bereitgestellt werden konnten. Widerspruch gegen die Unterstützung der Ostklassen kam dabei nicht nur von Kollegen der Volksbildungsverwaltung, sondern auch von Eltern der betroffenen Schulen. Immer wieder beschwerten sich Elternvertreter über eine angebliche „Benachteiligung" ihrer eigenen, Westberliner Kinder gegenüber den „Fremden".

Dass die Frage der Beschulung der eigenen Kinder auch auf Ostberliner bzw. auf Seiten der DDR ein vielschichtiges Problem war, bei dem man im Zweifelsfall dem angeblich besseren Schulsystem gegenüber der Parteiraison den Vorzug gab, zeigt auch die folgende Episode. Das *Teltower Kreisblatt* vom 28. April 1950 beschreibt die Sitzung des Demokratischen Blocks des Kreises Teltow vom 3. April desselben Jahres, bei der es um den Schulbesuch der Kinder ʹdemokratischerʹ (DDR-)Politiker ging. Es sei bekannt geworden, dass „die Kinder von Mitgliedern verschiedener Parteien, Angehörige von Verwaltungen der DDR und anderen Bevölkerungskreisen Westberliner Schulen besuchen".[25] Es wird auf den „Zwiespalt"[26] hingewiesen, „in den Kinder und Eltern gestürzt werden durch die verschiedenartigen Unterrichtsziele."[27] Am Ende der Sitzung fasste der Demokratische Block den Beschluss, „dass die Mitglieder der demokratischen Parteien und Organisationen und alle Einwohner des Kreises aufgefordert werden, ihre Kinder aus den Westberliner Schulen herauszunehmen und sie in den Schulen der DDR unterzubringen."[28]

Was waren nun aber die wichtigsten Gründe für Ostberliner Eltern, ihre Kinder allen Schikanen, Drohungen und anderen Unannehmlichkeiten zum

Trotz weiterhin in Westberlin beschulen zu lassen? Die Hauptmotive waren sicherlich die fehlende Zulassung ihrer Kinder zu einer Oberschule und der Wunsch der Eltern nach konfessionellem Unterricht. Der Übertritt von der 8. zur 9. Klasse wurde häufig aufgrund des „falschen" Berufs oder des fehlenden Arbeiterhintergrundes der Eltern verweigert oder weil die Schüler die nötige „gesellschaftliche Reife" vermissen ließen, d. h. sich weigerten der FDJ beizutreten. Immer wieder finden sich in den Akten aber auch Aussagen wie die folgende: Unser Lehrer in Ostberlin hat uns darauf aufmerksam gemacht, dass unser Kind im Osten keine Zulassung zur Oberschule bekommen wird und uns angeraten, lieber sofort in den Westen zu wechseln. Ein Vorschlag, dem die meisten Schüler ohne Zögern folgten.

Zum Abschluss dieses Teils noch einige quantitative Informationen zu den Ostschülern: Die Zahl der Schüler an städtischen Schulen, die ihren Lebensunterhalt in DM-Ost bestritten, betrug mit Stand vom 1.9.1949 bzw. 1.6.1950 insgesamt 8201 (4606 aus Ostberlin, 3595 aus der DDR). Davon erhielten 1292 Schüler Währungsbeihilfen, d. h. die überwiegende Anzahl der Schüler konnte von ihren Eltern aus den östlichen Gebieten Unterhalt beziehen bzw. lebte dort und pendelte täglich über die Grenze (Grenzgänger). Nicht aufgeführt sind die Schüler, die für einen Schulbesuch in den Westen übersiedelten und nicht aufgeführt sind außerdem die Ostschüler an Privatschulen.[29]

Nach Informationen der Zeitung *Die neue Zeitung* besuchten vor Verabschiedung des DDR-Schulpflichtgesetzes ca. 10.000 Schüler aus dem Osten Westberliner Schulen.

Bis Januar 1953 blieb die Zahl der Ostschüler nahezu konstant bei ca. 8000 (davon ca. 5000 an öffentlichen, ca. 3000 an Privatschulen).[30]

Die Bertha-von-Suttner-Schule und ihre Rolle bei der Betreuung der Ostschüler im Rahmen der sog. Ostklassen

Wie bereits erwähnt, wurden an der Bertha-von-Suttner-Schule (im Folgenden BvS genannt) bereits für das Schuljahr 1953/54 Ostklassen eingerichtet, zunächst eine 9. Klasse ab Ostern 1953.[31] Bereits im Dezember 1952 waren der Schule vom Hauptschulamt 16 SchülerInnen zugewiesen worden, die erst einmal in die bestehenden Klassen integriert wurden, bevor die organisatorischen Voraussetzungen zur Bildung einer Ostklasse geschaffen waren.

Im ersten Jahr nach Bildung der Ostklassen war es den betreffenden SchülerInnen noch nicht möglich, ihre im Osten erworbenen Russischkenntnisse weiter zu verfolgen. Sie mussten Englisch als erste und Latein als zweite Fremdsprache belegen. Erst nach einem Beschluss der Kultusministerkonferenz wurden sog. Russischklassen (an der BvS ab dem Schuljahr 1954/55) möglich, in denen Russisch als erste und weiterhin Latein als zweite Fremdsprache (später Englisch) gelehrt wurden.

In den folgenden Schuljahren wurden an der BvS weitere Ostklassen eingerichtet (und bis zum Abitur geführt), im Schuljahr 1960/61 bestand die Schule schließlich aus zwölf West- und sechs Ostklassen.[32] Dass die BvS mit besonderem Engagement an der Betreuung der Schülergrenzgänger beteiligt war, wird nicht nur aus den Erinnerungsberichten der ehemaligen Schüler in diesem Band deutlich. So heißt es etwa im Mitteilungsbuch des Direktors am 1. Januar 1960: „Ich wünsche den Damen und Herren ein gutes neues Jahr – und der Schule den weiteren Verbleib der Ostklassen."[33] Als der Landesschulrat Ende 1961 die Ostklassen aus der Schule ausgliedern wollte, da es in Reinickendorf an Unterrichtsräumen fehlte und eine große Umstrukturierung geplant wurde, setzte sich die Elternschaft für einen Verbleib der Ostschüler an der BvS ein. Die Ostschüler, so wurde argumentiert, „gehören in unsere Schule und nirgendwo anders hin, weil sie in ihr in den vergangenen Jahren eine Heimat gefunden haben. Da viele Kinder ohne Eltern in Westberlin leben, wäre es eine unzumutbare Härte, ihnen aus finanztechnischen Gründen oder gar personalpolitischen Ursachen diese Heimat zu nehmen." Die Schule sei zu einer Lebensgemeinschaft „westlicher" und „östlicher" Lehrer und Schüler geworden, die durch den Mauerbau noch vertieft worden sei und die man nicht einfach auseinander reißen dürfe. Den Ostschülern, den „besonders hart Geschädigten", müsse die gesamte Fürsorge der Westberliner Verwaltung, der Lehrer und Eltern zu teil werden. „Man sollte doch endlich diese Kinder zur Ruhe kommen lassen und sie nicht, wie es in den letzten Jahren immer wieder geschehen ist, zum Objekt bürokratischer Planung machen. Sie sind – weiß Gott – genug hin- und hergestoßen worden!"[34]

1963 wird die Schule für ihren Einsatz für die „deutsche Wiedervereinigung" sogar mit einem Preis belohnt, dem Schiller-Preis der in Hamburg ansässigen Friedrich-von-Schiller-Stiftung. In der Urkunde kommt einmal mehr zum Ausdruck, wie sehr der (welt-)politische Hintergrund die Handlungen, aber auch den Deutungsrahmen der Entscheidungsträger – und ihre Beurteilung durch die Öffentlichkeit – bestimmte: „Die Bertha-von-Suttner-Schule hat die Aufgaben, die den Westberliner Schulen aus der Grenzlage und der politischen Situation erwachsen sind, besonders vorbildlich erfüllt. Sie hat sich besonders in der Fürsorge für ihre Ostklassen hervorgetan und nach Errichtung der Mauer den Kontakt mit den abgeschnittenen Schülern und ihren Familien gewahrt und sich für die in Westberlin verbliebenen, von ihren Angehörigen getrennten Schüler hervorragend eingesetzt."[35]

Literatur

Führ, Christoph: Deutsches Bildungswesen seit 1945, Neuwied, Kriftel, Berlin 1997

Füssl, Karl-Heinz: Die Umerziehung der Deutschen. Jugend und Schule unter den Siegermächten des Zweiten Weltkriegs 1945-1955, Paderborn 1994

Geißler, Gerhard: Schulreform und Schulverwaltung in Berlin. Die Protokolle der Gesamtkonferenzen der Schulräte von Groß-Berlin Juni 1945 bis November 1948, Frankfurt/Main 2002

ders.: Zur Zeitgeschichte von Bildungs- und Schulpolitik (= Hefte zur DDR-Geschichte, Band 98), Berlin 2006

Klewitz, Marion: Berliner Einheitsschule 1945-1951. Entstehung, Durchführung und Revision des Reformgesetzes von 1947/48, Berlin 1971

Lawson, Robert F.: Die Politik der Umstände: Eine Kritik der Analysen des Bildungswandels im Nachkriegsdeutschland. In: Heinemann, Manfred: Umerziehung und Wiederaufbau. Die Bildungspolitik der Besatzungsmächte in Deutschland und Österreich, Stuttgart 1981, S. 23-39

Schweitzer, Helmuth: "... daß jeder im gleichen Boot sitzt". Re-Education der Deutschen in den Westzonen als "interkulturelle Erziehung": Konzepte und Kontinuitäten. In: Päd extra. Magazin für Erziehung, Wissenschaft und Politik 23 (1995), S. 29-34

Anmerkungen

[1] Lebensmittel-Hilfsaktion: Nach dem 17. Juni 1953 wurden von Westberlin aus Hilfspakete in den Osten geschickt.

[2] Landesarchiv Berlin (LA Berlin), B Rep. 015, Acc. 1552, Nr. 61

[3] Geißler 2006, S. 21, vgl. auch Schweitzer 1995, S. 30-31

[4] Geißler 2006, S. 21

[5] Ebd., S. 19

[6] Füssl 1994, S. 193

[7] Lawson 1981, S. 44

[8] Schweitzer 1995, S. 31-32

[9] Führ 1997, S. 4

[10] Vgl. Lawson 1981, S. 21

[11] Geißler 2006, S. 24

[12] Institut für Marxismus-Leninismus beim ZK der SED (Hrsg.): Dokumente und Materialien zur Geschichte der deutschen Arbeiterbewegung, R. III, Bd. 1, Berlin 1959, S. 1

[13] Klewitz 1971, S. 14

[14] Klewitz 1971, S. 16

[15] Geißler 2002 a, S. XV

[16] LA Berlin, B Rep. 015, Acc. 1382, Nr. 15/4

[17] LA Berlin, B Rep. 015, Acc. 1382, Nr. 8

[18] LA Berlin, B Rep. 015, Acc. 1921, Nr. 224

[19] LA Berlin, B Rep. 015, Acc. 1552, Nr. 61

[20] Ebd.

[21] LA Berlin, B Rep. 015, Acc. 1921, Nr. 223

[22] LA Berlin, B Rep. 015, Acc. 2424, Nr. 471

[23] LA Berlin, B Rep. 015, Acc. 1552, Nr. 61

[24] LA Berlin, B Rep. 015, Acc. 1552, Nr. 61

[25] LA Berlin, B Rep. 015, Acc. 1382, Nr. 8

[26] Ebd.

[27] Ebd.

[28] Ebd.

[29] LA Berlin, B Rep. 015, Acc. 1921, Nr. 221

[30] LA Berlin, B Rep. 015, Acc. 2424, Nr. 471

[31] LA Berlin, B Rep. 015, Acc. 1921, Nr. 223; hier widersprechen sich allerdings offizielle Akten und Jubiläumsschrift der Schule. In den Akten ist die Rede von einer 9. Klasse, in der Jubiläumsschrift wird eine 10. Klasse ab Ostern 1953 erwähnt.

[32] Konferenzprotokolle der Jahre 1958-63, die der Verfasserin freundlicherweise von der BvS zur Verfügung gestellt wurden.

[33] Mitteilungsbuch des Direktors aus den Jahren 1960-61, das der Verfasserin freundlicherweise von der BvS zur Verfügung gestellt wurde.

[34] Konferenzprotokolle der Jahre 1958-63

[35] 75 Jahre Bertha-von-Suttner-Schule, S. 55